Christoph Hochbahn

Fraugöttinnochmal!

Originalausgabe – Erstdruck

Für Lara und Jannis –
may your song always be sung.

Christoph Hochbahn

Fraugöttinnochmal!

Roman

Schardt Verlag

Bibliographische Information der Deutschen Bibliothek:

Die Deutsche Bibliothek verzeichnet diese Publikation in der *Deutschen National-bibliografie*; detaillierte bibliographische Daten sind im Internet über *www.d-nb.de* abrufbar.

Umschlaggestaltung: Vanessa Nickel
Mitarbeit Umschlagtext: Sophie Feist

1. Auflage 2016

Copyright © by
Schardt Verlag
Metzer Straße 10 A
26121 Oldenburg
Tel.: 0441-21 77 92 87
Fax: 0441-21 77 92 86
E-Mail: kontakt@schardtverlag.de
www.schardtverlag.de

ISBN 978-3-89841-852-2

1

Blonder, blauäugiger Brillenträger, bezaubernder Bariton, brauchbares Benehmen, buntes Befinden, beste Bejahrtheit (48) sucht sinnreiche Sie. bbbsuchtsie@gmx.de

Las sich das gut? Jedenfalls außergewöhnlich. Nicht wie eine der üblichen 08/15-Kontaktanzeigen, die jede Woche haufenweise in der „was sonst ...?!" erschienen. Oder war das mit dem „bezaubernden Bariton" zu dick aufgetragen? Ich sang ja nicht in der Oper, sondern nur sehr gelegentlich mit meinem Freund Matthias irgendwelche Dylan- oder Cash-Songs. Unter Ausschluss der Öffentlichkeit, versteht sich.

Wobei das nicht ganz stimmt. Drei Auftritte hatten wir. Der erste war auf Matthias' vierzigstem Geburtstag. *Schnurstracks nach Westfalen* hieß der Song. Ich hatte Lynyrd Skynyrds *Sweet Home Alabama* mit einem neuen Text versehen, Matthias spielte die erste, ich die zweite akustische Gitarre. Wir sangen erträglich, der Applaus war freundlich. Matthias hatte schließlich Geburtstag.

Beim zweiten Mal wagten wir uns auf die „Open Stage" im Salto, einer Szene-Kneipe. Mittwochs ab einundzwanzig Uhr durfte dort jeder, der sich traute, die Bühne entern. Unser Programm war mittlerweile auf drei Stücke angewachsen. Neben *Schnurstracks nach Westfalen* bestand es aus *Letzter Tanz mit Marianne* (einer eingedeutschten Version von Tom Pettys *Mary Jane's Last Dance*) und *Ich will dein Liebster sein*, im Original *I'll Be Your Baby Tonight* von Bob Dylan.

Unser Erfolg hielt sich an diesem Abend in Grenzen. Ich spielte lausig Gitarre, die Gesangsanlage machte Mucken, sprich: Rückkopplungen. Und als wir gerade mit dem Dylan-Song begonnen hatten, riss die G-Saite von Matthias' Gitarre. Was uns zwar nicht daran hinderte, mannhaft weiter zu spielen, aber nicht wirklich zur Legendenbildung taugte.

Beim dritten Mal spielten wir auf dem Geburtstag von Marion. Meiner Marion. Wir waren damals seit einem knappen halben Jahr zusammen. Die Geburtstagsparty war zugleich eine Auszugsparty. Die Single-Wohnung, die wir uns teilten, seit Marion ihren Mann wegen mir verlassen hatte, war zu klein für uns. Es war die Single-Wohnung, in die ich ein Jahr zuvor gezogen war, nachdem Silke sich von mir getrennt hatte.

Mit Marion ging es mir gut. Wir lachten über die gleichen Witze. Wir mochten die gleichen Filme. Unser Musikgeschmack war kompatibel. Und wir hatten Sex. Alles Dinge, die es mit Silke zuletzt nicht mehr gegeben hatte.

An diesem Abend war ich in Aufbruchsstimmung. Ich freute mich auf die neue Wohnung, auf mein Leben mit Marion, auf die Zukunft. Und Matthias und ich spielten und sangen großartig (na gut, sagen wir: wir spielten und sangen ganz gut). Nach unseren drei obligatorischen Songs legten wir jedenfalls spontan, weitgehend ungeprobt und frenetisch gefeiert drei weitere nach: *Wild Horses* und *Dead Flowers* von den Rolling Stones und den *Folsom Prison Blues* von Johnny Cash.

Aber die Aufbruchstimmung jenes Abends sollte sich als trügerisch erweisen. Mit Marion zusammenzuziehen, entpuppte sich schon bald als nicht wirklich tragfähig. Nicht, dass wir nicht weiter die gleichen Witze und Filme mochten, musikalisch ähnlich tickten und Sex gehabt hätten, Es waren Marions Kinder. Oder besser formuliert: Es war das Fernbleiben ihrer Kinder.

Wir hatten unsere neue Wohnung mit Bedacht so ausgesucht, dass Kolja, damals vierzehn, und Rohanna, sieben, nicht nur genug Platz bei uns hatten, sondern auch der Weg vom Vater zu uns nicht so weit war. Fahrradnähe. Ein Zauberwort in Münster. Allein: Kolja und Rohanna kamen nicht. Jedenfalls nicht so oft, wie Marion es gerne gehabt hätte. Ihr Frust wurde täglich greifbarer. Anders ausgedrückt: Sie wurde immer zickiger.

Es war meine Idee, getrennte Wohnungen zu beziehen. Und diese Idee rettete unsere Beziehung. Zumindest vorerst. Heute, dreieinhalb Jahre später, war ich gerade im Begriff, eine Kontaktanzeige in der „was sonst ...?!" zu schalten und zweifelte an der Wortwahl „bezaubernder Bariton". Wobei ich das erstens durchaus augenzwinkernd meinte, und zweitens weniger meine Sing- als vielmehr meine Sprechstimme meinte. Und die hatte nicht nur Marion schön gefunden, sondern auch Silke.

Womit die Gemeinsamkeiten zwischen Marion und Silke weitgehend benannt wären – die dunkelblonden, mittellangen Haare mal ausgenommen. Ansonsten waren die beiden in vielerlei Hinsicht Gegenmodelle. Silke war knapp über 1,60 Meter, hatte kleine, feste Brüste, eine leicht stämmige Figur und ein rundliches Gesicht. Marion war mit 1,75 Meter deutlich größer, hatte eine mittelgroße Oberweite, einen prima

Hintern und ein längliches Gesicht mit spitzem Kinn. Silke hatte mich immer ein wenig an Janis Joplin erinnert, bei Marion assoziierte ich eher Lucinda Williams.

Silke war belesen, feministisch und ziemlich streitbar. Und bei alledem war sie sehr sexy. Ich fand sie jedenfalls sexy. Wir hatten gepflegten Kuschelsex – in den ersten fünf, sechs Jahren unserer Beziehung. Dass die erotische Spannung dann langsam nachlässt, ist bekannt. Aber so war es bei uns nicht. Ich fand Silke nämlich nach wie vor körperlich sehr anziehend. Sie mich aber nicht. Und zwar immer weniger. Was immer öfter Anlass für Streit bot, vor allem in unseren beiden letzten gemeinsamen Jahren (die sich weitgehend platonisch gestalteten). Dann lernte Silke Simone kennen und entdeckte ihre lesbische Ader.

Marion begegnete ich fünf Monate nach der Trennung von Silke auf einer Party. Wir verstanden uns auf Anhieb – gerade auch musikalisch. Entweder wir waren gemeinsam auf der Tanzfläche oder diskutierten, welchen Titel der DJ als nächsten spielen müsse.

An diesem Abend habe ich begriffen, dass Silke und ich selbst dann keine Zukunft mehr gehabt hätten, wenn sie nicht lesbisch geworden wäre. Wir hatten uns mit der Zeit sprichwörtlich auseinander gelebt. Mochten wir früher die gleichen Filme und Bücher, konnten wir uns irgendwann kaum noch auf einen gemeinsamen Kinobesuch einigen. Ganz zu schweigen von der Musik. Pest und Cholera übersetzte Silke mit Neil Young und Bob Dylan.

Marion mochte Neil Young und Bob Dylan. Und die Rolling Stones. Und The Clash. Und die Red Hot Chili Peppers. Ich war sehr angetan. Noch in der gleichen Nacht begann ich mit der Zusammenstellung einer Mix-CD, die ich am folgenden Abend fertigstellte. Dann rief ich sie an, und wir verabredeten uns auf ein Bier.

Bei dem einen Bier blieb es nicht. Irgendwann landeten wir in meiner Wohnung, um bei einem Joint *The Song Remains the Same* von Led Zeppelin zu hören. Und spätestens bei *No Quarter* (also noch vor *Stairway to Heaven*) wurde mir klar, dass ich auf dem besten Weg war, mich zu verlieben.

Drei Monate später waren wir ein Paar. Wobei sich diese drei Monate nicht immer stringent auf dieses Ergebnis hin entwickelten. Schließlich war Marion eine verheiratete Mutter zweier Kinder. Es dauerte sechs Wochen bis zu unserem ersten Kuss. Weitere zwei Wochen später schliefen wir zum ersten Mal miteinander. Frank, Marions Mann, war über das Wochenende mit den Kindern zum Formel-1-Rennen nach Hockenheim gefahren.

Es war eine wunderbare, hocherotische Nacht. Und ein ebensolcher Morgen. Nach dem Frühstück liebten wir uns im Sitzen am Küchentisch. Am folgenden Abend rief sie mich an und sagte mir, dass sie über beide Ohren verliebt sei, aber Frank wegen der Kinder nicht verlassen wolle. Und sie keine sei, die lustig und mal so eben eine Affäre habe. Und sie mich deshalb nicht wiedersehen könne. Eine Woche später wollte sie mich dann doch noch einmal sehen. Um zu reden. Das taten wir dann auch – nachdem wir buchstäblich übereinander hergefallen waren.

Von Marions Versuchen, die Sache mit mir zu beenden, gab es noch zwei oder drei. Aber irgendwann hatten sich die Dinge so entwickelt, dass sie Frank von mir erzählte. Franks Reaktion war ausgesprochen männlich. Im Zuge des lautstarken nächtlichen Streits riss er irgendwann einen Koffer aus dem Schrank, warf wahllos irgendwelche Klamotten von Marion hinein, klärte die wach gewordenen, weinenden Kinder über den Stand der Dinge auf („Eure Mutter verlässt uns!") und rief ein Taxi. Mit dem Marion dann zu mir kam. Und sie blieb.

Marion blieb knapp vier Jahre. Dann tauchte Karlheinz auf. Karlheinz war Inhaber einer Versicherungsagentur, mit der er sich eine goldene Nase verdient hatte. Karlheinz hatte ein Haus und drei Autos, einen kleinen See in der Nähe von Münster und einen noch größeren See mit noch einem Haus und noch einem Auto irgendwo in Kanada. Nicht jede Frau verlässt deshalb den Texter und stellvertretenden Geschäftsführer einer kleinen, aber durchaus erfolgreichen PR- und Werbeagentur. Marion tat's.

Ich las den Text meiner Annonce noch einmal. Er gefiel mir. Dann klickte ich auf „Jetzt schalten!".

2

Die „was sonst ...?!" erschien seit Menschengedenken donnerstagmittags als Anzeigenmagazin im handlichen DIN A5-Format. Gefragt war sie neben dem Veranstaltungsteil vor allem wegen der Wohnungsanzeigen. Generationen von Studierenden hatten auf dem Weg ihre WG-

Zimmer gefunden, mich eingeschlossen. Kontaktanzeigen gab es dort eigentlich schon immer. Das hatte ich aber allenfalls am Rande registriert. Gelegentlich hatte ich aus Langeweile mal eine gelesen. Aber auf die Idee gekommen, zu antworten oder selber eine zu schalten, war ich nie.

Ich öffnete den „bbbsuchtsie"-Account am frühen Donnerstagabend und rechnete optimistisch mit drei bis vier Reaktionen. Es waren sechzehn – und elf davon bereits ein oder zwei Tage alt. Ich erinnerte mich, dass ich beim Schalten der Anzeige auch den Button „Kleinanzeige sofort online stellen" angeklickt hatte. Und ärgerte mich, nicht schon früher daran gedacht zu haben.

Aus Fairnessgründen entschied ich, historisch vorzugehen. Die erste Antwort kam von einer „blume1708@aol.com", abgesendet am Montagabend um 20.31 Uhr, also knapp zwanzig Minuten, nachdem ich die Anzeige geschaltet hatte. War das ein gutes oder schlechtes Zeichen?

Ich öffnete die Mail und las.

Hallo,

ich habe deine Anzeige in der wassonst gelesen und mußte gleich Schmunzeln. Ich bin auf jeden Fall sinnreich- und eine nette Frau ;-).

Mein Name ist Meike, ich wohne in Münster und bin 49 Jahre. In meiner Freizeit gehe ich gern spazieren, rad Fahren, oder ins Fitneß Studio. Ich lese gern koche gern und treffe mich mit Freunden und Bekannten für gemeinsame Unternehmungen wie Bier Garten, essen gehen, oder zusammen Kochen.

Wenn ich Urlaub habe Vereise ich sehr gerne an's Meer.

Wenn ich dein Interesse geweckt habe würde ich mich über 1 Mail von dir freuen. Ich kann dir dann auch gerne ein Bild senden- viel. bekomme ich dann auch 1 von dir. Also ich sage einfach mal bis bald ;-)

Viele Grüße
Meike

Mit Zeichensetzung und Rechtschreibung hatte Meike es offenbar nicht so sehr. Und was ich in und zwischen ihren Zeilen las, machte mich skeptisch, was eine potenzielle gemeinsame Zukunft anging. Aber ich hatte mich nun mal in den Ring begeben. Also antwortete ich.

Hallo Meike,

schön, dass dir meine Anzeige gefallen hat und du dich meldest.

Bestimmt möchtest du etwas mehr von mir erfahren. Mein Alter (und ein bisschen mehr) weißt du ja schon. Darüber hinaus bin ich 1,85 Meter groß und schlank und arbeite für ein Unternehmen hier in Münster.

Ich bin großer Musik- und Fußballfan und schrecke bis heute in beiden Disziplinen vor gelegentlichen Selbstversuchen nicht zurück. Und für einen ausgiebigen Spaziergang am Aasee oder dem Kanal mit einem anschließenden wohlverdienten Bier bin ich immer zu haben. Und ich würde mich sehr freuen, wenn du mir noch ein wenig mehr von dir erzählst. Wenn du magst.

Liebe Grüße

Sebastian

Ich war mit meiner Antwort zufrieden und klickte die nächste Mail an. „Praedjok17@web.de" schrieb:

Hallo,

da muss Frau einfach antworten: sympathisch, fröhlich und „frisch" liest sich deine Annonce – ob der Mann dahinter wirklich so ist??

... fragt sich Singlefrau aus Münster, 47 Jahre, studiert, 166 cm, schlank, humorvoll, nachdenklich ... – und immer wieder auf das Leben gespannt.

Gut gelaunte Grüße von Münster nach Münster

Das las sich besser, fand ich. Obwohl „Praedjok17" nicht viel über sich verraten hatte, nicht mal ihren Vornamen. Aber sie wusste mit Sprache und Tastatur umzugehen. Ich kopierte meine Antwort an Meike und änderte nur den Einstieg in *„Hallo, liebe Unbekannte!"*.

Als ich zum Posteingang zurückwechselte, waren zwei neue Nachrichten eingetroffen. Die zweite war von Meike. Sie schrieb:

Hallo Sebastian,

ich freue mich das du mir geantwortet hast- smile.

Ich bin wie gesagt 49 Jahre, 169 cm gross und ca. 63 kg schwer, oder leicht. Smile.

Ich hatte auch schon die 1 oder andere Beziehung und war auch schon 2 x verlobt aber nicht verheiratet. Kinder habe ich auch Keine. Dafür aber zwei liebe süsse Patenkinder. Beides Mädels. Eine ist 9 Jahre, die andere wird Ende September 17 Jahre. Sie fängt im Januar eine Aussbildung zur Berufs Kraftfahrerin an.

Ich habe den Beruf der Arzthelferin gelernt bin aber seit Jahren bei der Apothekerkammer angestellt. Damals in der Abrechnung, und dann noch in einigen anderen Abteilungen. Ich bin seit 3 Jahren im Versorgungswerk der Kammer in der Telefon Zentrale. Dazu später mal mehr wenn du magst.

Ich wohne in Münster Gievenbeck SüdWest- falls dir dass ein Begriff ist. Ecke Roxel.

Liebe Grüße Meike

Ich fühlte mich unbehaglich. Ich hatte zwar nichts gegen Arzthelferinnen oder Patenkinder, die Berufskraftfahrerin werden wollten. Aber Meikes Deutsch wie Duktus passten mir vorne und hinten nicht, das machte diese zweite Mail unmissverständlich klar. Immerhin versuchte sie sich nicht als freie Journalistin, sondern war ehrliche Arzthelferin. Das wollte ich ihr aber so nicht mitteilen. Wie kam ich jetzt aus der Geschichte freundlich und nicht verletzend wieder heraus?

Ich spielte auf Zeit und öffnete die dritte Mail. Die kam nicht unter Pseudonym, sondern von einer „Vivian Miller".

Hallo jugendl. Mann,

bin d. Vivian auch jugendl, Mitte vierzig, unabhängig gesch. (kein Kind mehr da)

Bin British, vielseitig u. Christin u. mitfühlend, wenn Mann nicht übertreibt.

Mag also Bücher, Museen, Kultur, Kino, Flohmarkt, Stadtfeste, Natur Und durch d. MSland etc. zu radeln, schwimmen, wandern, Fußball (WM) Und Du?

Klar romantisch, mehr Erotik als Sex. Trotzdem seriös. Mehr bei Kaffee Bin 1,68 cm, feminine Figur (60, Gr.38) normal, trotzdem von anderen Stern, heißt sensibel, stehe nur auf Männer.

bitte also seriös, kein Spinner

Die Vivian

Ich war schon immer vielem gegenüber aufgeschlossen gewesen, was von den britischen Inseln kam. Das hatte in erster Linie rockmusikalische Gründe. Später kam eine familiäre Komponente hinzu: Meine Schwester Anna war seit zwölf Jahren mit einem Engländer verheiratet und lebte in der Nähe von Liverpool. Roger und ich hatten uns vom ersten Moment an gemocht. Ich besuchte die beiden regelmäßig, und wir machten zusammen die Liverpooler Pubs unsicher oder unternahmen Wanderungen in den Midlands. Losgelöst davon, dass ich Liverpool nicht nur wegen der Beatles liebte und die Midlands wunderschön fand, hatte das meinem Englisch sehr gut getan. Ich traute mir ohne weiteres zu, mit Vivian in ihrer Muttersprache zu kommunizieren. Aber wollte ich das? Mit jemandem, die Sensibilität mit „vom anderen Stern" übersetzte? Und der es wichtig war zu betonen, nur auf Männer zu stehen? Ich glaubte eher nicht. Ich überlegte kurz, ob ich Vivian das auf Deutsch oder Englisch oder lieber gar nicht mitteilen wollte und entschied mich für letzteres.

Dann kam eine weitere Mail von Meike.

Hallo noch Mal,
    Ich hatte dir ja ein Foto von mir Versprochen und sende dir nun auch 1. Mehr Bilder kann ich nicht senden weil ich die Bilder nicht kompremmieren kann.
    Wünsche dir noch einen schönen Abend Sebastian.
    LG Meike

Ich öffnete den Anhang und erschrak. Meike war nicht hässlich. Aber sie war alt. Sie sah aus wie Ende vierzig.
    Aber das war ich auch! Sah ich selber womöglich ähnlich alt aus? Ich stand auf und ging zum Spiegel. Der Anblick beruhigte mich.
    Ich habe schon immer jünger ausgesehen, als ich war. Mit sechzehn, achtzehn oder zwanzig Jahren hat mich das ziemlich genervt. Es gibt nichts Blöderes, als sich ausweisen zu müssen, wenn man mit dem ersten eigenen Auto (und drei Freunden dabei) eine Kiste Bier aus dem Supermarkt besorgen will. Damals hatte ich keinen Gedanken daran verschwendet, dass mir mein juveniles Äußeres irgendwann zum Vorteil gereichen könnte. Jetzt war es anscheinend so weit. Ich hatte mich ohne Zweifel deutlich besser gehalten als Meike.

Und das lag nicht nur am Gesicht. Meike zog sich an, wie Frauen mit Ende vierzig sich anzogen – vor dreißig Jahren oder so. Ihr Outfit – das schlecht sitzende, rosafarbene Kleid mit den aufgedruckten roten Blütenblättern, das sie unter einer offenen grauen Bluse trug, dazu Hals- und Armschmuck, der mich sehr an meine Oma erinnerte – schien schlicht zu negieren, dass wir in einer Welt lebten, in der die Rolling Stones um die siebzig waren. Wahrscheinlich trug sie als Parfüm sogar „Tosca". Den Geruch hatte ich jedenfalls in der Nase.

Es half nichts. Ich musste reinen Wein einschenken und Meike loswerden. Schließlich hatte ich die Kommunikation mit ihr – aller spontanen Skepsis zum Trotz – ja angenommen.

Sorry, liebe Meike,
sei mir nicht böse, aber du bist leider nicht mein Typ. Ich deiner vermutlich auch nicht – ich hänge ein aktuelles Foto von mir an.
Alles Gute für dich!
Sebastian

Als Motiv wählte ich ein Bild, das Matthias von mir im vergangenen Sommer bei einem Open Air-Konzert von Bob Dylan gemacht hatte. Ich trug darauf Sonnenbrille und Fünftage-Bart, war komplett in schwarz gekleidet (was ich meistens war) und zog an etwas, was man auch für den Rest eines Joints hätte halten können (es war der Rest eines Joints). Das musste reichen.

Es reichte. Fünf Minuten später kam Meikes Antwort.

Ok, kein Problem. Meinen Vorstellungen vom äusseren her entsprichst du zwar auch nicht so (stehe eher auf die Dunklen Typen) aber da von hätte ich es nicht unbedingt abhängig gemacht.
Dir auch alles Gute.

3

Die Erfahrung mit Meike war hilfreich. Ich vertraute von nun an meinem Bauchgefühl. Auf Zuschriften, die mich skeptisch machten, reagierte ich nicht mehr. Und das war auch gut so. Zu den dreizehn noch nicht gelesenen Mails gesellten sich in den folgenden zwei Stunden acht weitere hinzu. Ich beantwortete insgesamt fünf. Die Basisantwort hatte ich Meike und „Praedjok17" ja gegeben. Sie musste nur individuell angepasst werden.

Ich wollte gerade den Rechner herunterfahren und ein Bier trinken gehen, als eine weitere Mail kam. „Moinmoin1965@t-online.de" schrieb:

Hi,

„sinnreiche Sie" – was ist das? Auf jeden Fall hast du mich neugierig gemacht und an den Rechner gelockt. Was verstehst du darunter??? Vielleicht magst du dein Traumbild ein wenig konkretisieren? Vielleicht passe ich da ja in Teilen hinein?

Meine Wenigkeit ist 46 Jahre jung, 178 cm lang, mit großen, braunen Augen und langen Beinen. Ich lebe und arbeite in Münster und habe die Hoffnung auf ein passendes Gegenstück noch nicht aufgegeben.

Bin gespannt, ob du dich meldest!

Liebe Grüße von Cornelia

Die Frage nach „sinnreich" hatte noch keine gestellt. Was ich damit meinte? In erster Linie hatte ich nach einer Alliteration zu „sucht" und „sie" gesucht. Und „sinnlich" hatte ich nicht schreiben wollen. Das hätte sich womöglich so gelesen, als ginge es mir nur um Sex. Natürlich ging es mir auch um Sex. Aber ich wollte ja nicht gleich mit der Tür ins Haus fallen. Jetzt musste ich mich wohl oder übel erklären.

Ich modifizierte meine Basis-Erstantwort etwas mehr als üblich.

Hallo Cornelia,

schön, dass meine Anzeige dich neugierig gemacht hat und du dich meldest.

Bestimmt möchtest du etwas mehr von mir erfahren. Mein Alter (und ein bisschen mehr) weißt du ja schon. Darüber hinaus bin ich 1,85 m groß und schlank und arbeite für ein Unternehmen hier in Münster.

Ich bin großer Musik- und Fußballfan und schrecke bis heute in beiden Disziplinen vor gelegentlichen Selbstversuchen nicht zurück. Und für einen ausgiebigen Spaziergang am Aasee oder dem Kanal mit einem anschließenden wohlverdienten Bier bin ich immer zu haben – ebenso wie für ein spannendes Konzert oder den Besuch eines guten Films oder netten Restaurants.

Im weitesten Sinne ist es auch das, was ich mit „sinnreich" meine – mit möglichst allen Sinnen genießen zu können nämlich. Das impliziert natürlich auch Nähe, Wärme und Zärtlichkeit.

Kannst du damit was anfangen? Dann würde ich mich sehr freuen, wenn du mir noch ein wenig mehr von dir erzählst. Wenn du magst.

Liebe Grüße
Sebastian

Eine Viertelstunde später war die Antwort von Cornelia da.

Hi Sebastian,

ja, damit kann ich viel anfangen und erzähle dir gerne mehr von mir:

Meine Wenigkeit wurde im Jahr 1965 geboren, wuchs in Emden auf, studierte in Münster und blieb hier in dieser wunderschönen Stadt hängen. Ich mag diesen Ort, der zum Bummeln, Hören, Sehen und Genießen einlädt. Hier wohnen viele meiner Freunde, und außerdem ist es nicht weit bis zur Küste. Wenn mich die absolute Sehnsucht überkommt, fahre ich nach Borkum und spaziere am Strand entlang. Der endlose Horizont, das Rauschen des Meeres, der Geruch nach Fisch und Salz erdet mich und gibt neue Energie für den Alltag.

Ansonsten bin ich ein Mensch der Gegensätze: Ich mag Menschen – aber auch Ruhe, Aktivität – aber auch Besinnlichkeit, Anspruch – aber auch mal Seichtheit. Dies könnte ich so fortführen. Mein Temperament kann mit mir durchgehen, doch danach brauche ich wieder meine Auftankphase. Dann versinke ich in Büchern. Ansonsten mag ich – ähnlich wie du – alles, was die Sinne berührt: Kunst, Kultur, Film, Natur ... und Freude. Nur was den Sport anbetrifft, bin ich ehrlich gesagt ein wenig faul.

Was solltest du sonst noch über mich wissen? Ich bin seit drei Jahren geschieden und lebe zurzeit noch mit meiner Tochter Mareike (19) zusammen, die im Mai Abitur macht. Lange Zeit war es okay für mich, alleine durch die Welt zu ziehen, doch jetzt spüre ich den Wunsch, wieder in eine Partnerschaft einzutauchen und das Leben gemeinsam zu meistern. Ich möchte wieder mehr Gemeinsamkeit: lieben, lachen, reden, zuhören, teilen, umarmen.

*Liebe Grüße
Cornelia*

Das las sich vielversprechend. Etwas stutzig machte mich nur, dass Cornelia schon wieder die Formulierung „meine Wenigkeit" benutzte hatte. War das bloß eine Floskel oder eine Art bewusst (oder unbewusst) benutzter Diminutiv – ob nun im physischen oder psychischen Sinne?
Aber ich hatte Lust, das herauszufinden, und antwortete.

*Hallo Cornelia,
das liest sich alles sehr sympathisch, was du da von dir berichtest. Und es gibt anscheinend einige Schnittmengen. Ruhe, Aktivität, Besinnlichkeit, Anspruch, Temperament – und Verreisen – das liest sich für mich alles prima.
Was ich über mich noch ergänzen möchte, ist die Rockmusik. Die gehört seit ich weiß nicht wie vielen Jahren zu meinem Leben dazu (ich habe mein Studium zum Teil als Party-DJ finanziert). Ausgewählte Klassik (primär Beethoven) höre ich aber durchaus auch mal. Und einmal im Jahr – wenn das Jazzfestival Münster ruft – entdecke ich auch den Jazzer in mir. Aber Jazz kann ich ganz selten nur hören. Ich muss die Musiker dabei sehen, damit der Funke überspringen kann.
Aber zurück zu dir. Ich finde dich nämlich sehr interessant und würde dich gern kennenlernen. Vielleicht ist das andersrum auch ein wenig so? Und wenn ja, dann bleibt das hoffentlich so, wenn ich jetzt ein aktuelles Foto von mir anhänge. Und dann ... bin ich mal gespannt ...
Liebe Grüße
Sebastian*

Das Foto vom Dylan-Open-Air ließ ich diesmal stecken, sondern nahm mein Lieblingsfoto, das wenige Monate zuvor auf einer Party entstanden war. Es zeigte mich im Halbprofil, ein nicht zu sehendes Gegenüber freundlich und interessiert anlächelnd. Ich hatte bis dato gar nicht gewusst, dass ich so charmant aussehen konnte.

In den folgenden zwanzig Minuten schaute ich schätzungsweise zehnmal in den Posteingang. Dann kam die Antwort von Cornelia. Und die Antwort hatte einen Anhang. Wenn das ein Foto von ihr war – und was sollte es sonst sein? – war ich eine Runde weiter. Aber das wäre ja nur die „halbe Miete". Jetzt kam es auf ihr Foto an.

Ich öffnete die Mail und las.

Hi Sebastian,

danke für das Foto und das damit verbundene Vertrauen ... gut erhalten für 48 ;-)

Bei der Gelegenheit habe ich festgestellt, dass ich gar kein aktuelles Foto von mir habe, aber eine Freundin konnte mir kurzfristig aushelfen. Mal schauen, was du sagst.

Ich könnte mir jedenfalls gut vorstellen, dich persönlich kennenzulernen, da bekommt man doch noch mal einen besseren Eindruck als per Bild!

Liebe Grüße
Cornelia

Ich klickte den Anhang an. Cornelia war ... attraktiv. Nein: Cornelia war sehr attraktiv. Sie hatte blonde, mittellange Haare, hohe Wangenknochen und eine lange, wohlgeformte Nase. Sie hatte einen Hauch von Céline Dion. Nicht, dass ich musikalisch auf Céline Dion gestanden hätte. Aber von der Bettkante geschubst hätte ich sie auch nicht. Keine Frage – ich wollte Cornelia unbedingt kennenlernen.

Aber wann? Zeugte es von ehrlichem Interesse, einen kurzfristigen Termin vorzuschlagen? Oder hatte das einen Ruch von, sagen wir, Notgeilheit?

Das Risiko ging ich ein.

Hallo Cornelia,

das mit dem „gut erhalten" gebe ich aber umgehend zurück!!! Aber sowas von ;-) Ich finde dich sehr hübsch, und du wirkst sehr sympathisch!

Und das mit dem persönlichen Kennenlernen sehe ich ganz ähnlich. Wie sieht es denn mit deiner Zeit aus? Morgen ist es wahrscheinlich zu kurzfristig, oder?! Am Samstagabend hätte ich aber auch Zeit auf ein Bier (oder einen Wein?) oder einen Kaffee.

Liebe Grüße
Sebastian

Für ihre Antwort brauchte Cornelia keine fünf Minuten.

Hi Sebastian,
morgen Abend passt es mir sehr gut! Was hältst du vom Café 8 am Hafen? Da kann man auch ganz lecker essen. Passt es dir um zwanzig Uhr?
Liebe Grüße
Cornelia

4

Das Café 8 lag direkt am Hafenbecken. Anfang der neunziger Jahre war ich dort fast täglich gewesen, weil die „Stattnachrichten", bei denen ich als Redakteur arbeitete, hier ihre Redaktionsräume hatten. Die „Stattnachrichten" trugen im Untertitel den Zusatz „Münsters Generalanzweifler" und verstanden sich als linkes Korrektiv zu den beiden lokalen Tageszeitungen „Münstersche Nachrichten" und „Westfalenzeitung" – die eine stockkonservativ, die andere etwas gemäßigter, aber deswegen journalistisch nicht besser.

Zunächst im Zweiwochen-Rhythmus, später aus ökonomischen Gründen im Monatstakt, bemühten sich die „Stattnachrichten", der Stachel im Fleisch der münsterschen Lokalpolitik zu sein. Das gelang mal gut, mal leidlich – und funktionierte, solange der Marlboro-Cowboy über die vierte Umschlagseite ritt. Als den „Stattnachrichten" mit den umsonst verteilten Magazinen „Omega" und „Jam" ernsthafte Konkurrenz auf dem Anzeigenmarkt erwuchs, war kurz darauf Schicht im Schacht.

Damals war im Hafen wenig los gewesen. Neben den „Stattnachrichten" existierte eine kleine, selbst verwaltete Druckerei und ein alternativer Verlag, der ausschließlich politisch und ökologisch korrekte Bücher und Gesellschaftsspiele produzierte. Parallel marodierte der „normale" Kanalhafenbetrieb vor sich hin.

Inzwischen hatte sich die Szenerie deutlich geändert. Am Hafenbecken standen Kneipen, Restaurants und Clubs einander auf den Füßen. Vor allem am Wochenende herrschte hier akuter „ABC-Alarm" – A für Albersloh, B für Billerbeck und C für Coesfeld, drei kleinere Orte im benachbarten Münsterland.

Cornelia und ich hatten uns auf der Wasserseite des Café 8 verabredet. Ich erkannte sie von weitem. Das Foto, das sie mir geschickt hatte, zeigte sie definitiv von ihrer Schokoladenseite. Hübsch war sie trotzdem. Und das Lächeln, das sie mir zur Begrüßung schenkte, ließ mein Herz hüpfen. „Hi Sebastian", sagte sie. Und als wir uns zur Begrüßung kurz umarmten, gab sie mir ein Küsschen auf die Wange. Das ging ja gut los.

Kurz darauf saßen wir an unserem Tisch und unterhielten uns angeregt. Cornelia war eloquent und charmant. Und verwandte haufenweise Floskeln. Neben ihrer „Wenigkeit" schien ihre Lieblingsvokabel „alldieweil" zu heißen. Außerdem benutzte sie gern das Füllwort „eben" – allerdings in der verhunzten Form „ebend". Das rollte mir normalerweise die Fußnägel hoch. Aber Cornelias Charme – und ihre Brüste (oder das, was ich davon erahnen konnte) – ließen mich darüber hinwegsehen.

Als ich zum ersten Mal weibliche Brüste berühren durfte (die stillenden meiner Mutter ausgenommen), war ich fünfzehn, und die Brüste gehörten Petra Posch. Es waren schöne, pralle Brüste, und sie erregten mich sehr. An mehr kann ich mich aus den drei Wochen mit Petra Posch eigentlich kaum erinnern. Außer ihrer Vorliebe für Knutschflecken. Besser ausgedrückt: Knutschflecken zu verpassen. Und die, die sie mir verpasste, konnten sich sehen lassen.

Das sollten sie aber natürlich nicht. Was zur Folge hatte, dass ich zwei der insgesamt drei Wochen, in denen ich mit Petra Posch zusammen war, Rollkragenpullover trug. Was meine Mutter angesichts der Jahreszeit (es war Mai oder Juni) irgendwann verdächtig fand. Als sie dahinter kam, was unter dem Rollkragen steckte, verlangte sie ultimativ die Beendigung der Liaison. Ich sei „für so was" zu jung, sagte sie.

Das sah ich definitiv anders. Aber ich fügte mich dennoch. Außer Brüsten und Knutschflecken hatte Petra Posch, das hatte ich längst gemerkt, nämlich nicht viel zu bieten. (Petra Posch war schlicht *schlicht*. Man könnte auch sagen: doof.)

Cornelia war nicht doof. Sie machte das Programm und das Marketing für ein Eventlokal am Aasee – und der Laden brummte, das wusste ich. Cornelia war witzig. Cornelia war schlagfertig. Cornelia war intelligent. Cornelia war süß. Und ihr Parfüm war eine Wonne.

Ungefähr eine Stunde nach dem Essen nahm sie zum ersten Mal meine Hand. Eine knappe halbe Stunde später küssten wir uns. Und gegen dreiundzwanzig Uhr beschlossen wir, dass es dringend an der Zeit sei, die Lokalität zu wechseln.

Wir fuhren zu mir und schafften es noch so eben ins Bett. Cornelias Brüste waren größer, als ich vermutet hatte. Um die Hüften hatte sie ein paar Gramm zu viel, wie sie fand. Aber ich fand, das stand ihr ganz hervorragend. Wir schliefen in der Nacht zwei- oder dreimal miteinander. Und nach dem Frühstück am nächsten Mittag noch einmal. Dass Cornelia dabei keinen Orgasmus hatte, fand ich schade, schien sie aber nicht weiter zu stören.

Zwischendurch erzählte sie mir von ihrer Tochter, ihrem Ex-Mann und ihren Eltern und ich ihr von Silke und Marion. Wir tauschten uns über unsere Jobs aus, entdeckten gemeinsame Bekannte und hörten *Making Movies* von den Dire Straits (weil Cornelia sich *Romeo and Juliet* wünschte). Und als draußen die Sonne aufging, schlug sie vor, am nächsten Wochenende für ein oder zwei Tage zusammen an die Nordsee zu fahren.

Am späten Nachmittag brach Cornelia auf. Als wir uns zum Abschied küssten, roch sie anders. Ich kann nicht sagen wie anders, aber anders. Ich gab darauf nicht viel und verbrachte den Rest des frühen Abends damit, mein Hochgefühl zu genießen und ein bisschen Schlaf nachzuholen.

Kurz nach zwanzig Uhr rief Matthias an und schlug vor, irgendwo ein Bier zu trinken. Wir einigten uns aufs Lodge. Das Lodge lag nur fünf Gehminuten von meiner Wohnung entfernt und war so etwas wie meine Stammkneipe, seit ich vier Jahre lang zwei Etagen darüber gewohnt hatte.

Für einen Samstagabend war es noch relativ leer. Wie üblich stand Ivonne hinter dem Tresen, die roten, langen Haare zu einem Zopf gebunden. „N' Abend, Sebastian! Ein Kleines oder ein Großes für dich?" Sie lächelte mich fragend an. Ich bestellte ein großes Bier und hockte mich zu ihr an die Theke.

Mit Ivonne verband mich die Vorliebe für schwarze Klamotten. Während das bei mir rein modisch motiviert war, spielte bei ihr noch ein weiterer Aspekt eine Rolle: Sie stand auf Heavy Metal und Hard Rock. Und wie so viele Metal-Fans war sie ein sehr liebenswürdiger und freundlicher Mensch.

„Alles gut bei dir?", fragte sie, als sie mir mein Bier hinstellte.

„Danke", antwortete ich strahlend. „Ich kann gerade echt nicht klagen."

„Aha?!" Ivonne hob die linke Augenbraue und schmunzelte irgendwo zwischen neugierig und ahnungsvoll.

Ich schmunzelte zurück und zuckte mit den Schultern. „Mal sehen, wie sich die Dinge entwickeln."

„Aber es gibt da gewisse Dinge ...?"

„Es gibt gerade gewisse Dinge, die ganz schön sind." Ich strahlte schon wieder, glaube ich.

Ivonne strahlte zurück. „Ist doch klasse. Ich drück dir die Daumen, Sebastian."

Dann kam Matthias. „Hallo, mein Lieber", sagte er, als wir uns umarmten. „Alles fit?"

„Alles fit so weit. Bei dir hoffentlich auch?"

Matthias nickte, und wir verzogen uns an einen Ecktisch.

Matthias und ich kannten uns seit fünfundzwanzig Jahren und waren seit mindestens zwanzig davon eng befreundet. Er war knapp fünf Jahre älter als ich und hatte eine gewisse Ähnlichkeit mit mir. Man hatte uns schon häufiger für Brüder gehalten. Gewissermaßen war Matthias auch wie ein älterer Bruder für mich. *„We liked the same music, we liked the same bands, we liked the same clothes"*, singt Bruce Springsteen über seinen Kumpel *Bobby Jean* – und so ähnlich war es mit Matthias und mir. Zwischen uns hätte eigentlich nur der Fußball Anlass für Zündstoff bieten können: Während Matthias eingefleischter Fan von Borussia Dortmund war, unterstützte ich seit Kindertagen den FC Schalke 04. Aber das war nie ein Problem für uns gewesen.

Noch etwas verband uns. Darauf waren wir erst gestoßen, als wir schon länger befreundet waren: Wir hatten Klosterschulen des gleichen katholischen Ordens besucht, Matthias in Ostwestfalen, ich im nördlichen Münsterland. Das hatte uns beiden das notwendige Rüstzeug für einen gesunden und fundierten Agnostizismus mitgegeben.

Obendrein hatten wir irgendwann festgestellt, dass wir einen gemeinsamen Lehrer gehabt hatten. Pater Visse unterrichtete Matthias, bis man ihn von dessen Schule an meine versetzte, wo er mein Klassenlehrer wurde. Der Anlass dieser Versetzung war durchaus pikant. Hatte Pater Visse doch eine innige Freundschaft zu Matthias' Tante Hedwig gepflegt.

So innig, dass das Getratsche am Ort irgendwann überhand genommen und die Ordensleitung Handlungsbedarf gesehen hatte. Hätte ich das damals schon gewusst, hätte ich Pater Visse vermutlich sympathischer gefunden.

„Erzähl", sagte Matthias, nachdem wir uns gesetzt hatten. Ich hatte am Telefon angedeutet, dass sich etwas Berichtenswertes ereignet hatte.

„Ich hab da jemanden kennengelernt", grinste ich. „Und das fühlt sich alles ziemlich gut an."

„Interessant", freute sich Matthias. „Gibt's Details?"

Klar gab's Details. Ich berichtete relativ haarklein. (Ich schreibe „relativ", weil ich aus gemeinhin gut unterrichteten Quellen weiß, dass „haarklein" für Männer und Frauen nicht dasselbe bedeutet. Wenn Frauen sich über Männer, Dates und den darauf möglicherweise folgenden Sex unterhalten, wird Tacheles geredet: Über den ersten Zungenkuss, und ob sie dabei feucht wurden oder nicht, über Erregungskurven, Stellungen und den ganzen Pipapo. Männer tun so was nicht. Oder sagen wir: Die meisten Männer tun so was nicht. Matthias und ich jedenfalls nicht.)

„Spannend", sagte Matthias, als ich fertig war. „Und wie geht's jetzt weiter?"

„Na, mal gucken. Bedarf, weitere Kandidatinnen zu treffen, habe ich jedenfalls gerade nicht. Ich lass das jetzt mal auf mich zukommen und bin gespannt. Auch auf das nächste Wochenende. Cornelia hat vorgeschlagen, zusammen zur Nordsee zu fahren. Und ich denke, dass ich zusage."

„Und auf dem Hin- oder Rückweg will sie dich dann ihren Eltern in Emden vorstellen?"

Auf den Gedanken war ich noch gar nicht gekommen. „Wäre etwas verfrüht, oder?"

„Finde ich auch", sagte Matthias. „Kam bloß gerade auf die Idee. Ist wahrscheinlich Quatsch."

„Wollt ihr zwei denn wohl noch was trinken?" Ivonnes Gesichtsausdruck ließ keinen Zweifel aufkommen, dass die Frage rhetorisch gemeint war. Wollten wir. Unbedingt.

5

Ich wurde wach, weil mein Handy klingelte. Es war Cornelia.

„Guten Morgen, Sebastian! Gut geschlafen?"

„Ja, danke", sagte ich. Aber mein Kopf fühlte sich gar nicht so an. Matthias und ich hatten noch ein paar große Biere im Lodge getrunken und danach bei mir einen Gutnacht-Joint geraucht. Irgendwas davon war zu viel des Guten gewesen. Ich hatte ohnehin seit einiger Zeit den Eindruck, dass ich Gras nicht mehr so gut vertrug wie früher – oder besser: die Kombination von Alkohol und Gras.

„Was machst du heute Abend?", fragte Cornelia.

„Äh. Weiß nicht. Dich sehen vielleicht?"

„Oh ja. Ich würde dich total gerne sehen. Und mit dir schlafen. Ist das unter Umständen möglich?"

Mein Kopf fühlte sich schon besser an. „Das ist ganz unbedingt möglich! Wann könntest du denn?" Wir einigten uns auf neunzehn Uhr, und ich ging erst mal duschen.

Nach dem Frühstück setzte ich mich an den Computer. Es gab acht neue Zuschriften. Und vier der fünf Kandidatinnen, auf deren Anschreiben ich geantwortet hatte, hatten sich zurückgemeldet – auch „Praedjok17".

Hallo Sebastian,

danke für deine nette Antwort. Kommst noch immer sympathisch rüber :-).

Gern erzähle ich mehr von mir. Also:

ICH LEBE

und arbeite in Münster, bin als Mathematiklehrerin an einem Gymnasium tätig.

ICH MAG

Natur und Kultur (aber mehr als Genießerin, denn echte Kennerin), reise gern, leider nur viel zu wenig. In meiner Freizeit bewege ich mich gern und relativ viel (am liebsten draußen), ohne aber ausgesprochen sportlich zu sein (will heißen: Radfahren, Spazierengehen, Wandern, Schwimmen).

ICH BIN

eine Frau, die weiß, was sie will, mit Esprit, Verstand, Humor. Werteorientiert, bodenständig, ohne Borniertheit und Spießigkeit. Mit 168 cm relativ klein, sportliche Optik, zierlich/schlank, kurze hellblonde Haare. Ein kommunikativer, warmherziger, fröhlicher, aufgeschlossener Mensch, der gern lacht – auch viel –, aber auch jemand der „leisen Töne", der Nähe zulassen kann und braucht, aber auch seinen Freiraum benötigt und einfordert.

Empfindsam, reflektiert, nachdenklich, rational, analytisch und zielorientiert – auch schon berufsbedingt ;-).

ICH FÜHLE

mich in meiner jetzigen Lebenssituation eigentlich recht wohl: Ich genieße es u. a. wieder mehr Zeit im Alltag zu haben: „Entdeckung der Langsamkeit" mit der Sicht auf „die kleinen Dinge des Alltags" – purer Luxus in diesen „rasanten Zeiten". Eine intensive und erfüllte Partnerschaft wäre sicherlich wunderschön, bereichernd ... die Suche danach ist aber nicht Lebens-bestimmend – es gibt nicht nur das EINE Glück.

ICH MAG

Lachen, Lebensfreude, Lebendigkeit, Emotionalität, Sensibilität ... wache Intelligenz, Fairness, Offenheit, Authentizität, Respekt, Empathie ... VIELLEICHT DICH?

Noch immer neugierig? – Dann freue ich mich auf eine Antwort von dir.

Petra

Wow. Das war ja mal ne Mail. Mathematisch nachgerade. Und detailliert. Und strukturiert. Für meinen Geschmack vielleicht ein bisschen zu strukturiert. Aber irgendwie ansprechend. Petra schien nicht unsympathisch.

Aber darüber wollte ich mir nicht den Kopf zerbrechen. In sechs Stunden kam Cornelia.

Hallo Petra,

danke für die „Blumen" – du kommst ebenfalls sehr sympathisch rüber.

Und unter anderen Umständen würde ich dir jetzt ein Foto von mir senden. Und zwar in der Hoffnung, dass du dann nicht schreiend wegrennst und wir uns persönlich kennenlernen könnten.

Ich möchte dir aber sagen, dass ich vorgestern Abend ein Date hatte. Und das war so nett, dass wir uns heute schon wieder treffen. Ich weiß natürlich noch nicht wirklich, ob sich daraus etwas Ernsthaftes oder Tragfähiges entwickelt. Aber es fühlt sich ziemlich gut an, und ich würde es sehr gern ausprobieren.

Sei mir bitte nicht böse. Ich wünsche dir alles Liebe und viel Erfolg bei deiner weiteren Suche!

Liebe Grüße
Sebastian

Ähnliche Mails versandte ich anschließend auch an die drei anderen Kandidatinnen, die sich zurückgemeldet hatten. Dann legte ich *Exile on Main Street* in den CD-Player und putzte die Wohnung. Eigentlich ist *Sticky Fingers* mein Lieblingsalbum der Stones. Aber *Exile on Main Street* hatte ich schon vor langer Zeit als den idealen Soundtrack dafür entdeckt, wenn es etwas Grundlegendes zu erledigen gab. Und mein akutes Bedürfnis war das nach einem Hausputz.

Als ich zum dritten Mal beim *Ventilator Blues* angekommen war, war es halb fünf – und meine Bude blitzte. Ich schnappte mir *A Long Way Down* von Nick Hornby und ging zum Lodge hinüber. Ivonne hatte gerade die Außenbestuhlung aufgebaut. Sie sah etwas übernächtigt aus.

„Hallo Ivonne! Spät geworden gestern?"

„Hallo Sebastian. Das kannst du laut sagen. Die Letzten gingen um halb drei. Bis ich im Bett war, war es vier. Aber heute wird's ja glücklicherweise nicht so spät." Sie guckte mich fragend an. „Magst du schon ein Bier?"

„Nee, danke. Aber einen deiner leckeren Cappuccini hätte ich gern. Mach dir aber keinen Stress, hat Zeit."

Dann ließ ich mich von der erstaunlich warmen Septembersonne bescheinen, las und genoss das Leben.

Gegen halb sieben brach ich wieder auf. Ich machte einen kleinen Umweg und nahm vom Ankara Grill einen großen Vorspeisenteller für Cornelia und mich mit. Zuhause angekommen entschied ich mich für *Into the Great Wide Open* von Tom Petty and the Heartbreakers.

Das Titelstück bog gerade in sein Finale ein, als es klingelte. Cornelia sah super aus und strahlte mich an. „Hi Sebastian, schön, dich zu sehen."

Ich konnte gar nicht anders, als sofort mit ihr zu schlafen. Sie offenbar auch nicht. Wir zogen uns auf dem Weg zum Bett gegenseitig aus und fielen dabei zweimal über unsere Hosen. Sie kam ziemlich schnell. So schnell, dass es sie offenbar selbst überraschte.

„Puh, was war das denn?", stieß sie verwundert aus.

„Ein Orgasmus, würde ich sagen." Ich grinste sie an.

„Ja klar. Aber so schnell." Sie lächelte. „Und was ist mit dir?"

Ich lächelte zurück und zog sie zu mir herunter. Wir machten weiter, bis ich wenig später auch zum Höhepunkt kam. Tom Petty und seine Jungs waren gerade erst bei *Too Good to Be True* angekommen.

Nach dem Essen saßen wir auf dem Sofa, hörten *Slowhand* von Eric Clapton (weil Cornelia *Wonderful Tonight* hören wollte) und unterhielten und küssten uns. Cornelia schlug noch einmal vor, am Wochenende zur Nordsee zu fahren, und ich sagte zu. Irgendwann landeten wir wieder im Bett und schliefen noch einmal miteinander.

Gegen Mitternacht blies Cornelia zum Aufbruch. „Sag mal, Sebastian, hast du Lust, morgen Abend zum Essen zu kommen? Dann kann Mareike dich auch mal kennenlernen."

„Morgen ist es leider schlecht", bedauerte ich. „Da bin ich zum Billardspielen verabredet. Dienstag könnte ich."

Cornelia guckte schräg. „Dienstags hat Mareike Badminton."

„Und am Mittwoch?"

„Ja, Mittwoch müsste gehen. Ich sag dann noch Bescheid. Schade, dass du morgen nicht kannst." Sie wirkte ernsthaft traurig.

„Hey", sagte ich, und nahm sie in den Arm. „Das läuft uns doch alles nicht weg."

„Ja, ich weiß. Hätte nur so gut gepasst."

6

Cornelia lebte in Münster-Wolbeck. Von allen Stadtteilen, die Mitte der siebziger Jahre nach Münster eingemeindet worden waren, hatte ich Wolbeck schon immer am schönsten gefunden. Aber daran verschwendete ich keinen Gedanken, als ich aus dem Auto stieg. Ich war nervös.

Ich war nicht wegen Cornelia nervös. Die hatte ihre Minikrise vom Sonntagabend offenbar schnell überwunden. Als sie mich am Montagmittag anrief, um mir zu sagen, dass Mareike am Mittwoch Zeit habe und sich darauf freue, mich kennenzulernen, hatte sie jedenfalls gute Laune gehabt. Und auch die weiteren Telefonate, die wir Montagabend, Dienstagmittag und Dienstagabend geführt hatten, waren schön gewesen.

Nervös war ich wegen Mareike. Würde sie mich mögen? Würde ich sie mögen? Und wenn nicht – was bedeutete das dann für Cornelia und mich?

Die Konstellation war zwar eine gänzlich andere – aber ein bisschen erinnerte ich mich an das Gefühl, das ich hatte, als Maria mich damals ihren Eltern vorstellte. Maria war so etwas wie meine erste große Liebe. Wir waren beide siebzehn. Maria war Schülersprecherin unseres Gymnasiums, und ich leitete die Schülerzeitung. Um den Posten hatte ich mich überhaupt nur bemüht, weil er versprach, häufiger mit Maria zu tun zu haben. Und der Plan war aufgegangen. Er war sogar so gut aufgegangen, dass wir ein halbes Jahr nach meinem Amtsantritt ein Paar wurden.

Optisch hatte Maria eine gewisse Ähnlichkeit mit Ulla Meinecke (die sie gar nicht oft genug hören konnte). Sie war fast so groß wie ich, hatte brünette Haare und ein leicht herzförmiges Gesicht. Nicht zu vergessen: Maria hatte eine ziemlich große Klappe – und mindestens ebenso große Brüste. Und sie war genauso an Sex interessiert wie ich. Bloß verfügten wir beide damals auf diesem Gebiet über kaum nennenswerte Praxis. Aber wir lernten gewissermaßen aneinander. Mit (oder genauer: auf) Maria hatte ich meinen ersten Orgasmus vor Publikum.

Ungefähr drei Monate später schliefen wir zum ersten Mal miteinander. Ich kam natürlich viel zu schnell. Aber uns blieb noch reichlich Zeit zum Üben. Bis wir uns trennten, weil Maria ihren Märchenprinzen traf, sollte es noch fünf Jahre dauern.

Ich klingelte, und Cornelia machte auf. „Hi Sebastian, schön, dich zu sehen! Hast du gut hergefunden?"

Ich nickte und küsste sie. Sie war nicht parfümiert, das fiel mir sofort auf.

„Komm doch rein. Mareike müsste auch gleich da sein."

Ich erhielt eine Kurzführung durch die Wohnung – oder besser: die Doppelhaushälfte.

„Ihr habt ja reichlich Platz hier", sagte ich, als wir uns schließlich an den großen, runden Küchentisch setzten.

„Ja, oder?", antwortete Cornelia. „Wenn du wolltest, könntest du sofort hier einziehen ..."

Bevor ich die Gelegenheit gehabt hätte, an ihrem Gesichtsausdruck ablesen zu können, ob das scherzhaft gemeint war oder nicht, sprang sie auf. „Willst du was trinken? Ein Bier vielleicht?"

Ich wollte.

Dann hörten wir die Haustür, und ein langgezogenes „Hi!" ertönte.

„Wir sind in der Küche, Mareike!", rief Cornelia zurück.

Mareike war eine jüngere Ausgabe von Cornelia mit helleren Haaren.

„Hallo Mareike. Freut mich", sagte ich.

„Hi Sebastian. Freut mich auch. Hab schon viel von dir gehört." Sie grinste.

„Hoffentlich nur Gutes", runzelte ich gespielt die Stirn.

„Ausschließlich Gutes natürlich", gab sie kokett zurück.

„Dann bin ich ja beruhigt!", sagte ich lächelnd. (Und das war ich wirklich. Mareike schien voll in Ordnung zu sein.)

Das Essen – es gab Broccolicremesuppe, Käse und Brot – verlief entspannt und kurzweilig. Mareike erzählte vom Stress mit Abitur und Jungs. Cornelia und ich hörten mal mitfühlend, mal amüsiert zu und gaben entsprechende Kommentare ab. Schließlich hob Cornelia die Tafel auf, und Mareike verzog sich auf ihr Zimmer, um für ihre Biologieklausur zu büffeln.

„Setzen wir uns ein bisschen auf die Terrasse?", fragte Cornelia.

„Gern", sagte ich.

Ich bekam noch ein Bier, und Cornelia zog sich eine Fleece-Jacke über. Als sie mich küsste, hatte ich wieder diesen Geruch in der Nase. Der, der mir am Mittag nach unserer ersten Nacht aufgefallen war.

„Und wie findest du Mareike?"

„Nett", sagte ich. „Sehr nett. Der Apfel fällt ja auch nicht weit vom Stamm."

Cornelia strahlte. „Schön. Das freut mich. Ich glaub, sie mag dich auch."

„Das will ich aber auch stark hoffen", sagte ich augenzwinkernd.

Wir genossen die immer noch überraschend laue Luft und unterhielten und küssten uns. Ich bekam diesen undefinierbaren Geruch nicht aus der Nase.

„Sag mal, Sebastian", fragte Cornelia nach einer Weile. „Was hältst du denn davon, wenn wir auf dem Rückweg von der Nordsee einen Kurzbesuch bei meinen Eltern machen? Ich hab sie schon so lange nicht mehr gesehen. Und sie würden dich so gern kennenlernen."

Matthias hatte doch richtig gelegen.

„Findest du das nicht ein bisschen früh?", fragte ich skeptisch zurück.

„Nein. Wieso? Du wirst sehen: Meine Eltern sind total nett und pflegeleicht. Und sehr gespannt auf dich."

„Das mag ja sein. Ich ja durchaus auch auf sie. Ich überleg's mir bis morgen, okay?"

Cornelia legte den Kopf schräg, und ich guckte auf die Uhr. Es war 22.30 Uhr.

„Und jetzt muss ich leider langsam los. Ich muss den Chef morgen früh bei einer Druckabnahme vertreten. Und zur Druckerei vorher noch dreißig Kilometer fahren. Und das heißt: Der Wecker klingelt um halb sieben – und das ist echt nicht meine Zeit."

„Klar", bedauerte Cornelia, „das versteh ich. Ich freu mich aufs Wochenende, so oder so!"

„Ich mich auch!"

Sie brachte mich zur Tür, ich rief Mareike durchs Treppenhaus ein lang gezogenes „Ciao!" zu und gab Cornelia einen Abschiedskuss. Ich bekam diesen Geruch nicht aus der Nase.

7

„N' Abend, Sebastian. Klein oder groß?" Ivonne guckte mich fragend an und zog die linke Augenbraue hoch.

„Klein, bitte. Oder nein – besser groß."

Ivonne grinste und zapfte.

Es gab keine Druckabnahme am nächsten Morgen. Ich hatte einfach nur weg gewollt. Aber warum? Das hatte ich mich schon während der Fahrt gefragt. War es dieser Geruch? Den ganzen Abend hatte der mich begleitet. Eigentlich roch Cornelia schon an der Tür ein bisschen so. Aber erst recht, nachdem sie die Fleece-Jacke angezogen hatte. War das

Cornelias Geruch? Dann gab es ein Problem. Denn ich mochte diesen Geruch nicht.

Das andere Problem war definitiv ihr Tempo. Wir hatten ein paarmal miteinander geschlafen. Wir hatten uns einiges voneinander erzählt. Aber wir kannten uns eigentlich kaum. Mareike kennenlernen? – Okay. Aber am kommenden Wochenende ihre Eltern? Die bereits total gespannt auf mich waren? Und dann diese Bemerkung: „Wenn du wolltest, könntest du sofort hier einziehen ..." Wir kannten uns noch keine Woche. Mir ging das alles zu schnell.

Ich kramte mein Handy aus der Jacke und rief Matthias an. Nach dem dritten Klingeln nahm er ab. „Hallo Sebastian, alles fit?"

„Geht so. Hast du noch Lust auf ein Bier?"

„Lust schon. Aber ich lieg schon im Bett. Muss morgen einen Workshop in Essen halten. Gibt's was?"

„Gibt's was? Ja. Nein. Ach, weiß nicht. Ja. Gibt was."

„Wir könnten uns morgen treffen. Ich komm um achtzehn Uhr mit dem Zug zurück. Lass uns ins Thira gehen und da was essen, okay?"

„Ja, das ist gut. Dann misch die Essener morgen mal gut auf."

Matthias lachte. „Mach ich. Bis morgen!"

Als Ivonne mir das Bier auf die Theke stellte, schepperte im Hintergrund das Glocken-Intro von *Hells Bells*.

„Ist und bleibt ein gutes Stück", sagte ich.

Ivonne nickte wissend.

„Wobei mir Bon Scott als AC/DC-Sänger besser gefallen hat", ergänzte ich.

„Dachte ich mir schon, dass du eher der Bon Scott-Typ bist", schmunzelte sie.

„So? Warum das?"

„Weiß nicht. Ist vielleicht eine Frage des Alters?"

„Des Alters?"

„Ja klar. Als Bon Scott 1980 starb, war ich sieben oder so. Ich bin mit Brian Johnson aufgewachsen."

Ich war weder mit Bon Scott noch mit Brian Johnson „aufgewachsen". Sicher, *Highway to Hell* – und natürlich *Hells Bells* und meinetwegen *It's a Long Way to the Top (If You Wanna Rock 'n' Roll)* – musste man kennen. Aber abgesehen davon hatten mich AC/DC nie wirklich interessiert. Zu prollig, zu vorhersehbar, zu langweilig. (Die frühen Sachen, als sie noch eher Bluesrock spielten, sollten ziemlich gut sein – das hatte ich mir schon öfter sagen lassen. Aber überprüft hatte ich das nie.)

Außerdem war ich, als AC/DC auf der Bildfläche erschienen, Suzi Quatro-Fan. Suzi Quatro – das war 1977 auch mein erstes Live-Konzert. Also bevor sie sich im seichten Pop verlor und Duette mit irgendwelchen Smokie-Sängern aufnahm. 1977 war Suzi Quatro noch rotzfrech. Sie stand ganz in Leder auf der Bühne, spielte E-Bass und ließ es mächtig krachen. So eine Frau hatte ich noch nicht gesehen. Ich war tief beeindruckt. Und ziemlich erotisiert.

Ob Cornelia auch Suzi Quatro gehört hatte? Ich glaubte eher nicht. Vermutlich stand sie damals eher auf Boney M. oder Baccara. Das war natürlich keine nette Unterstellung. Aber Cornelias Aktien sanken bei mir gerade im Minutentakt. Schon ihre Reaktion am Sonntag, als sie erfuhr, dass ich am Montag nicht zum Essen kommen konnte, hatte mich irritiert. Und je mehr ich den zurückliegenden Abend sacken ließ, umso weniger begeistert war ich.

„Noch ein Bier, Sebastian?"

„Ja bitte, Ivonne."

Wie kam ich aus der Geschichte wieder heraus? Heute jedenfalls nicht mehr.

8

Als ich aus der Dusche stieg, klingelte mein Handy. Ich sah auf dem Display, dass es Cornelia war, und ging nicht ran. Erstens hatte ich keine Lust, und zweitens war ich noch bei der Druckabnahme.

Auf dem Weg zum Büro war zu spüren, dass es langsam doch Herbst wurde. Unterwegs kaufte ich zwei belegte Brötchen und einen Coffee to go. Nachdem ich angekommen war, aß ich eines der Brötchen und trank den Kaffee. Dann rief ich Cornelia an.

„Guten Morgen, Sebastian! Ist die Druckabnahme gut gelaufen? Sorry, ich wollte nicht stören. Hab nicht mehr dran gedacht."

„War ein bisschen schwieriger als erwartet. Ist jetzt aber alles im grünen Bereich", log ich.

„Na prima. Du, ich hab bis jetzt leider noch kein vernünftiges Hotel gefunden, das noch was frei hat. Lass uns doch einfach auf gut Glück fahren. Und wenn alle Stricke reißen, können wir auch bei meinen Eltern übernachten."

Das wurde ja immer schöner.

„Ich bin mir nicht sicher, ob das eine gute Idee ist, Cornelia."

„Ach du, meine Eltern haben Platz ohne Ende."

„Das glaub ich dir. Es geht mir dabei aber gar nicht um den Platz. Lass uns damit lieber noch ein bisschen warten, okay?"

„Aber meine Eltern freuen sich doch so für uns. Und würden dich so gern kennenlernen."

Vom Büro aus wollte ich diese Debatte auf keinen Fall weiter führen.

„Cornelia, ich hab jetzt gleich eine Besprechung und muss mich darauf noch vorbereiten." Ich log schon wieder. „Ich ruf dich später wieder an, okay?"

„Ja, ist gut. Bis nachher dann."

Herrgottnochmal, die Frau ging mir auf die Nerven. Konnte oder wollte sie mir nicht zuhören? Hörte sie mich überhaupt? Ich hatte da ernsthafte Zweifel. Oder war ich zu kritisch? Was war schon dabei? Dann besuchten wir halt ihre Eltern, wenn die sich so freuen. Meinetwegen inklusive Übernachtung. Das war dann auch egal.

Ich war froh, abends mit Matthias sprechen zu können und fing endlich an zu arbeiten.

Gegen Mittag schickte ich Cornelia eine SMS, in der stand, dass es heute wie verhext sei, ich kurzfristig einen wichtigen Kunden besuchen müsse, ich nicht genau wisse, wie lange es dauere und sie vermutlich erst gegen einundzwanzig Uhr anrufen könne (was bis auf die in Aussicht gestellte Uhrzeit alles gelogen war.)

Sie reagierte mit einem kurzen „Ok". Das fand ich okay.

Ich machte früher Feierabend als üblich und begab mich um kurz vor achtzehn Uhr auf den Weg zum Thira. Der Weg durch den Hauptbahnhof wäre der kürzeste gewesen. Aber seitdem hier endlich saniert und umgebaut wurde, mied ich das Terrain wohlweislich. Ich ging über die Hafenstraße und bog dann links in die Bremer Straße ein. Am Bremer Platz gab es die übliche Trinker- und Junkie-Versammlung. Die armen Gestalten harrten hier bei jedem Wetter und zu jeder Jahreszeit aus.

Matthias wartete vor dem Thira und rauchte.

„Hallo Matthias! Bin etwas spät dran, sorry."

„Hallo! Kein Thema. Gehen wir rein, oder willst du draußen sitzen?" Er deutete augenzwinkernd mit dem Kopf auf die Außenbestuhlung, die sich angesichts der Wetterverhältnisse einigermaßen verwegen ausmachte.

„Nee, lass mal." Ich schüttelte grinsend den Kopf.

Das Thira war lange Zeit Silkes und mein Lieblingsrestaurant gewesen, das wir mindestens einmal wöchentlich besuchten. Seitdem hatte sich hier kaum etwas verändert. Die Inneneinrichtung war heller als bei den meisten anderen Griechen, und die leicht abstrakt gehaltenen, großformatigen Zeichnungen an den Wänden unterstrichen den frischen Charakter.

„Lass bloß die Finger von dieser Frau", war Matthias' erste Reaktion, nachdem ich berichtet hatte.

„Hab mir schon gedacht, dass du so was sagen würdest", antwortete ich. „Hört sich nicht gut an, oder?"

Matthias schüttelte den Kopf. „Leicht grenzüberschreitend, die Gute. Und ich befürchte, das ist erst der Anfang."

Unser Essen kam und sah köstlich aus.

„Du findest also, die Sache steht unter keinem guten Stern?", fragte ich, nachdem wir die ersten Happen gegessen hatten. „Sprich: Ich mache besser Schluss?"

„Das hielte ich für das Beste. Es sei denn, du sitzt schon auf gepackten Koffern und willst nach Wolbeck ziehen", grinste Matthias. „Aber im Ernst: Wie soll das funktionieren? Losgelöst von ihren Vereinnahmungstendenzen kannst du sie ja im wahrsten Sinne des Wortes nicht riechen."

Er hatte natürlich recht.

„Und wie mach ich das?"

Matthias guckte mich erstaunt an.

„Ich bin mit dem Schluss machen etwas aus der Übung", erklärte ich. „Ich hatte in den letzten gut dreißig Jahren drei längere Beziehungen. Und immer war ich derjenige, der in die Wüste geschickt wurde."

„Stimmt", sagte Matthias. „Getrennt zu werden ist mitunter einfacher."

Er nahm einen Schluck Bier.

„Ich würde sagen, du sagst ihr, wie es ist", sagte er dann.
Das klang so einfach wie einleuchtend.
„Aber das mit dem Nicht-Riechen-Können lass ich lieber weg, oder?"
Matthias zuckte zuerst mit den Schultern und nickte dann. „Muss man nicht machen, stimmt."

Als ich nach Hause kam, blinkte der Anrufbeantworter. Es war Cornelia.
„Hi Sebastian, ich wollte dich bei deinem Termin nicht mit einem Handyanruf oder einer SMS stören. Deshalb lieber so. Ich bin um neun nämlich nicht zu Hause, weil ich spontan mit einer Freundin einen Wein trinken gehe. Aber ich habe eben noch mit meinen Eltern gesprochen, die sich wirklich sehr freuen würden, wenn wir bei ihnen übernachten. Und sie wollen uns zum Essen einladen. Ziemlich gutes Lokal, finde ich. Liegt direkt an der Emder Ratsdelft. Ich habe uns für Samstag so um achtzehn Uhr angekündigt. Das ist doch okay, oder? Schönen Abend, bis morgen!"
„Leicht grenzüberschreitend, die Gute", hatte Matthias gesagt. Aber das machte die Sache einfacher.

9

Als Maria sich von mir trennte, hatten wir schon einige Zeit einen Deal. Der bestand darin, dass wir das, was von unserer Beziehung übrig geblieben war, gewissermaßen als Affäre lebten. Wir verstanden uns zwar noch ganz gut, vor allem im Bett. Aber wir waren uns längst beide sicher, dass irgendwo da draußen auf jeden von uns noch jemand anderes warten müsse. Solange aber weder Mr. noch Mrs. Right auftauchten, spräche nichts dagegen, miteinander vorliebzunehmen. So hatten wir das besprochen.

Und unser Affären-Deal funktionierte tatsächlich. Wir ließen einander viel Freiraum, unternahmen unregelmäßig und spontan Dinge miteinander, die „normale" Paare auch machten und hatten weiterhin regelmäßig Sex.

Zu dieser Zeit begannen wir auch damit, uns an der Uni politisch zu engagieren. Und in unserer Hochschulgruppe gab es einen gewissen Uli.

Uli war in Sachen Hochschulpolitik ein alter Hase. Und Uli fuhr ein ziemlich prägnantes blaues Rennrad.

Eines Nachts – ich wollte Maria am nächsten Tag beim Streichen ihrer Küche helfen – hatte ich einen Traum. Ich ging darin zu Marias Wohnung und sah Ulis Rad davor stehen. Ich klingelte, stieg die Treppe hinauf, und Maria stand an der Etagentür. Die Tür hinter ihr, die zu ihrem kleinen Schlafzimmer, war verschlossen. Das war sie sonst nie. Ich fragte danach, und Maria sagte, Uli sei da drin, aber ich solle mir nichts dabei denken.

Ich hatte diesen Traum noch vor Augen, als ich am nächsten Morgen vor Marias Wohnung auftauchte – und Ulis Rad sah. Ich klingelte, stieg die Treppe hinauf, und Maria empfing mich an der Etagentür. Und die Tür zu ihrem Schlafzimmer war verschlossen.

„Ist Uli da drin?", fragte ich.

„Ja", bestätigte Maria überrascht. „Ach so, du hast bestimmt sein Rad unten stehen sehen, oder? Ist aber nicht so, wie du vielleicht denkst."

„Aha?", sagte ich.

Und dann erzählte mir Maria, dass sie Uli am Vorabend bei einer Diskussionsveranstaltung getroffen hatte. Dass sie danach noch ein Bier trinken gegangen seien. Dass sie Uli von der geplanten Küchenaktion mit mir erzählt und Uli spontan angeboten habe mitzuhelfen. Dass sie erwähnt habe, am meisten graue es ihr vor dem Abkleben und dass sie befürchte, an einem Tag gar nicht fertig zu werden. Dass Uli daraufhin vorgeschlagen habe, die Abkleberei sofort zu erledigen. Und dass Maria, als die beiden morgens um vier Uhr damit fertig waren, Uli angeboten habe, sich den zweimaligen Weg durch halb Münster zu sparen und bei ihr zu schlafen. Sie erzählte mir das alles in der Küche, die vorbildlich abgeklebt war und in der eine Matratze mit ihrem Bettzeug in der Ecke lag.

Es gab also keinen Anlass, an der Geschichte zu zweifeln. Tat ich auch nicht. Wenn etwas zwischen den beiden gelaufen wäre, hätte Maria mir das gesagt, so gut kannte ich sie. Wir begannen mit dem Streichen, irgendwann kam Uli dazu, und gegen achtzehn Uhr waren mit allem fertig.

Nachdem Uli gefahren war, tranken Maria und ich noch einen Kaffee.

„Alles okay bei dir?", fragte sie.
„Geht so", antwortete ich. „Ich bin etwas nachdenklich."
„Wegen Uli? Brauchst du nicht. Ich würde dir sagen, wenn gestern Nacht was passiert wäre."
„Ich weiß", erwiderte ich. „Aber du guckst ihn so an. Und er dich auch."
„Sebastian, du spinnst."
„Ja?"
„Ja!"
Eine Woche später gestand mir Maria, sie habe sich in Uli verliebt. Sie wüsste zwar nicht, ob es auf Gegenseitigkeit beruhe, aber sie wollte für diese Möglichkeit offen sein. Unser Affären-Deal war abgelaufen. Und es tat mehr weh, als ich gedacht hätte. Aber ich wusste zumindest, dass ich nicht spinne.

Mit Silke lief die Sache anders. Wir hatten gerade – unter Zuhilfenahme einer Paartherapeutin – eine schwere Beziehungskrise einigermaßen in den Griff gekriegt, als sie mir auf einem Spaziergang Mitte Januar erzählte, sie habe sich verliebt. In eine Frau. In Simone.
Ich war schockiert. Wobei mir der Umstand, dass Silke sich in eine Frau verliebt hatte, schnurz war. Ich liebte Silke. Ich liebte Silke seit sechzehn Jahren – trotz unserer Krisen und Auseinandersetzungen und trotz ihrer zunehmenden Unlust auf Sex. Und Silke liebte mich. Sie wollte sich auch nicht trennen. Sie wollte nichts mit Simone ausprobieren. Sie fühlte sich auch keine Spur lesbisch, wie sie mehrmals betonte. Sie wollte nur, dass ich wusste, was mit ihr los sei. (Ich glaube, Silke war selber ein bisschen erschrocken. Und ich glaube, dass sie sich trotz ihres linken und frauenbewegten Hintergrunds ein bisschen für ihre homoerotischen Gefühle schämte.)
Erstaunlicherweise begann mit Silkes Geständnis für uns so etwas wie ein zweiter Honeymoon. In den folgenden Wochen hatten wir vermutlich sogar mehr Sex als zu Beginn unserer Beziehung. Es war auch kein ausschließlicher Kuschel- oder Blümchen-Sex mehr. Ich fragte mich manchmal, ob Silke wollte, dass ich ihr Simone aus dem Kopf vögelte.
Ende Februar fuhren wir über ein verlängertes Wochenende nach Egmond aan Zee. Wir wanderten dick eingemummelt über den Strand, gingen abends irgendwo am kleinen Hafen essen und hatten halbe Näch-

te lang Sex. Silke wirkte, als habe irgendjemand ihren Lustschalter auf Dauerbetrieb geschaltet. Es war großartig. Als wir auf dem Rückweg waren, hatte ich das sichere Gefühl, dass wir nicht nur die Simone-Situation bewältigt, sondern unsere Beziehung gleich mit gerettet hatten.

Mein Hochgefühl hielt drei Tage. Ich schaute abends fern – Silke hatte sich schon schlafen gelegt –, als es plötzlich weg war. Beim Zähneputzen nahm ich mir vor, Silke morgens anzusprechen. Ich hoffte, sie würde sagen „Sebastian, du spinnst!", mir einen Kuss geben, und alles wäre wieder gut.

Als ich Silke am Morgen ansprach, sagte sie: „Scheiße, Sebastian, du bekommst echt viel mit. Ich kriege Simone einfach nicht aus dem Kopf."

Mir fiel die Kaffeetasse aus der Hand. Drei Tage später trennte sich Silke von mir.

So schmerzhaft die Trennungen von Maria und Silke auch gewesen waren – eines konnte ich beiden nicht vorwerfen: Dass sie nicht mit offenen Karten gespielt hätten. Marion agierte in dieser Hinsicht anders.

Der Anfang vom Ende begann Mitte November. Ich hatte eine mehrtägige Dienstreise hinter mir, und wir wollten uns einen schönen Abend machen. Während des Essens bekam Marion zwei SMS und kurz danach eine weitere.

„Ist was mit den Kindern?", wollte ich wissen.

„Nein. Ich schätze, das ist Karlheinz."

„Karlheinz?"

„Alter Schulkamerad. Hab ihn zufällig in der Stadt getroffen, als du unterwegs warst."

„Und der schreibt dir jetzt drei SMS pro Stunde?"

„Nein, natürlich nicht. Aber wir simsen öfter mal. Völlig belangloses Zeug. Ist einfach nur nett."

Ich ließ es dabei bewenden. Es kam auch keine weitere SMS an diesem Abend.

Aber am nächsten. Und am übernächsten auch.

Als es zum dritten Mal piepte, war ich genervt. „Ist das wieder dieser Karlheinz? Was will der von dir? Belangloses Zeug? Ist ein bisschen viel belangloses Zeug in letzter Zeit."

„Ich weiß, was du meinst", antwortete Marion. „Und ich glaube, du hast recht. Ich glaube, der hat sich in mich verguckt."

„Ach so?!"

„Ja. Ich aber nicht in ihn. Mir geht diese ständige Simserei inzwischen auch auf die Nerven. Ich glaub, ich muss ihm das mal sagen."

„Das hätte was", sagte ich.

„Bist du eifersüchtig, Sebastian?"

„Ich werde es langsam. Wie fändest du das denn umgekehrt?"

Marion überlegte einen Moment. „Hast recht. Ist doof. Aber mach dir keinen Kopf. Karlheinz ist nett. Aber überhaupt nicht mein Typ. Ein kleiner, untersetzter, rothaariger Versicherungsvertreter – hallo?!"

Das klang überzeugend. Und es kamen auch keine weiteren SMS, weder an diesem Abend, noch in den nächsten Wochen.

Dann kam Weihnachten. Der Heiligabend war noch gut. Erst feierte Marion mit ihren Kindern und ihrem Ex-Mann. Später kam sie zu mir. Wir beschenkten uns, tranken noch was, gingen ins Bett und schliefen miteinander.

Am ersten Weihnachtstag waren wir bei Freunden eingeladen, die im nördlichen Münsterland auf einem alten Kotten lebten. Auf dem Weg musste ich Marion jedes Wort aus der Nase ziehen. Nachdem wir angekommen waren, ging es einigermaßen. Aber richtig anwesend war sie auch da nicht.

Auf dem Rückweg fragte ich sie: „Sag mal, wo warst du heute den ganzen Tag?"

„Wieso?", fragte sie zurück.

„Du warst über weite Teile eigentlich nur körperlich präsent."

„Echt? Findest du?"

„Ja. Finde ich. Ist was mit dir?"

„Nein. Ist alles gut. Ich fühl mich nur ein bisschen migränig. Wahrscheinlich liegt's daran."

Als wir vor meiner Wohnung hielten, sagte sie: „Sebastian, sei mir bitte nicht böse, aber ich fahre jetzt weiter zu mir. Das mit der Migräne wird gerade schlimmer, und ich hab meine Pillen nicht dabei. Ich melde mich morgen früh bei dir, ja?"

Sie meldete sich am nächsten Abend. Und wir hatten ein Telefonat, das nach wenigen Minuten eigentlich keines mehr war.

„Hör mal, Marion", unterbrach ich das Schweigen. „Ich weiß nicht, was seit gestern mit dir los ist. Du bist irgendwie ... nicht da. Wie kommt das?"

„Ich weiß, Sebastian. Weiß auch nicht. Ich glaube, ich brauche ein bisschen Ruhe. Ist das okay, wenn wir uns zwei, drei Tage nicht sprechen und sehen?"

„Wenn du meinst", sagte ich. (Was sollte ich auch machen?)

Einen Tag vor Silvester rief sie wieder an. Ob ich sauer sei, wollte sie wissen. Ich verneinte, und wollte meinerseits wissen, warum ich sauer sein sollte. Weil sie sich eigentlich schon früher habe melden wollen, sagte sie. Ich antwortete, sie habe eine Auszeit gewollt, und die habe sie sich genommen. (Natürlich war ich angesäuert. Schließlich waren aus ihren „zwei, drei Tagen" vier geworden. Aber damit hatte ich insgeheim schon gerechnet.)

Marion schwieg lange. Dann sagte sie: „Du wirst aber bestimmt sauer, wenn ich dir verrate, dass ich mich in Karlheinz verliebt habe. Und, Sebastian, die Sache ist ernst – Karlheinz hat sich gestern wegen mir von seiner Frau getrennt."

Ich wurde sauer. Sehr sogar. Von Karlheinz' Häusern, Autos und Seen wusste ich da noch nichts. Hätte ich davon gewusst, wäre es mir vermutlich nicht besser gegangen. Aber gelacht hätte ich schon.

10

Ich hatte mir fest vorgenommen, Cornelia gegenüber mit offenen Karten zu spielen. Sie hatte mich morgens angerufen und vorgeschlagen, sich mittags irgendwo auf einen Kaffee zu treffen. Wir einigten uns auf das Gin, mitten in der Stadt. Es war noch einmal spätsommerlich warm geworden, und dort konnte man draußen sitzen. Ich ging etwas eher als verabredet, um einen Tisch auszusuchen, der ein bisschen abseits lag.

Der kleine Platz vor dem Gin war dominiert von einer Säule, auf der ein überdimensionales, leuchtend rotes Kirschenpaar thronte, ein Überbleibsel der münsterschen Skulpturenausstellung von 1987. Ich fand einen passenden Tisch, setzte mich und bestellte einen Cappuccino.

Cornelia kam zehn Minuten später. Sie gab mir einen flüchtigen Kuss, bestellte eine Latte Macchiato und wollte umgehend damit beginnen, den Nordseetrip samt Elternbesuch zu planen.

„Warte mal bitte, Cornelia. Ich muss was mit dir besprechen", unterbrach ich sie.

Cornelia guckte etwas sparsam. Ich glaube, ich auch.

„Ich habe nachgedacht", fuhr ich fort. „Ich möchte nicht zur Nordsee fahren. Und ich möchte auch deine Eltern nicht besuchen."

„Wieso denn das plötzlich?" Sie guckte mich ungläubig an.

„Plötzlich?", fragte ich zurück. „Ich hab die ganze Zeit gesagt, dass ich finde, dass es für einen Besuch deiner Eltern zu früh ist. Du hast das nur die ganze Zeit ignoriert, nicht ernst genommen, überhört."

„Sebastian, du willst mir jetzt nicht im Ernst sagen, dass ich gleich meine Eltern anrufen und ihnen sagen soll, dass wir morgen nicht kommen?"

„Du kannst sie ja gerne besuchen. Aber ich fahre nicht mit."

Sie schwieg einen Moment. „Und das ist dein letztes Wort?", fragte sie dann.

„Ja. Beziehungsweise nein. Es geht mir nicht allein um diesen Besuch. Ich finde die Art und Weise, in der du in dieser Frage mir gegenüber agiert hast, grenzüberschreitend und nicht wertschätzend."

„Pfftt", zischte sie. „Wie bist du denn plötzlich drauf?"

Ich schwieg und dachte nach. Nicht über Cornelias Frage, die natürlich rhetorisch gemeint war und als solche unterstrich, dass sie gar nicht wusste, wovon ich sprach. Aber genau das war der springende Punkt: Falls Cornelia gewusst hätte, wovon ich sprach (oder ihr das früher oder später klar geworden wäre – was ja nicht auszuschließen war, schließlich war sie vernunftbegabt), wäre die logische Konsequenz gewesen, ihrerseits Besserung zu geloben. Spätestens dann hätte ich ohnehin mit der Wahrheit rausrücken müssen, wenn ich wirklich mit ihr Schluss machen wollte. Und das wollte ich.

„Und es gibt da noch etwas", sagte ich.

Cornelia schaute mir direkt in die Augen.

„Es tut mir total leid, Cornelia. Aber ich mag deinen Geruch nicht."

Ihre Augen füllten sich blitzartig mit Tränen, und sie tat mir fürchterlich leid.

„Ich weiß, dass ich dir wehtue. Aber so hat das keinen Sinn."

Sie wischte sich die Tränen aus dem Gesicht. „Na, dann kann ich ja jetzt wohl gehen. Der Mohr hat seine Schuldigkeit getan ..."

Sie sprang auf, ließ ihre Latte stehen und ging grußlos.

Ich atmete durch. Ich war froh, es hinter mir zu haben. Zum ersten Mal seit Petra Posch (und das lag mehr als dreißig Jahre zurück) hatte ich mich von einer Frau getrennt. Und so leid Cornelia mir tat – irgendwie fühlte sich das auch gut an.

11

Ich zahlte den Cappuccino und die Latte und ging zurück ins Büro. Aber so sehr ich mich auch bemühte – an Arbeiten war nicht zu denken. Schon auf dem Weg war die Erleichterung, das Kapitel Cornelia abgeschlossen zu haben, einer Unzufriedenheit gewichen. Ich war wieder allein. Und das gefiel mir nicht.

Ich war doch beileibe keine „schlechte Partie". Ich war doch eigentlich ein netter, gebildeter, nicht unansehnlicher Kerl mit einem ganz guten Job. Warum war ich trotzdem allein?

Dass Silke und Marion mich verlassen hatten, war mir schwerlich anzukreiden, fand ich. Wenn die eine plötzlich feststellt, auf Frauen zu stehen und die andere auf betuchte Versicherungsvertreter, hätte ich mich sprichwörtlich auf den Kopf stellen können, ohne dass das etwas geändert hätte.

Klar, ich war weder Brad Pitt noch George Clooney. Aber ich suchte ja auch nicht nach Angelina Jolie oder irgendwelchen freilaufenden Topmodels. Ich suchte nach einer netten, gebildeten, nicht unansehnlichen (und gut riechenden) Frau, mit der ich einfach glücklich sein konnte. Deshalb hatte ich ja die Kontaktanzeige geschaltet.

Aber hatte ich wirklich geglaubt, ich könnte so eine Frau mal so eben über eine Anzeige in der „was sonst ...?!" finden? Und dabei gleich mit dem allerersten Date ins Schwarze treffen? Und folglich weiteren Interessentinnen ebenso postwendend wie selbstgewiss absagen? Ich kam mir etwas naiv vor.

Ich war nicht sonderlich optimistisch, als ich nach einer Weile beschloss, den „bbbsuchtsie"-Account zu öffnen. Es lag bereits neun Tage zurück, dass meine Anzeige im gedruckten Heft erschienen war. Längst suchten Münsters Singles mittels einer neuen Ausgabe der „was sonst ...?!" nach dem großen Glück. Andererseits hatte ich seit fünf Tagen nicht mehr nach den Mails geguckt.

Im Posteingang waren tatsächlich sechs neue Nachrichten. Ich fing bei der ältesten an.

Angenehmes Alter (47), braunäugige Brillenlose, charmante Chorerprobe, dauerhaftes Durchhaltevermögen ... sympathische Sie ... investiert Interesse!!
   Antwortmail angesagt, bedankt Beate

Beate hatte sich offenbar Gedanken gemacht. Aber so nett sich ihre Alliterationen auch aneinanderreihten, so wenig sprachen sie mich an. Und ihre Schlussformulierung fand ich herzlich wenig einladend, um nicht zu sagen etwas „von oben herab".
   Ich öffnete die nächste Mail.

Hallo b-Mann,
   interessante Anzeige, hoffentlich nicht Kategorie b-Promi???? Wer oder was ist für dich ist eine sinnreiche Frau?
   LG

Hatte ich das Ende von Beates Mail „von oben herab" gefunden? Das hier toppte das locker. Ich tippte auf Lehrerin. Und mir fiel ein Spruch wieder ein, den ich mal irgendwo auf einer Postkarte gelesen hatte: „Wer ficken will, muss freundlich sein." Und mir ging es beileibe um mehr als ums „Ficken". Ich löschte die Mail und klickte die nächste an.

Hallo Du mit der bezaubernden Stimme,
   ich heiße Moni und wohne in der Nähe von Münster. Ich bin 52 J., 167 cm groß und schlank und habe blonde Haare und sehe jünger aus. Auch sonst bin ich mit beiden Beinen fest im Leben stehend und vielseitig interessiert.
   Ich bin geschieden und habe drei Kinder die entweder „schon ein eigenes Leben führen" oder so wie bei meinem sechzehnjährigen Sohn, der bei seinem Vater lebt und mich ab und zu besucht.
   Zu meinen Interessen:
   Sport aktiv und passiv, ich liebe die Natur (besonders Norwegen), Kino, Museum, shoppen, Essen gehen und nette Unterhaltung
   Im Allgemeinen bin ich sehr flexibel und nicht festgefahren und neuen Dingen aufgeschlossen. Bist Du neugierig geworden? Ich jedenfalls würde gerne mehr von Dir hören.

*Viele Grüße
Moni*

Keine Frage: Freundlich war Moni. Ich zweifelte auch nicht daran, dass sie mit beiden Beinen fest im Leben stand. Aber ich war mir genauso sicher, dass wir nicht die gleiche Sprache sprachen.

Die nächste Mail hatte den Absender „bbbpasstgut@hotmail.com".

Braunäugig, braunhaarig, Brillen-(Linsen)trägerin – passt! Bestes Baujahr (1965), unglaublich unternehmungslustig, lebhaftes Lachen, genussvolle Genießerin, sinnlich sexy sowieso.

*Lust auf mehr? Freue mich auf eine Antwort (gern auch mit Bild?)
LG Luisa*

Das gefiel mir weitaus besser. Ich wollte gerade meine Basis-Erstantwort auf Luisa zuschneiden, als ich entdeckte, dass sie sogar ein Foto angefügt hatte. Ich öffnete es.

Luisa sah klasse aus und lachte mich sympathisch an. Sie hatte lange braune Locken, schöne volle Lippen und süße Grübchen in den Wangen. Sie hätte eine ältere Schwester von Norah Jones sein können. Und sie kam mir irgendwie bekannt vor. Trotz redlichen Durchforstens meiner Hirnwindungen kam ich aber nicht darauf, wo ich ihr schon einmal hätte begegnet sein können. Aber das ließ sich ja herausfinden.

Hallo Luisa,

schön, dass du dich meldest – und wie du dich meldest auch. Das macht unbedingt „Lust auf mehr"! Und dein nettes Foto im Übrigen auch. Vielen Dank dafür.

Bestimmt möchtest du etwas mehr von mir erfahren. Mein Alter weißt du ja schon. Darüber hinaus bin ich 1,85 m groß und schlank und arbeite für ein Unternehmen hier in Münster.

Ich bin großer Musik- und Fußballfan und schrecke bis heute in beiden Disziplinen vor gelegentlichen Selbstversuchen nicht zurück. Und für einen ausgiebigen Spaziergang am Aasee oder dem Kanal mit einem anschließenden wohlverdienten Bier bin ich immer zu haben.

Und ich würde mich sehr freuen, wenn du mir noch ein wenig mehr von dir erzählst. Zumal ich das Gefühl nicht los werde, dass wir uns von

irgendwoher kennen. Ich hänge jedenfalls auch ein Bild von mir an – und dann bin ich mal gespannt!
Liebe Grüße
Sebastian

12

Gegen achtzehn Uhr machte ich Feierabend. Außer Luisas Mail hatte ich keine weiteren Zuschriften beantwortet. Ich war müde, und die Sache mit Cornelia hing mir etwas in den Knochen. Hoffentlich ging es ihr nicht allzu schlecht. Aber ich hatte keinen Zweifel, dass ich mich richtig entschieden hatte.

Ich ging zum Café Bergman, setzte meine Sonnenbrille auf und betrieb ein paar Sozialstudien. Das Bergman war nach Ingrid Bergman benannt und gehörte zu Münsters einzig verbliebenem Programmkino Panoptikum. Es lag an der belebten Warendorfer Straße. Hier konnte man prima sitzen und Leute beobachten.

Am Nebentisch saß ein Pärchen, schätzungsweise um die vierzig, und aß. Viel zu sagen hatten sich die beiden nicht. Als er seinen Zwiebelkuchen zur Hälfte gegessen hatte, legte er die Gabel beiseite und steckte sich eine Zigarette an. Während er den Rauch ausblies, ging sein Blick ins Leere. Ihre Augen schienen sich währenddessen zu fragen, was sie hier eigentlich mache. Ich hätte mit keinem von ihnen tauschen wollen.

Zwei Tische weiter hockte ein junger Mann im schnieken Anzug und trank Tee. Seinen Aktenkoffer hatte er auf dem Stuhl neben sich platziert, während er sehr geschäftsmäßig mit seinem Tablet-Computer hantierte. Ich tippte auf Anwalt oder Bankangestellten. Der Mann war höchstens dreißig, aber sein gesamter Habitus machte ihn älter, als ich jemals hätte werden wollen.

Auf der gegenüberliegenden Straßenseite fiel mir eine kleinere Frau mit Hund auf. Ich kannte sie schon lange vom Sehen. Ich schätzte sie auf Mitte sechzig. Aber sicher konnte man sich dessen nicht sein. Vor fünfzehn Jahren – und seit mindestens so lange kreuzten sich unsere Wege gelegentlich – hätte ich sie vermutlich auch auf Mitte sechzig geschätzt. Bei manchen Menschen schien das Alter irgendwann einfach anzuhalten.

Nach einem Cappuccino und zwei kleinen Bieren bekam ich Hunger und beschloss, dass heute ein Tiefkühlpizzatag war. Zu Hause angekommen, stellte ich den Ofen an, schob eine Salamipizza hinein und setzte mich an den Rechner. Es gab eine Antwort von Luisa. Gespannt öffnete ich sie.

Hallo Sebastian,
  natürlich kennen wir uns! Du bist doch ein Freund von Matthias!
  Jedenfalls seid ihr beide zusammen mit Matthias' Freundin zur Silvesterparty von Brigitte und Ralf gekommen. Wir haben uns zwischendurch gut unterhalten, wie ich fand. Du wirktest etwas traurig und warst ein bisschen betrunken, glaube ich. Aber ich fand dich trotzdem nett ...

Natürlich – Silvester! Das war's. Dass ich da traurig und betrunken gewesen war, wunderte mich nicht. Am Tag zuvor hatte sich Marion von mir getrennt. Eigentlich hatte ich mich zu Hause vergraben wollen, aber Matthias hatte nicht locker gelassen, bis ich mit ihm und Annemarie zu dieser Party gegangen war. Und da war auch Luisa. Und ich fand sie nett, ich erinnerte mich. Sehr nett sogar. Und attraktiv.
  Ich las weiter.

Eine witzige Anzeige, die du da geschaltet hast, ist mir sofort aufgefallen. Aber ich dachte schon, ich sei zu spät, weil keine Rückmeldung kam. Na ja, die kam dann ja doch noch ;-)
  Wie wollen wir das jetzt machen? Soll ich dir ein paar Schwänke aus meiner Jugend (oder dem Alter ;-)) aufschreiben – oder wollen wir uns auf ein Bier verabreden? Ich fahre allerdings morgen in aller Herrgottsfrühe für eine Woche mit einer Freundin in die Bretagne. Ich könnte also frühestens am kommenden Samstag. Wenn du noch so lange Geduld hättest, würde ich mich freuen!
  LG Luisa

Die Geduld wollte ich schon aufbringen.

Liebe Luisa,
  das ist mir jetzt natürlich peinlich. Zumal ich mich erinnere, damals auf dem Heimweg gedacht zu haben: Es gibt doch noch nette und inte-

ressante Frauen in Münster. Ich würde mich jedenfalls sehr gern am kommenden Samstag mit dir treffen. Was hältst du von zwanzig Uhr im El Toro?
Ich wünsche dir einen schönen Kurzurlaub und freu mich auf dich.
Liebe Grüße
Sebastian

Die Pizza war deutlich zu lang im Ofen gewesen und schmeckte entsprechend. Ich ließ die Hälfte liegen und machte mich auf den Weg ins Lodge. Schließlich war Freitag. Und freitags war dort traditionell „Longplay"-Tag.

Das Longplay war über viele Jahre der CD-Laden meines Vertrauens gewesen – nach gewissen Anfangsschwierigkeiten. Das Longplay-Team – insbesondere Martin, die rechte Hand des Inhabers – trug die Nase des gehobenen Musikgeschmacks nämlich mitunter recht hoch. Kaufte man bei Martin ein Album von Elvis Costello, Paul Weller oder Blur, wurde man in der Regel keines Blickes gewürdigt.

Martins Verhalten mir gegenüber hatte sich erst im Frühjahr 2000 geändert, als ich mich nach *Chore of Enchantment* erkundigte, dem damals gerade neuen Album von Giant Sand. Während ich per Kopfhörer in das Werk hineinhörte, legte Martin mir ungefragt vier weitere CDs hin. „Wenn dir Giant Sand gefällt, dann hör dir das auch mal an." Und als ich beim zweiten seiner Vorschläge angelangt war, hatte er sich erkundigt, ob ich vielleicht einen Kaffee wolle.

Martins Longplay-Zeiten gehörten schon lange der Vergangenheit an. Die Umsätze gingen kontinuierlich zurück, und irgendwann 2004 oder 2005 musste Hagen, der Chef, drei seiner vier Mitarbeiter entlassen, auch Martin. Und weil das Geschäft danach noch weiter in den Keller ging, war 2008 Schluss mit dem Longplay.

Vier Monate später traf ich Hagen zufällig im Lodge. Wir redeten über die Krise der Musikindustrie, den Download-Boom und die mindere Qualität des mp3-Formats, bis er mir irgendwann von seiner Idee erzählte, das Longplay in abgespeckter Form in einem Café, das die entsprechenden räumlichen Voraussetzungen hätte, tageweise wieder aufleben zu lassen.

„Gute Idee", fand ich.

„Ja. Bloß wo?", rätselte Hagen.

„Kennst du den Hinterraum hier?", fragte ich zurück.

Hagen verneinte, Ivonne hatte gerade Zeit – und eine gute Stunde später waren sich die beiden handelseinig. Seitdem hatte das Longplay freitags Asyl im Lodge. Hagen verkaufte seine Neuheiten und Raritäten, die alte Stammkundschaft kam gern – und kaufte nicht nur fleißig Tonträger, sondern trank auch reichlich Bier. Freitags war deshalb immer ein bisschen wie ein Longplay-Klassentreffen.

Als ich hereinkam, war es kurz nach neun. Die Theke war leer.

„N' Abend, Sebastian", begrüßte mich Ivonne. „Die Jungs sind alle hinten. Magst du ein Bier?"

„Hallo Ivonne! Gern. Ein kleines, bitte."

Ich ging weiter in den Hinterraum, in dem sich gut zwanzig weitgehend bekannte Gestalten aufhielten. Wie üblich wurde debattiert und gefachsimpelt, heiße Gerüchte über ein neues Dylan-Album oder eine Stones-Tour ausgetauscht, geraucht und getrunken.

Hagen begrüßte mich wortlos und hielt mir *The Whole Love* vor die Nase, das neue Album von Wilco.

„Ey, Alter – Pflichtkauf!"

„Weiß nicht", zweifelte ich. „Das letzte hat mir nicht gefallen. Obwohl alle Welt es in den Himmel gelobt hat."

„Mag ja sein", antwortete Hagen. „Aber das hier ist definitiv guter Stoff."

„Kann ich nur bestätigen", sagte Ivonne, die mir mein Bier brachte.

Ich war überrascht. „Du hörst Wilco? Ich dachte, du bist ein Metal-Head?"

„Bin ich ja auch", grinste Ivonne. „Aber man muss auch mal über den Tellerrand schauen. Und das gefällt mir sehr gut. Habe ich letzte Woche bei Hagen gekauft."

Hagen nickte. Ivonne auch.

Ich guckte Hagen immer noch skeptisch an.

„Nimm's einfach mal mit. Wenn's dir nicht gefällt – was ich nicht glaube –, gibst du's mir am nächsten Freitag zurück, okay?"

Da konnte man natürlich nichts machen.

13

Fünf Stunden und entsprechend viele Biere später waren Ivonne, Hagen und ich die letzten, die noch vor beziehungsweise hinter der Theke standen. Ivonne trank ihr zweites Feierabendbier, und wir hörten eine von Hagens Raritäten, ein Bootleg namens *The Alternate Takes* von John Lennon.

Lennon hatte ich schon lange nicht mehr gehört. Dabei war er über viele Jahre mein Idol gewesen. Hätte ich damals einen Soundtrack für meine Kriegsdienstverweigerung zusammengestellt, wäre *Imagine* garantiert dabei gewesen.

Aber meine Begeisterung für Lennon war älter. Und hatte noch einen anderen Grund: seine Brille. Lennon war Brillenträger – und war trotzdem cool. Um nicht zu sagen: ultracool. Als ich fünfzehn war, war John Lennon für mich der coolste Mensch auf diesem Planeten.

Ich musste eine Brille tragen, seit ich neun Jahre alt war – und ich hasste es. Die Helden aus dem Fernsehen – Tarzan, Little Joe aus Bonanza, Robin Hood, Winnetou – trugen niemals eine Brille. Die ersten Brillen, die man mir verpasste, waren obendrein vollkommen indiskutabel. Als ich 1973 in die vierte Klasse kam, verunzierte ein massives Hornmodell mein Gesicht. Und als wenn das nicht schon schlimm genug gewesen wäre, fingen einige Jungen aus meiner Klasse an, mich deswegen zu hänseln.

Eines Morgens kam es zum Eklat. Wie üblich stellten sich vor Schulbeginn alle Klassen reihenweise auf dem Schulhof auf. Nach dem ersten Klingelton hatten wir im paarweisen Gänsemarsch die Unterrichtsräume aufzusuchen. Mein Klassenkamerad Peter Berger stand direkt hinter mir. Und er eröffnete den Krieg.

„Na, Brillenschlange", zischte er mir ins Ohr.

Ich drehte mich um. „Ich bin keine Brillenschlange."

„Was bist du denn sonst?"

„Ich bin keine Brillenschlange", wiederholte ich.

„Natürlich bist du eine Brillenschlange!"

Die umstehenden Jungs feixten amüsiert. Peter Berger fühlte sich angespornt. „Brillenschlange, Brillenschlange, Brillenschlange ..."

Ich schubste ihn weg.

„Guckt euch die freche Brillenschlange an", jubelte er. Dann formte er mit Daumen und Zeigefingern zwei Ringe, durch die hindurch er mich anfunkelte. „Willste dich mit mir anlegen, Brillenschlange?"

Das wollte ich nicht. Peter Berger, das wusste – oder vermutete – ich, war stärker. Eine Keilerei hätte ich verloren. Möglicherweise sogar unter Verlust meiner gehassten, aber nun mal notwendigen Brille.

Aber Peter Berger hörte nicht auf. „Brillenschlange, Brillenschlange, Brillenschlange – hau mich doch, wenn du dich traust!"

Und das tat ich dann. Jedenfalls gewissermaßen. Ich hatte eine Plastiktüte in der Hand, in der ein Zeichenblock für den Kunstunterricht war. Mit dieser Tüte wischte ich Peter Berger mehr über den Kopf, als dass ich ihn „haute".

Außer dem Zeichenblock war in der Tüte aber auch ein Wasserfarbmalkasten. Und der traf Peter Berger. Und das offenbar wirkungsvoll. Jedenfalls guckte er mich entsprechend an. Und griff sich mit der Hand an den Kopf. Und dann sah ich es, die Umstehenden sahen es, und Peter Berger sah es auch – allerdings erst, als er seine Hand wieder vom Kopf nahm: Blut. Jede Menge Blut. „Peter hat ein Loch im Kopf!", hörte ich die Mädchen schreien. „Sebastian hat Peter ein Loch in den Kopf gehauen!"

Was danach genau geschah, kann ich nicht mehr mit Bestimmtheit sagen. Das allgemeine Entsetzen – meines insbesondere – war groß. Dass es sich bei dem „Loch im Kopf" um nicht mehr als eine kleine Platzwunde handelte, die eine knappe Stunde später mit wenigen Stichen genäht war, entsprach nicht meiner Einschätzung der Situation. Ich war fest davon überzeugt, dass es hier um Leben und Tod ginge. Von allen Seiten stürzten Lehrerinnen – an unserer Grundschule unterrichteten damals ausschließlich Lehrerinnen – heran und bemühten sich um Peter Berger. „Der Junge muss sofort ins Krankenhaus!", hörte ich aus dem Stimmwirrwarr heraus. Ich war mir nicht sicher, ob er es bis dahin schaffen würde.

Und während Peter Berger auf dem Weg zur notärztlichen Versorgung war, musste Sebastian Ternitz zur Direktorin.

Frau Melchers kleidete sich wie meine Oma. Meine Oma mochte ich. Frau Melchers nicht. Meine Oma stammte aus dem Schwarzwald. Bei ihr gab es Heidelbeeren mit Zucker und Dosenmilch. Bei Frau Melchers gab es nicht mal Kekse.

„Solche Gewaltausbrüche werden an unserer Schule nicht geduldet", sagte sie bestimmt. Wie es zu dem Gewaltausbruch gekommen war, interessierte sie offenbar nicht.

Dabei gab es durchaus Gewalt an unserer Grundschule, die geduldet wurde. Frau Melchers selbst war dafür bekannt, Schülern, die ihre Hausaufgaben wiederholt nicht erledigt hatten oder die Ordnung in anderer Weise störten, mit ihrem Rohrstock auf die Fingerspitzen zu schlagen. „Das hat noch niemandem geschadet", pflegte sie dazu zu sagen. Jedenfalls bekam man davon keine Löcher im Kopf.

Ich verspürte keinerlei Ambitionen, Frau Melchers darüber aufzuklären, wie es zu der Auseinandersetzung gekommen war. Ich schämte mich für meine Brille und das, was ich getan hatte. Und ich hoffte inständig, dass Peter Berger meine Attacke überleben würde. Nicht, weil Peter Berger mir urplötzlich ans Herz gewachsen wäre. Ich wollte kein Mörder sein.

Mein Blick wanderte zu Frau Melchers Rohrstock, der einsatzbereit, aber reglos auf ihrem Schreibtisch lag. Ich rechnete fest damit, dass das nicht mehr lange so bleiben würde. Insgeheim hoffte ich sogar darauf. Wenn ich selber Schmerzen aushalten müsste, würde das den lieben Gott vielleicht gnädig stimmen, und er würde Peter Berger leben lassen.

Aber Frau Melchers ließ ihren Rohrstock liegen und ergriff stattdessen das Telefon. Sie verständigte meine Mutter, die wenig später eintraf. „Sebastian, das geht aber nicht. Das weißt du doch! So etwas tut man doch nicht. Wie konntest du nur?" Ich schwieg.

Erst auf dem Heimweg rückte ich mit der Sprache heraus. Inzwischen wusste ich, dass Peter Berger nicht sterben würde. Noch während ich mit meiner Mutter bei Frau Melchers war, hatte das Krankenhaus angerufen. Peter Berger gehe es „den Umständen entsprechend gut". Das beruhigte mich.

Am nächsten Tag war Peter Berger der Star der Schule. Alle wollten seinen Verband sehen. Immer wieder musste er davon berichten, wie man ihm die Haare um die Wunde herum abrasiert und ihn dann genäht hatte. Die Mädchen warfen ihm bewundernde Blicke zu. Für mich, die Brillenschlange, schienen sie nur Abscheu übrig zu haben.

John Lennon war es, der mich fünf Jahre später rettete.

1978 war Lennon ziemlich out. Die Beatles hatten sich acht Jahre zuvor aufgelöst, und er hatte seit drei Jahren kein Album mehr veröffentlicht (und wenn man ehrlich ist, seit fünf Jahren kein wirklich gutes). Aber ich hatte mir zu meinem fünfzehnten Geburtstag das „Rote Album" der Beatles gewünscht. Und bekam es auch. Und ein halbes Jahr später, zu Weihnachten, das „Blaue". Und dazu ein Buch über die Beatles. Was ich darin über Lennon las, schmeckte nach Freiheit. Ich bekniete meine Eltern, eine neue Brille für mich zu finanzieren. Eine runde. Eine John-Lennon-Brille. Und sie taten mir den Gefallen.

Lennon quengelte gerade, er sei bloß ein *Jealous Guy*, als zwei schwarz gekleidete, offenbar nicht mehr nüchterne Typen das Lodge betraten. Den einen, ein Kappenträger mit blondem Zopf, kannte ich vom Sehen. Den anderen sah ich zum ersten Mal.

Ivonne kannte offenbar beide, vermutlich aus der Metal-Szene. „Hallo, Berte, hallo Ozzy. Wir haben leider schon geschlossen."

Berte – der bezopfte Kappenträger – verzog das Gesicht. „Ach, Ivonne, zwei Flaschenbiere wirst du doch wohl noch für uns haben?"

Ivonne seufzte und zeigte sich gnädig.

„Was hört ihr denn hier für einen Scheiß?", röhrte Berte, nachdem er den ersten Schluck genommen hatte. „Das ist doch John Lennon, dieses Weichei."

„Da muss ich widersprechen", sagte ich. „Wir können gerne über Lennons Musik streiten. Aber ein Weichei war er definitiv nicht."

„Na klar war er das", erwiderte Berte. „So 'n scheiß Hippie-Freak mit ner blöden China-Tusse."

„Der Begriff Hippie-Freak scheint mir wenig geeignet, das Gesamtphänomen John Lennon zu skizzieren", merkte Hagen leicht lallend, aber durchaus sachkundig an.

„Und Yoko Ono war und ist meines Wissens Japanerin", ergänzte Ivonne trocken.

Dann ging alles sehr schnell. Berte nahm einen Schluck Bier. Aber statt die Flasche danach wieder hinzustellen, schleuderte er sie ansatzlos in meine Richtung. Ich duckte mich weg. Die Flasche traf mich dennoch knapp über dem rechten Auge. Meine Brille ging zu Boden. Ich auch. Dann wurde es rot. Zumindest rechts.

Im gleichen Moment hörte ich ein Bellen. Elwood hatte sich vor Berte und Ozzy aufgebaut und knurrte die beiden an. Elwood war ein großgewachsener Rhodesian Ridgeback und gehörte Johannes, dem Koch und eigentlichen Pächter des Lodge.

Johannes selbst stand an der Tür zur Küche, hatte einen Baseballschläger in der Hand und sagte: „Ich glaube, Ivonne, du rufst jetzt mal die Polizei." Dann schaute er zu mir hinunter. „Und Sebastian muss sofort ins Krankenhaus."

Zwei Meter rechts von mir sah ich meine Brille liegen. Die war auch im Arsch.

14

So ganz im Arsch waren glücklicherweise weder meine Brille noch ich. Die Platzwunde über meiner rechten Augenbraue wurde eine Stunde nach Bertes Attacke genäht. Und meine Brille – so versicherte mir am nächsten Tag mein Optiker – sei zwar nicht „unkaputtbar", aber robust. Der Rahmen habe die Sache weggesteckt und ließe sich richten. Allerdings würde es vier Tage dauern, das beschädigte rechte Glas zu ersetzen. Also musste ich solange meine Ersatzbrille tragen – mein letztes übrig gebliebenes Lennon-Modell (was ich nicht ganz unpassend fand).

Nach dem Besuch beim Optiker ging ich zur zuständigen Polizeiwache und erstattete Anzeige. Bertes Personalien waren noch in der Nacht im Lodge aufgenommen worden, ebenso die Aussagen von Ivonne, Hagen und Johannes. „Da wird wohl ein hübsches kleines Schmerzensgeld auf Sie zukommen, Herr Ternitz", sagte der Beamte, nachdem ich meine Schilderung des Tathergangs zu Protokoll gegeben hatte. „Die Sachlage ist ja vollkommen eindeutig."

Das fand ich auch. Und ein Schmerzensgeld erschien mir ebenfalls angemessen – ich hatte nämlich welche, nebst einer beachtlichen Schwellung. Ich war froh, dass das Date mit Luisa erst in einer Woche war.

Hagen hatte recht gehabt. Das neue Wilco-Album war wirklich gut. Ich hörte es am Nachmittag dreimal, und es gefiel mir mit jedem Durchlauf besser. Ich fragte mich, ob ich dem Vorgänger *Wilco (The Album)* doch noch eine Chance geben sollte. Vielleicht hatte Hagen ja noch ein Exemplar in seinem Fundus.

Gegen neunzehn Uhr ging ich ins Lodge.

„Na, du siehst ja aus, du Armer", begrüßte mich Ivonne. „Geht's denn?"

„Danke", antwortete ich. „Es geht so."

„Magst du trotzdem ein Bier?"

„Ich bitte darum. Und zwar ein großes."

Johannes hatte meine Ankunft offenbar bemerkt und kam aus der Küche. „Grüß dich, Sebastian. Schön, dass du auf den Beinen bist. Das war ja vielleicht ein Stunt gestern Nacht!"

„Aber hallo!", antwortete ich. „Wie gut, dass du und Elwood noch da wart."

„War ehrlich gesagt reiner Zufall. Bedank dich bei der Friteuse. Die schrie ganz laut nach einer Grundreinigung. Aber Hauptsache, es geht dir einigermaßen. Und um Berte musst du dir, zumindest wenn du hier bist, keinen Kopf machen. Dem habe ich gestern im Beisein der Polizei Hausverbot auf Lebenszeit erteilt."

„Das ist aber auch ein merkwürdiger Kerl", sagte Ivonne. „Ich war mal mit Berte, Ozzy und ein paar anderen auf einem Motörhead-Konzert. Erst war alles gut. Aber irgendwann hat er angefangen, grundlos Leute anzurempeln. Ich hatte von vornherein ein ungutes Gefühl, als die beiden gestern kamen. Hätte ich mal darauf gehört. Tut mir leid, Sebastian."

„Dafür kannst du doch nichts", sagte ich.

Ivonne lächelte und stellte mir mein Bier hin.

Ich bestellte bei Johannes ein „Münsterländer Krüstchen" (und fand statt einem gleich zwei Spiegeleier auf meinem Schnitzel), aß, trank noch zwei Bier und ging dann schlafen.

Am Sonntag frühstückte ich gegen Mittag. Den Nachmittag verbrachte ich mit Bruce Springsteen und John Lennon, genauer mit *Nebraska* und *John Lennon/Plastic Ono Band*. Dabei kühlte ich die Schwellung auf meiner Stirn – die war über Nacht noch gewachsen.

Es gab tatsächlich noch drei Nachzüglerinnen, die sich auf die Anzeige gemeldet hatten. Ich formulierte eine kurze Antwortmail, in der stand, dass ich meine „sinnreiche Sie" inzwischen gefunden hätte und ich den jeweiligen Adressatinnen alles Gute bei ihrer weiteren Suche wünschte. Die Mail schickte ich anschließend auch an die Interessentinnen, denen ich bislang noch nicht geantwortet hatte. Danach löschte ich den Account.

Natürlich konnte ich nicht wissen, ob aus Luisa und mir etwas werden könnte. Aber ich war durchaus optimistisch. Hätte sie mich Silvester nicht nett gefunden, hätte sie das in ihrer Antwort nicht schreiben müssen. Und im Gegensatz zu mir konnte sie sich offenbar gut an unsere Begegnung erinnern. Wobei ich für mich mildernde Umstände geltend machte: Erstens hatte sich Marion gerade von mir getrennt und zweitens war ich betrunken.

Aber angenommen, die Trennung von Marion hätte Silvester schon länger zurückgelegen, und – ebenfalls angenommen – ich hätte Luisa auch nüchtern interessant gefunden, dann hätte ich vermutlich versucht, mit ihr zu flirten. Und hätte ich mir dabei nicht den totalen Korb geholt, hätte ich in den folgenden Tagen nachgehakt. Und dann wären wir zum jetzigen Zeitpunkt vielleicht schon längst ein Paar.

Aber solche Überlegungen waren müßig. Ich musste einfach den Samstag abwarten. Und meine Stirn kühlen.

15

Das El Toro lag am Rande der Altstadt am Alten Steinweg. Es regnete leicht, und das Kopfsteinpflaster glänzte. Ich hatte für zwanzig Uhr einen Tisch reserviert, war aber schon eine halbe Stunde früher da. Vielleicht wollte ich mir einen Heimvorteil verschaffen. Aber eigentlich war ich nur nervös. Meine reparierte Brille hatte ich am Vortag abgeholt. Und meine Stirn sah inzwischen auch wieder annehmbar aus. Ich hätte mich trotzdem besser gefühlt, wenn Bertes Flasche mich komplett verfehlt hätte.

Luisa kam zehn Minuten zu früh – und sah blendend aus. Zur Begrüßung umarmten wir uns kurz.

„Das hast du Silvester aber besser gemacht", schmunzelte sie.

„Was meinst du?", fragte ich überrascht.

„Weißt du nicht mehr? Um Mitternacht hast du mich in den Arm genommen. Und du hast mich so umarmt, dass ich dachte: Wow, der Mann hat einen festen Griff, der weiß, was er will und lässt so schnell nicht los."

„Stimmt. Ich erinnere mich", log ich. Und war gespannt, was ich im Laufe des Abends noch über Silvester erfahren würde.

„Was ist denn mit deiner Stirn passiert?", erkundigte sich Luisa besorgt.

„Ach", sagte ich. „Musikalische Meinungsverschiedenheiten, gewissermaßen."

Ich erzählte kurz von meinem Malheur. Dann setzten wir uns an unseren Tisch, bestellten etwas zu trinken und lächelten uns an. Wir sprachen weiter über Silvester, und meine Erinnerung kam häppchenweise zurück. Wir waren mehrmals zum Rauchen draußen gewesen und hatten uns dabei zwar weitgehend belanglos, aber kurzweilig unterhalten.

„Aber, wie ich schon geschrieben habe, du hast auf mich damals traurig gewirkt", sagte Luisa.

„War ich ja auch. Am Tag zuvor hatte sich meine Freundin von mir getrennt."

„So was in der Art hatte ich mir schon gedacht", antwortete sie. „Aber inzwischen hast du dich berappelt?"

„Ja klar, hab ich. Aber richtig himmelhochjauchzend bist du damals auch nicht ins neue Jahr gerutscht, oder?" Meine Erinnerung an den Abend funktionierte inzwischen besser.

„Das hast du gemerkt? Stimmt, war so. Ich steckte damals in einer Beziehung, von der ich eigentlich gar nicht wusste, ob es noch eine war oder nicht. Und ob ich diese Beziehung noch weiter wollte oder nicht. Deshalb war ich auch alleine da. Und als du mich um Mitternacht in den Arm genommen hast, wusste ich, dass diese Beziehung nichts mehr taugt."

„Weil ich dich in den Arm genommen und gedrückt habe?" Ich war ehrlich überrascht.

„Ja. Das fühlte sich anders an. Besser. Ehrlicher. Es fühlte sich so an, als meintest du mich – und nicht irgendein Abziehbild. Ich habe dann ein paar Tage später Schluss gemacht."

„Aber auf die Idee gekommen, mich anzurufen, bist du dann nicht?"

„Erstens hatte ich ja deine Nummer gar nicht. Und zweitens wollte ich mich nicht Hals über Kopf in was Neues stürzen. Ich musste erst einmal meinen Kopf ein bisschen klar kriegen. Und mein Herz."

„Versteh ich", sagte ich. „Jetzt sitzen wir jedenfalls hier."

Sie lächelte mich an. „Stimmt. Und das gefällt mir gut."

Das Essen kam, und wir ließen es uns schmecken. Wir hatten uns für einen gemischten Tapas-Teller für zwei Personen entschieden und damit nicht nur eine gute Wahl getroffen – die Portion war für uns schlicht zu groß. Nach einer guten halben Stunde stocherten wir übersättigt in den beachtlichen Resten herum.

„Ich glaub, ich brauch jetzt ausnahmsweise mal nen Schnaps", stöhnte Luisa.

„Gute Idee", sagte ich. „Ein spanischer Brandy wäre doch passend."

Wir bestellten zwei Cardenal Mendoza und hatten drei Minuten später zwei Vierfache vor uns stehen. Wir prosteten uns zu und unterhielten uns weiter.

Luisa arbeitete für das Universitätsklinikum Münster in der Personalentwicklung, und es ging ihr gut damit. Ihr Sohn Gerrit war gerade zwanzig geworden, machte Zivildienst und wohnte noch bei ihr. Von seinem Vater hatte Luisa sich schon vor fünfzehn Jahren getrennt – „mindestens drei Jahre zu spät", wie sie fand.

„Warum das?", wollte ich wissen.

„Ach. Der Kerl hat mich nicht nur alle naselang betrogen. Er hat mich auch in Bezug auf Gerrit konsequent im Stich gelassen. Obendrein habe ich nach der Trennung drei Jahre kämpfen müssen, bis Monsieur sich mal bequemte, Unterhalt für seinen Sohn zu bezahlen."

„Scheiße", sagte ich.

„Das kannst du laut sagen", beschied sie.

Nach der Trennung von Gerrits Vater hatte Luisa drei längere Beziehungen. Die ersten beiden scheiterten daran, dass die Herren mit Luisas Muttersein nicht kompatibel waren.

„Der Erste kam nicht damit klar, dass ich nicht jedes Wochenende Party machen konnte. Gerrit war damals acht oder neun. Zu seinem Vater ging er nur ungern. Er schlief zwar gern mal bei Freunden, aber das hatte natürlich Gegeneinladungen zur Folge – und den nächsten Beziehungsknatsch. Nach einem guten Jahr hatte ich den Kaffee auf."

„So lange hast du's trotzdem mit ihm ausgehalten?", wunderte ich mich.

„Ich glaube, ich hatte damals die Nase vom Alleinsein ziemlich voll. So was steigert die Leidensfähigkeit erheblich." Sie grinste leicht gequält, und ich nickte verständnisvoll.

„Mit Nummer zwei war ich danach vier Jahre zusammen, und drei davon waren ziemlich gut. Dann hat er angefangen zu trinken. Oder anders ausgedrückt: Er konnte nicht mehr aufhören, wenn er angefangen hatte – das ist jetzt eine Frage der Sichtweise. Irgendwann brauchte er jedenfalls mittags das erste Bier. Gerrit war vierzehn, und ich fand, so ein Vorbild tat ihm nicht gut. Losgelöst davon, dass ich die Sauferei auch ohne Gerrit scheiße gefunden hätte."

„Nachvollziehbar", bestätigte ich. „Und Nummer drei?"

„Der war anfangs ein echter Schatz. Sehr aufmerksam und lieb, immer hilfsbereit. Und nicht nur mir gegenüber. Er hat Gerrit sehr dabei geholfen, dass der die elfte Klasse nicht wiederholen musste. Aber dann ging das mit den Pornos los."

„Pornos?"

„Ja. Irgendwann wollte er mit mir einen Porno gucken. Haben wir dann zwei- oder dreimal gemacht. Ich fand's nicht so gut. Dann hat er sich die Dinger allein angeguckt. Und immer öfter. Auf DVD, im Internet, auf dem Handy. Irgendwann kam ich mir selber vor wie eine Art Wichsvorlage. Ein Abziehbild halt. Selbst beim Sex mit ihm."

„Mannomann." Ich schüttelte den Kopf. „Da hast du ja echt nen Streifen mitgemacht, mit den werten Geschlechtsgenossen ..."

„... und habe die Hoffnung trotzdem noch nicht aufgegeben." Sie zwinkerte mir zu. Und sah dabei total süß aus.

Ich merkte den Brandy – und das Bier. „Sorry Luisa, aber ich muss mal dringend zur Toilette."

„Trifft sich gut", antwortete sie. „Geht mir genauso."

Wir gingen gemeinsam die Treppe zu den WCs hinauf. Als ich wieder herauskam, beschloss ich, auf sie zu warten. Luisa kam kurz darauf aus der Damentoilette und lächelte. Wir standen uns einen langen Augenblick gegenüber. Dann küssten wir uns.

Wir hörten erst auf, als wir ein Räuspern hörten. Hinter uns stand eine junge Frau und grinste. „Ich will ja nicht stören. Aber ihr blockiert leider den Zigarettenautomaten."

Als wir wieder an unserem Tisch waren, setzten wir uns nebeneinander, hielten Händchen und kümmerten uns um unsere Brandys. Luisa küsste gut. Luisa roch gut. Luisa war bezaubernd. Und ich fühlte mich pudelwohl.

Gegen Mitternacht brachen wir auf.

„Magst du vielleicht noch nen Brandy?", fragte ich sie draußen. „Ich hätte wohl einen zu Hause ..."

„Eigentlich total gerne. Aber das wird mir zu spät. Gerrit fliegt morgen früh um neun für eine Woche nach Barcelona, und ich bringe ihn zum Flughafen."

„Schade", bedauerte ich. „Und wie wär's morgen?"

„Morgen bin ich mit meiner Schwester Bea verabredet. Aber Montag könnte ich."

„Fein! Dann bekoche ich dich am Montag. Inklusive Brandy als Absacker. Einverstanden?"

„Das hört sich gut an", strahlte sie.

Wir küssten uns zum Abschied, sie stieg auf ihr Rad, und ich ging Richtung Lodge.

Der Laden war brechend voll. Am zweiten Oktoberwochenende feierte das Lodge traditionell seinen Geburtstag. Die Küche hatte geschlossen, Theke und Bedienung wurden von Aushilfen gemacht, und Ivonne und Johannes hatten sich unter die Gäste gemischt.

„N' Abend, Sebastian", begrüßte mich Ivonne. „Da bist du ja endlich. Jetzt trinken wir aber erst mal ein Bier zusammen!"

„Überredet", freute ich mich.

Ivonne hatte offenbar schon ein paar Biere Vorsprung und blubberte wie ein Wasserfall. Johannes verkaufte Tombola-Lose zugunsten der Drogenhilfe und verschwand alle naselang in der Küche, um Preise zu holen. Und in der Ecke heizte eine Skiffle-Gruppe der Versammlung ein.

„Skiffle?", fragte ich Ivonne durch das Getöse.

„War Johannes' Idee. Ich hätte ja lieber Metallica oder AC/DC gehabt, aber die hatten leider keine Zeit." Beim Grinsen hob sie die linke Augenbraue.

Ich grinste zurück. Im gleichen Moment begann die Band mit einer Coverversion von *Highway to Hell*.

„Aber ein paar Wunschtitel hab ich den Jungs vorher doch gesteckt", schmunzelte Ivonne.

16

Der Wecker behauptete, es sei elf Uhr, aber so fühlte es sich nicht an. Die Band hatte gegen zwei Feierabend gemacht, und die meisten Gäste waren eine Stunde später gegangen. Johannes hatte daraufhin Türen und Jalousien geschlossen und er, Ivonne, vier weitere Stammgäste und ich hatten bis halb fünf die Stellung gehalten.

Mein Handy wies eine neue SMS aus. Sie war von Luisa.

Guten Morgen, Sebastian. War ein wunderschöner Abend mit dir. Kann deine Küsse noch schmecken und freue mich seeehr auf morgen Abend! Mach dir nen schönen Sonntag. Luisa

Ich machte mir einen Kaffee, setzte mich aufs Sofa und antwortete.

Guten Morgen, Luisa. Der Abend war ganz wunderbar, das finde ich auch! Und dass wir uns morgen schon wiedersehen, ist total klasse. Andererseits sind es bis dahin noch mehr als dreißig Stunden – wie soll ich bloß solange ohne einen Kuss von dir überstehen ;-) Sebastian

Ich trank meinen Kaffee auf und ging in die Küche, um mir noch eine Tasse zu machen. Als ich zurück zum Sofa kam, hatte Luisa geantwortet.

Du Armer. Das geht natürlich nicht, so lange ohne Kuss. Ich bin gerade auf dem Weg zu meiner Schwester und würde dich wohl schnell auf ein, zwei Küsse besuchen kommen. Susannenstr. 25, oder? In fünf Minuten?

Die kam ja auf Ideen! Ich sagte zu, ging ins Bad, wusch mir schnell das Gesicht, putzte mir kurz die Zähne und zog mir in Windeseile etwas an. Dann klingelte es.

Luisa sah zum Verlieben aus. Sie küsste mich lang und innig, und ich war hin und weg.

„Magst du vielleicht noch nen schnellen Kaffee?", erkundigte ich mich, als wir eine kleine Pause machten.

„Nein danke, Sebastian. Ich komme schon zu spät. Aber morgen bringe ich dann mehr Zeit mit. Viel mehr." Sie strahlte mich an, und wir küssten uns wieder.

„Sag mal", sagte sie plötzlich. „Hast du nen Frühschoppen gemacht oder so? Irgendwie hast du ne leichte Fahne."

„Oh", antwortete ich. Und ergänzte dann verlegen: „Ich war gestern noch spontan auf der Geburtstagsfeier meiner Stammkneipe. Und bin dort etwas versackt und war erst um fünf im Bett. Und das Zähneputzen eben war allenfalls eine Katzenwäsche ..."

„Ach so", lächelte sie. „Dann bin ich erleichtert. Dann wünsch ich dir ein schönes Katerfrühstück und freu mich auf morgen!"

Auf der Treppe drehte sie sich noch einmal um und warf mir eine Kusshand zu. „Tschüss, du Nachteule!"

Ich besorgte mir ein paar Brötchen und frühstückte. Unter der Dusche dachte ich an Luisa und meine Restalkoholfahne. Die Sache war mir peinlich. Erst recht, weil sie mir von der alkoholbedingten Trennung von ihrem Ex-Ex erzählt hatte. Ich trank morgens kein Bier. Nachmittags auch nicht. Auch nicht jeden Abend. Schon gar nicht feierte ich nächtelang durch und roch noch am nächsten Mittag nach Alkohol. (Na ja, im fraglichen Fall dann eben doch.)

Luisa hatte auf meine Erklärung aber gelassen reagiert. Als ich aus der Dusche stieg, hatte ich die Episode weitgehend abgehakt.

Ich zog die Lederjacke an, griff mir den großen Schirm und machte einen ausgiebigen Spaziergang. Der Himmel gab sich dunkelgrau, es regnete Bindfäden, und auf der Straße war kaum jemand zu sehen. Weltuntergangsstimmung. Ich fand es herrlich.

Über die Wolbecker Straße ging ich bis zum Kanal und hielt mich dort rechts in Richtung Hafen. Am Hafenbecken balzte ein Enterich ein Weibchen an. Er wurde nicht müde, der Angebeteten hinterher zu paddeln und wippte dabei engagiert mit Hals und Kopf. Mächtig viel Libido für Anfang Herbst, dachte ich. Die Entendame schien das ähnlich zu sehen. Alle amourösen Bemühungen zum Trotz ließ sie den grünköpfigen Don Juan links liegen.

Zwischendurch ging ich auf einen Cappuccino ins Café 8. Vor gut zwei Wochen hatte ich hier mit Cornelia gesessen, geflirtet und sie geküsst. Prompt hatte ich wieder diesen Geruch in der Nase. An ihr Parfüm konnte ich mich nicht mehr erinnern. Ich hatte alles richtig gemacht, da war ich mir sicher.

Als ich nach Hause kam, beschloss ich an dem Tag kein Bier zu trinken. Das Lodge hatte ohnehin geschlossen. Und über meine mittägliche Alkoholfahne infolge der gestrigen Feier ärgerte ich mich immer noch ein bisschen. Ich schlug zwei Eier in die Pfanne und machte mir einen

"Strammen Max". Danach richtete ich mich gemütlich auf dem Sofa ein. Nick Hornbys *A Long Way Down* wollte endlich ausgelesen werden.

Zwischendurch schickte mir Luisa eine SMS, in der sie ihre Vorfreude auf morgen unterstrich und virtuelle Küsse übermittelte. Ich gab beides freudestrahlend zurück und ging gegen zehn Uhr schlafen. Das hatte ich schon lange nicht mehr gemacht.

17

Wir hatten uns um neunzehn Uhr verabredet, und es klingelte pünktlich auf die Minute. Luisa strahlte. Sie trug ein schwarzes Strickkleid und darüber einen kurzen roten Ledermantel. Wir küssten uns, und ich hatte Mühe, dabei brav zu bleiben.

„Komm doch rein", sagte ich, als ich meine Hände kaum noch im Zaum halten konnte. „Möchtest du was trinken? Ein Bier, einen Wein?"

„Ja, gern. Rotwein würde ich gerne trinken. Wenn du einen hast."

Wir gingen in die Küche, ich öffnete den Wein, schenkte ihr ein und nahm mir selbst ein Bier. „Ich hoffe, du hast Hunger mitgebracht?"

„Einen Bärenhunger, wenn ich ehrlich sein soll. Was gibt es denn? Es riecht jedenfalls köstlich."

„Ein Putengeschnetzeltes nach Art des Hauses. Oder besser: Nach Mutter Ternitz' Art. Das gab es früher bei uns immer zu Heiligabend. Hat lange gedauert, bis ich sie so weit hatte, mir das Rezept zu verraten."

Luisa grinste. „Mütter und ihre Geheimrezepte ... Dann bin ich ja mal gespannt."

Ich setzte mich zu ihr an den Tisch, wir tranken und rauchten eine Zigarette.

„Und wie hast du deinen Sonntag verbracht?", wollte sie wissen.

„Recht beschaulich. Ein langer Regenspaziergang mit anschließender Lesesession auf dem Sofa. Und früh im Bett war ich. Ich hatte schließlich was aufzuholen."

Luisa lächelte. Ich deckte den Tisch, holte zwei Blätterteigpasteten aus dem Ofen, füllte sie mit dem Geschnetzelten und wir aßen.

„Klasse schmeckt das", bemerkte sie nach drei Bissen. „Großes Lob an Mutter Ternitz. Und an den Koch selbst natürlich. Wie macht man das?"

„Danke. Freut mich", antwortete ich. „Aber das Rezept wird natürlich nicht verraten." Ich zwinkerte ihr zu.

Sie grinste. „Verstehe."

Wir aßen beide zwei Portionen und zogen danach ins Wohnzimmer um. Ich legte *King of America* von Elvis Costello in den Player und setzte mich zu ihr aufs Sofa.

Bei *Don't Let Me Be Misunderstood* merkte Luisa an, dass sie das Stück kenne, aber nicht in dieser Version. Ich tippte auf die Disco-Fassung von Santa Esmeralda. Mehr redeten wir nicht. Wir küssten.

Und dabei blieb es nicht. Als meine Hand irgendwann zwischen ihren Beinen angekommen war, konnte ich ihre Erregung durch den Slip hindurch spüren. Und sie atmete ziemlich schwer.

Plötzlich setzte sie sich ruckartig auf. „Ich schlafe heute aber nicht mit dir, Sebastian!"

„Nein? Schade. Aber vermutlich hast du recht", sagte ich. „Aber küssen können wir doch weiter, oder?"

„Oh ja, bitte", lächelte sie.

Costello beklagte gerade die *Poisoned Rose*, als Luisa vorschlug, zum Bett umzuziehen. „Das ist vielleicht gemütlicher. Aber wir bleiben angezogen!"

Sie war es, die sich auf dem Bett nach kurzer Zeit entschlossen ihres Kleides entledigte und sich an meiner Hose zu schaffen machte. „Ach Sebastian. Ich möchte doch mit dir schlafen. Und das am liebsten ganz schnell."

Luisa war nackt noch schöner. Und der Sex mit ihr war wunderschön.

„War ich zu laut?", fragte sie, als wir uns danach langsam wieder beruhigt hatten.

Ich lächelte sie an. „Das ist mir so was von egal. Ich fand's total schön, mit dir zu schlafen, Luisa."

Sie lächelte zurück. „Danke gleichfalls, Sebastian."

18

Die folgenden drei Wochen vergingen wie im Flug. Luisa und ich sahen uns täglich. Tagsüber bombardierten wir uns mit SMS, abends bekochten wir uns oder gingen aus.

Ich lernte ihre Schwester Bea kennen, die sich sehr für uns freute („Ihr zwei passt total gut zusammen!"). Gerrit entpuppte sich als Fan von Borussia Dortmund, aber wir einigten uns auf Bayern München als gemeinsames Feindbild. Und Matthias ging mit uns essen und unterstrich dabei ebenso nachdrücklich wie augenzwinkernd den erheblichen Anteil, den er bei der Anbahnung unseres Glücks gespielt habe.

Luisa und ich genossen das alles von Wolke sieben aus, auf der wir definitiv schwebten. Wir verstanden uns prächtig – mit allem, was dazugehört. Und dazu gehörte auch der Sex. Wir schliefen mindestens zweimal täglich miteinander. Wenn morgens der Wecker klingelte, holten wir uns Kaffee ins Bett – der in der Regel kalt wurde, weil wir nach wenigen Schlucken Besseres zu tun hatten. Tranken wir den Kaffee doch einmal auf, gingen wir zusammen duschen und machten es dort. Trafen wir uns abends, landeten wir nur dann nicht sofort im Bett, wenn Gerrit da war oder irgendein Besuch jeden Moment vor der Tür stehen konnte. Und die Nächte gehörten ohnehin uns.

Kurz und gut: Alles war wunderbar.

Für den 3. November hatte mir Johannes, der Lodge-Koch, ein Ticket für die Europa League-Partie zwischen Schalke 04 und AEK Larnaka angeboten. Ich erzählte Luisa drei Tage vorher davon.

„Schön", sagte sie. „Mach das doch. Ist doch bestimmt nett, oder?"

„Stimmt", bestätigte ich. „Es wär natürlich noch spannender, wenn es nicht gegen so einen Wald- und Wiesenverein aus Zypern, sondern gegen Juventus Turin oder Real Madrid ginge. Aber wenigstens kann man sich auf ein paar Schalke-Tore und einen klaren Heimsieg freuen."

„Danach kommst du aber noch zu mir, oder?"

„Das wird wohl leider nichts, denke ich. Wir fahren mit Johannes' Bruder. Der ist zwar ein ziemlicher Raser, aber bis wir wieder in Münster sind, ist es trotzdem Mitternacht. Und dann trinken wir sicher noch irgendwo ein Bier."

„Du könntest doch selbst fahren und danach direkt zu mir kommen."

„Ach Süße, das macht schon mehr Spaß, so was in der Gruppe zu machen. Und Bier trinken könnte ich dann im Stadion auch nicht ..."
„Musst du eigentlich immer Bier trinken?", fragte sie schnippisch.
„Das mache ich doch gar nicht", widersprach ich.
„Seit wir uns kennen, hast du jeden Abend Bier getrunken", insistierte sie.
Ich überlegte kurz. „Den Abend mit Matthias ausgenommen waren es aber nie mehr als zwei oder drei."
„Zwei oder drei Bier sind zwei oder drei Bier."
„Soll das jetzt hier ne Grundsatzdiskussion werden?" Ich war ein bisschen genervt.
„Nein, nein. Ist schon okay", sagte Luisa.
Und das schien sie nicht nur so gesagt zu haben. Sie sprach das Thema in den kommenden Tagen jedenfalls nicht wieder an.

Am Abend nach dem Schalke-Spiel waren wir bei Luisa verabredet. Sie öffnete mir freudestrahlend die Tür.
„Hallo Sebastian. Schön, dass du da bist. Das klingt vielleicht etwas lächerlich, aber ich habe dich gestern furchtbar vermisst."
Ich gab ihr einen Kuss. „Ich dich auch, mein Schatz."
„Wie war denn das Spiel?"
„Mittelprächtig. Um nicht zu sagen: blamabel. Ein unterirdisches Null zu Null. Und das gegen einen Verein, von dem ich bis vor kurzem nicht mal wusste, dass es ihn gibt. Egal. Als Schalke-Fan musste man schon immer stark sein."
„Schade. Mach dir nichts draus. Hast du Hunger?"
Den hatte ich. Wir aßen und spielten danach Scrabble. Luisa war eine Meisterin im Scrabble. Seit wir uns kannten, hatten wir schon oft gespielt, aber ich hatte nie gewinnen können. An diesem Abend sollte sich das nicht ändern.
Danach gingen wir ins Bett. Ums Schlafen ging es uns dabei nicht. Ich hatte in Windeseile einen überwältigenden Orgasmus und machte es ihr danach mit dem Mund. Als ich wieder zu ihr hoch kroch, weinte sie.
„Hey, was ist denn das? Tränen? Stimmt was nicht mit dir?"
Luisa wischte sich durchs Gesicht. „Ach, weiß nicht. Es fühlte sich gerade an, als wärst du gar nicht bei mir, sondern irgendwo anders."

„Irgendwo anders? Wo soll ich gewesen sein? Nein, ich war voll und ganz bei dir. Und in dir. Ich hab dich total lieb, Luisa."

Sie schluchzte noch einmal. „Ja? Ist auch schon wieder gut. Wahrscheinlich liegt's daran, dass ich meine Tage kriege."

Ich nahm sie in den Arm und streichelte sie. Dann schliefen wir ein.

Mitten in der Nacht weckte sie mich. „Sebastian, bitte schlaf mit mir. Ich muss dich spüren. Du fühlst dich so weit weg an."

Ich war irritiert. Nicht darüber, dass Luisa mit mir schlafen wollte. Aber warum zweifelte sie schon wieder an meiner Nähe? Ich sah akuten Redebedarf. Aber Luisas Anblick und das, was ihre Finger und ihre Zunge mit mir veranstalteten, ließen mich schweigen. Und weckten das akute Verlangen, mich angemessen zu „wehren".

Danach lagen wir ausgepumpt und verschwitzt nebeneinander. Als ich langsam wieder zu mir gekommen war, drehte ich mich zu ihr um. Da schlief sie schon.

Ich hingegen war hellwach. Warum hatte Luisa mich als weit weg erlebt? Lag das wirklich nur daran, dass sie ihre Tage bekam? Hatte es vorher schon Anzeichen dafür gegeben, dass es ihr mit mir nicht gut ging? Dass sie mich als nicht nah erlebt hätte? Dass sie sich allein fühlte? Ich zermarterte mir das Hirn. Aber zu einem schlüssigen Ergebnis kam ich nicht.

Stattdessen war *ich* es, der sich plötzlich allein fühlte. Die Frau, die da neben mir schlief, fühlte sich fremd an. Und ziemlich weit weg. Gegen fünf Uhr zog ich mich leise an und fuhr nach Hause.

19

Luisa meldete sich um acht.

„Hallo! Wo bist du denn?"

„Ich bin zu Hause."

„Ja, aber warum denn?"

„Ich konnte nicht mehr schlafen."

„Warum konntest du nicht mehr schlafen?"

„Wenn ich das wüsste ..."

„Hey. Alles okay mit dir?"

„Weiß nicht. Nein, irgendwie nicht. Ich bin hundemüde. Und irgendwas gestern Abend und heute Nacht hat mich verunsichert. Oder aufgeschreckt. Weiß nicht. Vielleicht sollte ich versuchen, ein bisschen zu schlafen."

„Glaube ich auch. Nach ein paar Stunden Schlaf fühlst du dich bestimmt besser. Und dann rufst du mich wieder an, und wir reden in Ruhe darüber. Was meinst du?"

Ich stimmte zu und legte auf. Aber schlafen konnte ich trotzdem nicht.

Gegen elf Uhr beschloss ich, zum samstäglichen Wochenmarkt zu gehen. Der Trubel am Dom würde mich auf andere Gedanken bringen, hoffte ich.

Es war ziemlich kalt, und als ich ankam, trank ich am Kaffeestand erst einmal einen Cappuccino. Die Menschen drängelten sich durch die engen Reihen. Man grüßte sich und hielt ein kurzes Pläuschchen, lachte und tratschte, sah und ließ sich sehen. Die Atmosphäre hatte ich schon immer gemocht.

„Guten Morgen, Sebastian! Dich hab ich ja hier noch nie gesehen." Wie aus dem Nichts stand Ivonne vor mir und strahlte mich an. Richtig wach sah sie dabei nicht aus.

„Hallo Ivonne, du bist aber schon ziemlich früh unterwegs für ne Nachtarbeiterin."

„Ja. Mitunter sieht man mich auch bei Tageslicht", grinste sie.

„Trinkst du nen Kaffee mit mir?", lud ich sie ein.

„Ja, gern. Aber nicht hier." Sie schüttelte sich. „Ist mir zu kalt und nass. Gehst du mit mir ins Domcafé? Da bin ich in einer halben Stunde ohnehin verabredet."

Ich bejahte, und wir überquerten den Markt. Wie zu erwarten, war das Domcafé gut gefüllt, aber wir ergatterten noch einen Zweiertisch.

„Also erzähl", sagte Ivonne, nachdem wir uns gesetzt hatten. „Wo hast du dich in letzter Zeit rumgetrieben? Man hat dich ja gar nicht mehr zu Gesicht bekommen. Wenn da mal keine Frau dahinter steckt ..." Sie legte den Kopf leicht schief und schmunzelte.

„Kluges Mädchen", schmunzelte ich zurück.

Ich erzählte ihr eine Kurzfassung der Geschichte mit Luisa. Die Episode aus der letzten Nacht ließ ich weg.

„Na, das hört sich doch super an", fand sie. „Aber so richtig glücklich siehst du irgendwie nicht aus. Und etwas müde."

„Ist das so? Ich hab auch beschissen geschlafen heute Nacht, stimmt. So gut wie gar nicht eigentlich. Weiß auch nicht warum." Ich überlegte kurz. „Doch, ich weiß eigentlich schon warum. Ich hab mir den Kopf über Luisa und mich zerbrochen. Irgendwas stimmt da gerade nicht so ganz. Ist wahrscheinlich nur eine kleine Anfechtung ..."

„Die hat man schon mal", fand Ivonne. „Vielleicht brauchst du ja auch nur ein bisschen Abstand. Wenn ich dich richtig verstanden habe, habt ihr die letzten vier Wochen ziemlich aufeinandergehangen."

„Drei Wochen", berichtigte ich. „Aber du hast schon recht. Ist vielleicht wirklich eine Idee."

Ivonne lächelte mir zu. Wir schlürften unseren Kaffee und unterhielten uns über andere Dinge, bis nach einer guten Viertelstunde ein großer blonder Mann neben unserem Tisch auftauchte.

„Hallo Thorsten, da bist du ja!", freute sich Ivonne.

Der große Blonde beugte sich zu Ivonne hinunter und gab ihr einen Kuss auf die Wange.

„Das ist Thorsten. Das ist Sebastian", stellte Ivonne uns gegenseitig vor.

Wir nickten uns zu und gaben uns die Hand.

„Dann überlasse ich euch jetzt mal eurem Schicksal", sagte ich. „Hier ist ja eh nur Platz für zwei, und ich wollte ohnehin nach Hause."

„Okay, Sebastian." Ivonne streichelte mir aufmunternd über die Schulter. „Und lass mal den Kopf nicht hängen. Das findet sich schon alles."

Ich nickte müde, zahlte meinen Cappuccino und ging.

Auf dem Heimweg dachte ich nach. Ich war mir nicht sicher, ob ein bisschen Abstand zu Luisa des Rätsels Lösung war. Andererseits fiel mir auch nichts Besseres ein. Vielleicht war es ja auch Luisa, die ein wenig Abstand brauchte, um ihr Gefühl meiner angeblichen Distanz zu überwinden. Einen Versuch war es jedenfalls wert, fand ich.

Zu Hause setzte ich mich in die Küche und rief Luisa an.

„Hallo Sebastian. Geht's dir besser?"

„Es geht so. Schlafen konnte ich nicht. Und ich fühl mich immer noch durcheinander."

„Ach, du Armer. Was machen wir denn mit dir?"

„Gute Frage", seufzte ich. „Ich glaube, ich brauche ein bisschen Zeit für mich. Wäre das schlimm, wenn wir uns ein paar Tage nicht sehen?"

Luisa schwieg einen langen Moment. „Schade wäre das", bedauerte sie dann. Nach einer weiteren Pause ergänzte sie: „Aber wenn du meinst, dass es dir hilft, dann nimm dir die Zeit. Oder muss ich mir Sorgen machen?"

„Nein, nein. Mach dir keinen Kopf. Ich komm schon wieder in die Spur."

„Okay, Süßer. Ich werde dich vermissen und denk an dich. Wann meldest du dich denn ungefähr?"

„Am Mittwoch oder Donnerstag, würde ich sagen."

Danach legte ich mich aufs Sofa. Und konnte endlich schlafen.

20

Dienstagabend stand eine wütende Luisa vor meiner Tür.

„Sebastian, so geht das nicht!", platzte es aus ihr heraus, nachdem ich sie hereingelassen hatte.

Ich guckte sie fragend an. „Was geht warum so nicht?"

„Warum meldest du dich nicht?", schnaubte sie.

„Ich habe doch gesagt, ich melde mich am Mittwoch oder Donnerstag."

„Aber dann kann man doch wenigstens zwischendurch mal ne SMS schicken und sich nicht vollends tot stellen!"

„Deine SMS von gestern Abend habe ich doch beantwortet." (Luisa hatte mir am Montag geschrieben, dass sie mich vermisse und hoffte, dass es mir inzwischen besser gehe. Ich hatte mich für die Anteilnahme bedankt, bestätigt, dass ich auf dem aufsteigenden Ast sei und versprochen, mich in zwei, drei Tagen zu melden.)

„Jaja! Aber mehr ist dann auch nicht gekommen. Du lässt mich vollkommen in der Luft hängen, Sebastian. Ich finde das total scheiße von dir! Was denkst du dir dabei? Denkst du eigentlich auch mal an mich?"

Ich hatte seit Samstag viel an Luisa gedacht. Ich hatte sie auch durchaus vermisst. Aber ich hatte es zugleich genossen, mal wieder für mich sein zu können. Ihr Letzteres mitzuteilen, hielt ich unter den gegeben Umständen allerdings für keine gute Idee.

„Natürlich denke ich an dich, Luisa."
„Und warum meldest du dich dann nicht?"
„Weil ich nachdenken wollte. Und ein bisschen Abstand brauchte. Weil es vielleicht etwas viel war in den letzten Wochen."
„Ich bin dir also zu viel?", empörte sie sich.
„Luisa. Das habe ich nicht gesagt. Ich habe gesagt, ‚*es* war viel' und nicht: ‚*du* warst mir *zu* viel'. Das ist ein erheblicher Unterschied. Außerdem habe ich mich ein ums andere Mal gefragt, warum du aus heiterem Himmel findest, ich sei nicht wirklich bei dir."
„Du hast doch gerade selber zugegeben, es sei dir zu viel gewesen. Und das hab ich eben gespürt."
„Du drehst mir gerade das Wort im Mund um, Luisa. Was soll das?"
„Sebastian, ich bin nicht blöd. Und verarschen kann ich mich alleine."
„Luisa ..."
„Und wie stellst du dir bitteschön vor, wie es jetzt weitergeht?" Ihr Blick war eine einzige Herausforderung.

Ich machte eine kleine Pause. „Du gibst mir und dir morgen noch Zeit", sagte ich dann. „Und am Donnerstag treffen wir uns und besprechen das alles in Ruhe."

Das war nicht das, was sie hören wollte. Sie funkelte mich wütend an. Man konnte förmlich sehen, wie es in ihr brodelte.

„Nein", sagte sie dann energisch. „Ich werde dir sagen, wie das läuft. Du kannst mich mal. Ich beende das jetzt hier. Weil ich mich so nicht behandeln lasse."

„Luisa, ich finde das jetzt ein bisschen überzogen."
„Überzogen? Leck mich!"

Sie drehte sich um und ging zur Tür. Als sie die Klinke in der Hand hatte, warf sie mir noch einen bösen Blick zu. „Weißt du, was du bist, Sebastian? Ein Arschloch. Ein erbärmliches, kleines, hundsgemeines Arschloch!"

Dann knallte sie die Tür zu und verschwand.

Ich atmete durch. Luisa war wütend, das war offenkundig. Aber warum? Und warum so sehr? Ich hatte sie nicht belogen oder irgendeine Absprache nicht eingehalten. Wenn sie traurig gewesen wäre oder enttäuscht oder sich Sorgen gemacht hätte, dass ich womöglich über eine Trennung nachdenke – alles verständlich. Aber dieser Auftritt?

Wenn sie „nur" mit mir Schluss gemacht hätte, hätte ich mich ein, zwei Stunden später bei ihr gemeldet. Spätestens am nächsten Tag. Ich hätte versucht, die Wogen zu glätten und mit ihr ins Gespräch zu kommen. Ich hätte versucht, ihr zu erklären, dass mich ihre Zweifel an meiner Nähe zu ihr verletzt hatten (das hatten sie nämlich, das war mir inzwischen klargeworden). Aber so? „Erbärmliches, kleines, hundsgemeines Arschloch" – das fand ich nicht lustig. Wenn es einen Schlüssel für eine Versöhnung zwischen uns gab, lag der eindeutig bei Luisa. Und der Schlüssel hieß: Entschuldigung. Sie müsste ihn nur finden, diesen Schlüssel. Eigentlich war ich ganz optimistisch, dass ihr das auch gelänge, nachdem sie sich etwas beruhigt hätte. Ich beschloss, sie darüber eine Nacht schlafen zu lassen.

Ich zog meine Lederjacke an und ging ins Lodge. Ich war mit Johannes zum Billard verabredet und froh darüber. Dann lief ich wenigstens nicht Gefahr, doch bei Luisa anzurufen.

„N' Abend, Sebastian! Johannes ist schon hinten. Ein kleines oder ein großes Bier?"

„Hallo Ivonne. Zum Billard lieber ein großes, bitte."

Johannes hatte den Tisch bereits vorbereitet und rauchte.

„Grüß dich, Sebastian. Ich hoffe, du hast nichts gegen Publikum?" Er deutete mit dem Kopf Richtung Heizung, vor der ein offenbar müder Elwood auf seiner Decke lag und Löcher in die Luft stierte.

„Natürlich nicht. Obwohl das Publikum durchaus etwas mehr Begeisterung zeigen könnte."

Johannes grinste. „Alles gut bei dir?"

„Ich sag mal so: Die Lage ist ernst, aber nicht hoffnungslos."

„Ivonne deutete schon an, dass du gerade ein bisschen Stress mit deiner neuen Freundin hast."

„Wenn man's genau nimmt, hab ich seit ner halben Stunde gar keine Freundin mehr."

„Oh", sagte Johannes. „Und wie geht's dir damit?"

„Im Augenblick denke ich, dass man Reisende nicht aufhalten sollte."

„Mitunter kommen sie ja auch zurück ...", gab Johannes zu bedenken.

Ich nickte. Und Elwood gähnte.

21

Luisa kam nicht zurück. Sie rief auch nicht an. Sie schickte auch keine Mail oder SMS. Ich umgekehrt aber auch nicht. Nicht, dass ich nicht mehrmals kurz davor gestanden hätte. Aber jedes Mal, wenn ich im Begriff war, zum Hörer oder Handy zu greifen, ließ ich es doch bleiben. „Erbärmliches, kleines, hundsgemeines Arschloch" – es war definitiv an ihr, die Funkstille aufzuheben.

Natürlich vermisste ich sie. Ich vermisste vor allem den Sex mit ihr. Aber deswegen klein beizugeben, erschien mir nicht sachdienlich. Klar, Sex mit Luisa war klasse, aufregend und erotisch. Andererseits hatte unsere Malaise mit Sex begonnen, genauer: mit Luisas postkoitalen Tränen und ihrem Gefühl, ich sei nicht wirklich bei ihr. Je länger ich darüber nachdachte, war ich immer sicherer, dass ihre Erfahrung mit meinem Porno-Vorgänger da eine Rolle gespielt hatte. Und der Grund für die Diskussion über meinen Bierkonsum ein paar Tage zuvor war ebenso sicher auf die exzessive Trinkerei meines Vorvorgängers zurückzuführen. Dass Luisa in beiden Fällen ein gebranntes Kind war, konnte ich durchaus nachvollziehen. Aber ich hatte keine Lust, gegen die Geister ihrer Vergangenheit zu kämpfen. Ich wollte, dass sie *mich* sah – und nicht einen Ex oder Ex-Ex.

„Ich würde ihr das genauso so sagen", riet mir Matthias, als ich mich drei Tage nach Luisas Wutausbruch mit ihm beratschlagte.

„Dazu müsste sie erst einmal anrufen", erwiderte ich.

„Weiß nicht", fand er. „Du brichst dir doch keinen Zacken aus der Krone, wenn du dich bei ihr meldest. Vor allem, wenn du nicht ‚angekrochen' kommst, sondern ihr selbstbewusst deine Sicht der Dinge schilderst."

„Vielleicht hast du recht", nickte ich. „Vielleicht ruf ich sie morgen mal an."

„Wenn dir was an ihr liegt, solltest du das tun. Sonst lass es." Matthias konnte ziemlich einleuchtend sein.

Ich rief Luisa am nächsten Tag nicht an. Am übernächsten auch nicht. Nicht, weil ich befürchtete, mir doch „einen Zacken aus der Krone zu brechen", sondern weil ich mich fragte, wie viel mir eigentlich an ihr lag. War ich wirklich in sie verliebt? War ich das jemals wirklich gewesen? Oder hatte ich sie einfach nur nett, gut aussehend, bezaubernd, sexy, erotisch oder was auch immer gefunden?

Es war Sonntag. Inzwischen dauerte unsere Funkstille schon fünf Tage, rechnete man die Tage seit jener ominösen Nacht hinzu, schon mehr als eine Woche. Als „himmelhochjauchzend" hätte ich meine Stimmungslage nicht beschrieben, aber „zu Tode betrübt" war ich beileibe auch nicht. Verliebt sein ging anders, fand ich.

Als ich am Montag aus dem Büro kam, war ein kleines Päckchen von Luisa da, mit zwei T-Shirts, drei Unterhosen und einem Paar Socken von mir, die noch bei ihr gelegen hatten. Kein Gruß, kein einziges Wort, nichts. Offenbar war sie von ihrer Palme noch immer nicht herunter gekommen. Und ich verspürte keinerlei Bedürfnis, zu ihr hinaufzuklettern.

Stattdessen beschloss ich, meine wiedergewonnene Freiheit zu genießen.

Ich überantwortete die gerade gekaufte Tiefkühlpizza dem Eisfach statt dem Ofen und ging ins Lodge. Neuerdings bot Johannes Tagesgerichte außerhalb der Karte an, und der Coq au Vin war ihm wirklich gelungen. Ich aß an der Theke, unterhielt mich dabei und danach mit Ivonne und trank ein paar Bier. Kurz vor Mitternacht schloss Johannes die Küche und setzte sich zu mir.

„Noch Lust auf ein paar Runden Billard?"

Ich hatte Lust, und wir verzogen uns nach hinten.

Johannes was ein Ass im Pool, da gab es nichts zu deuteln. Mit der Zeit – und dem dabei genossenen Anschauungsunterricht – hatte ich zwar den Abstand zwischen unseren Spielniveaus verringern können, aber wenn Johannes ernst machte, hatte ich noch immer nicht den Hauch einer Chance.

An diesem Abend war das anders. Obwohl Johannes ernst machte. Spätestens als er Null zu Drei zurücklag. Aber mehr als zwei Frames ließ ich nicht zu und gewann schließlich Fünf zu Zwei.

„Muss was dran sein, mit dem Spruch vom Glück im Spiel und so weiter", relativierte ich, als er mir gratulierte.

„Nein, nein. Das war schon verdient heute", fand er. „Aber ich schließe daraus, dass die Reisende nicht oder noch nicht zurückgekommen ist?"

„Das hast du richtig geschlossen. Und das ‚noch' kannst du getrost streichen." Ich grinste verlegen, weil ich mich über meine Bemerkung hinsichtlich des „Glücks im Spiel" ärgerte.

In der Kategorie „Pech in der Liebe" konnte man Johannes nämlich nicht viel vormachen. Jedenfalls war er schlimmer dran als ich, fand ich. Seine große Liebe Astrid hatte ihn vier Monate zuvor wegen eines Ingenieurs verlassen. Johannes war damals aus allen Wolken gefallen. An einem Mittwoch hatte sie ihm mitgeteilt, dass sie sich verliebt habe. Am Freitag war sie dann ausgezogen. Ratzfatz, sagt man dazu wohl.

„Gut, wenn du das einigermaßen gelassen nimmst", sagte Johannes und schraubte sein Queue auseinander. „Glück kannst du ohnehin in der Pfeife rauchen. Apropos Rauchen: Ich hab da noch was vorbereitet."

Er griff in die Brusttasche seines Hemdes und zog einen Joint heraus.

„Hier?", fragte ich erstaunt

„Es ist halb zwei, und Ivonne hat vorne längst dicht gemacht. Wir haben Montag, Sebastian."

Wie auf Bestellung kam Ivonne mit drei Flaschen Bier unter dem Arm herein und setzte sich zu uns. „Ihr trinkt doch bestimmt noch ein Feierabendbier mit mir, oder? Oh, ich sehe, dazu werden homöopathische Mittel gereicht? Fein!"

Johannes war nicht nur ein Ass im Billard. Er hatte auch immer gutes Gras. Und ich hatte einige Tage nicht mehr gekifft. Dementsprechend wirkte das Zeug. Aus den Boxen berieselte uns dazu *Wish You Were Here* von Pink Floyd. Wann hatte ich eigentlich zuletzt mit Verstand Musik gehört?

„Die Sache mit Astrid hängt dir immer noch in den Knochen, oder?", fragte ich schätzungsweise zehn Minuten, nachdem Ivonne sich von uns verabschiedet und Johannes noch zwei Flaschen Bier geholt hatte. Für seine Antwort brauchte er zwei Minuten.

„Ja", sagte er dann. Und dabei hatte er Tränen in den Augen. „Das ist so scheiße", presste er heraus, während er sich die Brille abnahm. Er wischte sich über die Augen, setzte die Brille wieder auf und schüttelte sich. Elwood nahm letzteres als aufmunterndes Signal, sprang auf und tat es seinem Herrchen gleich.

„Nein, wir gehen jetzt noch nicht raus, Sportsfreund. Leg dich wieder ab", befahl Johannes. Elwood guckte scheel, zuckte kurz mit den

Schultern (konnte man jedenfalls meinen) und gehorchte. Und David Gilmour von Pink Floyd stimmte den Titelsong an.

„Bist du etwa auf die Schnapsidee gekommen, diese Musik aufzulegen?", fragte Johannes gequält grinsend. Seine Augen glänzten schon wieder feucht.

„Seit wann bin ich denn hier Haus-DJ?", gab ich mit gespielter Empörung zurück. Johannes lächelte müde.

„Wir haben vier Wochen vor der Trennung noch große Pläne gemacht." Er guckte ins Leere. „Astrid wollte ein Kind. Sie wird ja demnächst vierzig. Da wird es Zeit, wenn man denn will."

„Und du wolltest nicht?"

„Begeistert war ich erst mal nicht, stimmt. Aber irgendwann war ich einverstanden. Das war ihr total wichtig, das mit dem Kind. Und als ich dann Ja gesagt habe, kam plötzlich dieser Rückzug. Ich mein: Wenn man ein Kind will, reicht es ja nicht, die Pille abzusetzen. Man sollte dann auch Sex haben."

„Da war wahrscheinlich schon dieser Ingenieur im Spiel, oder?"

„Dem Ingeniör ist nichts zu schwör, genau. Aber im Ernst: Wer oder was sollte sonst dahinter stecken?" Johannes schüttelte sich erneut. Elwood blieb diesmal liegen.

„Und der Treppenwitz kommt ja noch", ergänzte er nach einer kurzen Pause. „Von Kind ist plötzlich keine Rede mehr. Das Thema ist abgehakt, hat sie mir vor einer Woche am Telefon erzählt. Sie sei unglücklich gewesen und deshalb in diese Idee mit dem Kind geflüchtet. Das wisse sie jetzt. Jetzt sei sie glücklich, sagt sie." Den letzten Satz sagte er eher wütend als traurig.

Pink Floyd gniedelten sich in Teil 6 von *Shine On You Crazy Diamond,* und Johannes zog einen weiteren Joint aus der Brusttasche.

„Brauchen wir den wirklich noch?", fragte ich.

„Ich auf jeden Fall", befand Johannes.

Da konnte man natürlich nichts machen.

22

Johannes' Gras war wirklich gut. Trotz des reichlichen Bierkonsums und der beiden Joints vom Vorabend war ich am nächsten Morgen erstaunlich fit. Und das war auch gut so. Im Büro hatte ich einiges vor der Brust. Wir hatten den Auftrag eines Bestattungsunternehmers angenommen, seine Website neu zu gestalten, und ich musste mich um die Texte kümmern.

Normalerweise machten mir auch abseitige oder weniger pflegeleichte Thematiken nicht viel aus. Ich las mich ein, ließ alles ein bisschen sacken und fand dann in der Regel einen Zugang. Mitunter musste ich dabei den persönlichen Geschmack oder die eigene Vorstellung von political correctness etwas nach hinten stellen. Aber ich machte den Job ja nicht erst seit gestern. So waren schon gute Texte für Leasing-Software, Tattoo-Studios, Leiharbeitsfirmen, einen Stadtverband der FDP oder ein Bordell entstanden.

Aber Bestattungen waren neu. Beruflich jedenfalls.

Meine Großeltern mütterlicherseits hatten eine Schreinerei mit angeschlossenem Beerdigungsinstitut besessen. Die Frage, womit genau meine Großeltern ihr Geld verdienten, interessierte mich damals nicht. Es war einfach so und war schon immer so gewesen.

Ich muss zehn oder elf Jahre alt gewesen sein, als ich eines Tages ins Grübeln kam. Ich war für ein paar Tage allein bei meinen Großeltern zu Besuch und schätzte diese Besuche immer sehr. Ich wurde mit allerlei Leckereien verwöhnt, konnte mir Holzschwerter in der Schreinerei zimmern und durfte viel mehr Fernsehen als Zu Hause. Und wurde mir doch einmal langweilig, setzte ich mich an Omas mechanische Schreibmaschine und tippte drauflos. Dass dieses Wunderwerk der Technik mitten im Ladenlokal zwischen allerlei Särgen stand, störte mich nicht weiter. Die Särge waren ja auch leer.

Ich aß gerade mit meiner Oma zu Abend, als mein Opa kam.

„Willst du was essen, Willi?", fragte Oma.

„Gleich, Hertha. Ich warte noch eben auf Gustav und Heinz. Wir müssen heute Nacht einen Sarg bei uns einstellen. Die Leichenhalle ist überbelegt."

Fünf Minuten später kamen Gustav, mein Onkel, und Heinz, der Schreinergeselle, und halfen dabei, den Sarg vom Leichenwagen ins Büro zu tragen.

Ich konnte an diesem Abend schlecht einschlafen. Der Gedanke, dass zwei Etagen unter mir ein Toter wenige Meter neben „meiner" Schreibmaschine lag, ließ mich nicht zur Ruhe kommen.

Ungefähr fünfzehn Jahre danach habe ich meinen Onkel Gustav, der mittlerweile das Geschäft übernommen hatte, gefragt, ob ihm dieser ständige Umgang mit dem Tod nicht zu schaffen mache. „Nee, Junge", hat er damals geantwortet, „ich kann das ab. Ich hab auch schon nachts in der Leichenhalle auf Särgen Skat gespielt." Knapp zehn Jahre später, mit fünfzig, starb er an den Folgen seines Alkoholismus.

Das alles ging mir durch den Kopf, während ich versuchte, mich textlich „einzugrooven". Aber es wollte mir nicht gelingen.

Dann fiel mir die Begriff „la petite mort" ein, „der kleine Tod", mit dem die Franzosen den Orgasmus umschreiben. Es schien mir nicht unbedingt zielführend, aber ich googelte dennoch die Begriffe „Orgasmus" und „Tod". Und stieß dabei auf das Gedicht „Gestern Nacht" von Gioconda Belli.

Gestern Nacht erst
warst Du wie ein nackter Kämpfer
der über dunkle Felsen sprang.
Ich auf meinem Beobachtungsposten
in der Ebene
sah dich eine Waffe schwingen
und heftig in mich dringen.
Ich öffnete die Augen
und noch immer warst du ein Schmied
der den Funkenamboss schlug
bis mein Geschlecht explodierte wie eine Granate
und wir beide starben im Mondsplitterhagel.

So hatte ich die Sache noch nie betrachtet. Und ich wusste auch nicht, ob ich das wollte. Aber Lust auf Zweisamkeit, auf Nähe, auf Sex machten mir die Zeilen schon.

Sollte ich Luisa doch anrufen? Bestimmt ließ sich alles aus der Welt schaffen. Wir würden reden und wahrscheinlich streiten. Ich müsste ein wenig Einsicht zeigen und einräumen, dass ich mich hätte melden können. Und dann hätten wir schönen Versöhnungssex. Im Mondsplitterhagel oder so.

Aber wollte ich das wirklich? Mit allem was dazugehörte? Bei jedem Bier, das ich aus dem Kühlschrank holte überlegen, ob sie das jetzt stört? Wenn ich mich mal zum Billardspielen, Fußballgucken oder anderweitig verabredete, Diskussionen darüber führen, ob wir uns danach noch sehen? Und beim Sex nicht das zu tun, worauf ich gerade Lust hatte, weil das bei ihr womöglich Erinnerungen an ihren Ex weckte und sie sich zum Sexobjekt reduziert und folglich allein fühlte?

Ich hatte eine bessere Idee.

Irgendwo da draußen musste es doch eine Frau geben, mit der das alles viel einfacher liefe. Vielleicht hätte ich den Mail-Account damals noch nicht löschen sollen? Vielleicht war der Anzeigentext auch zu ambitioniert, um eine Frau zu finden, mit der es einfach *einfach* war? Vielleicht hatte eine romantische Note gefehlt? Vielleicht wäre weniger einfach mehr gewesen?

Es war Dienstag. Wenn ich mich beeilte, konnte ich noch in der nächsten „was sonst ...?!" eine neue Annonce platzieren. Ich ließ Bestattungen Bestattungen sein und versuchte mein Glück.

Das erste Wort jeder Kleinanzeige erschien gefettet. Das musste Aufmerksamkeit erregen und irgendwie aus dem Rahmen fallen. Ansonsten wollte ich den Text kurz und bündig halten. Und vielleicht irgendeine geheimnisvolle Komponente einbauen. Etwas, das zugleich Interesse und Sentiment weckte. Nach einer guten halben Stunde war ich so weit.

Mannomann, wo ist bloß die Frau, die mich (m 48, schlank, 185 cm) wachküsst, bevor ich komplett in den Winterschlaf falle? mannomann@gmx.de

Die Mail-Adresse „mannomann@gmx.de" war natürlich schon vergeben. Aber „mannomann48@gmx.de" war noch frei. Ich änderte den Text entsprechend, ging auf die Website der „was sonst ...?!", loggte mich ein und schaltete die Anzeige. Was hatte ich zu verlieren?

23

Mannomann!
Du brachtest mich mit deiner Anzeige zum Lächeln.............. nun sitze ich hier und versuche auf nette Art zu antworten. Ich heiße Irmela .... bin 44 Jahre alt .... lustig .... offen ..... humorvoll .... zufrieden mit sich .... meistens recht ausgeglichen .... und doch auch auf der Suche nach der passenden Hälfte, die irgendwie fehlt .... vielleicht bist du es?????????????? .... man weiß es nicht .... es ist ein wenig wie die Suche im Heuhaufen .... suche aber etwas, was zu mir passt.
Ich liebe das Leben in der Natur .... mit Tieren genauso wie die Stadt .... einen netten Kinoabend .... oder sitzen im lauschigem Biergarten .... besonders liebe ich Spaziergänge am Meer mit Wind und Sonne .... einfach wunderschön.
Falls du nun Lust hast .... würde ich mich über eine Antwort freuen
Liebe Grüße
Irmela

Was sollten denn die ganzen Punkte? Auf den Punkt zu kommen fand ich grundsätzlich in Ordnung. Aber bei den vielen, die Irmela setzte, konnte davon beileibe keine Rede sein. Außerdem machte mich skeptisch, dass sie „etwas" suchte, „was" zu ihr passte. Wobei ich gegen das „Passen" gar nichts hatte (deshalb veranstaltete ich die ganze Nummer ja). Aber ich sah mich nicht als „etwas, was", sondern wenn schon als „jemand, der". Irmela und ich – das passte ganz bestimmt nicht.

Es waren an diesem Abend noch zwei weitere Antworten im Postfach. Die eine war von Meike, der rosa gekleideten Arzthelferin mit dem Patenkind, die Berufskraftfahrerin werden wollte. Die andere kam von „Praedjok17", sprich: Petra, die Mathelehrerin, zu der ich den Mailkontakt nach der ersten Nacht mit Cornelia abgebrochen hatte.

Dass mir die eine oder andere „Verdächtige" wieder begegnen würde, hatte ich nicht ausgeschlossen. Aber gleich zwei innerhalb weniger Stunden? War Münster wirklich so ein Dorf? Und der Markt an Single-Frauen, die es nicht länger bleiben wollten, entsprechend überschaubar? Die Vorstellung gefiel mir nicht.

Aber ich war tatendurstig.

Meike zu antworten, stand definitiv nicht zur Debatte. Doch Petras Mails hatte ich damals – bei aller mathematischen Strukturversessenheit (gegen die ich eine gewisse Abneigung verspürte) – durchaus sympathisch gefunden. Und ihre Antwort auf die neue Anzeige war es auch.

Aber wie sollte ich die Sache angehen? So tun, als hätte es unseren früheren Kontakt nicht gegeben? Ich sei gar nicht der „bezaubernde Bariton" mit dem „bunten Befinden", der vor knapp zwei Monaten eine „sinnreiche Sie" suchte? Derjenige, der sie, Petra, durchaus hätte kennenlernen wollen, wenn es da nicht vorher dieses vielversprechende andere Date gegeben hätte?

Ich hielt das für keine gute Idee.

Liebe Petra,

wir kennen uns, jedenfalls in gewisser Hinsicht. Ich bin Sebastian, der „blonde, blauäugige Brillenträger" – und in diesem Zusammenhang hatten wir damals bereits Mailkontakt.

Ich fand deine Mails sehr sympathisch und hätte dich unter anderen Umständen gern kennengelernt. Aber es gab da damals eine Frau, von der ich dachte, sie wäre richtig. Eine Fehleinschätzung, wie sich mittlerweile herausgestellt hat.

Du bist offenbar auch noch nicht „fündig" geworden – und so bedauerlich ich das einerseits für dich finde, so freut es mich andererseits. Schließlich eröffnet uns das jetzt eine „zweite Chance". Vorausgesetzt natürlich, uns fährt beim Anblick des anderen nicht der Schreck in die Glieder ;-)

Aber das Risiko müssen wir dann wohl eingehen – und deshalb schicke ich dir anbei ein aktuelles Foto von mir. Und bin natürlich gespannt auf deine Reaktion.

Liebe Grüße
Sebastian

Im Posteingang waren mittlerweile zwei weitere Mails – und beide Absenderadressen kamen mir unbekannt vor. „Akinom_online@yahoo.com" schrieb:

Ungeküsst in den Winterschlaf fallen – das geht natürlich nicht, lieber Unbekannter!

Möglicherweise kann ich da ja was für dich tun? Mein Name ist Monika, ich bin 45 Jahre alt und von Beruf Psychologin (ich hoffe, das schockt dich nicht?!). Ich bin beruflich zwar gut eingebunden, lege aber viel Wert auf „eigene" Zeit. Ich hab z. B. einen Schrebergarten, in dem ich viel Zeit verbringe und der mir total gut tut, bin aber auch sehr gesellig und liebe es, Zeit mit guten Freuden zu verbringen. Ich bin eher klein, 1,65 und kein Hungerhaken. Sagen wir mal so: mit den Polstern an den richtigen Stellen ;-), habe dunkelbraune Haare und grünbraune Augen.

Lebst du in Münster? Oder auf dem Land? Bin momentan sehr interessiert an alternativen Wohnformen. Eigentlich kann ich wohl sagen, dass ich gerade im Umbruch bin und auf der Suche nach neuen Impulsen. Offen für vieles, nicht alles, aber für schöne kreative Lebensformen immer :-)

Hm. Bin gespannt, was du dazu sagst. Freue mich auf eine Antwort von dir. Wenn du noch mehr wissen willst, frag mich. Ist immer komisch, so „ins Leere" zu schreiben.

Lieben Gruß,
Monika

Monika hatte zwar mein Bild mit dem Winterschlaf nicht ganz verstanden – es ging ja nicht darum, vorher noch geküsst zu werden, sondern erst gar nicht hineinzufallen. Aber unnett las sich ihre Mail nicht. Dass sie Psychologin war, schreckte mich ebenso wenig ab wie der Schrebergarten. Und Polster an den richtigen Stellen stießen bei mir in der Regel auf Gegenliebe – vorausgesetzt, sie meinte die gleichen Stellen wie ich.

Stutzig machte mich jedoch ihr betontes Interesse an „alternativen" Wohn- und Lebensformen. Das musste zunächst nichts Schlimmes bedeuten, konnte aber durchaus als Sinnbild für missionarisches Gutmenschtum stehen, eines, das fleischlose Vollwerternährung, wallende Gewänder und Deo aus dem Ökomarkt vorschrieb. So betrachtet, erschien mir auch der Schrebergarten in noch einem anderen Licht.

Ich beschloss, mit einer Antwort an Monika zu warten und öffnete die zweite Mail.

Hallo, unbekannter Mann!
Für einen Winterschlaf ist das Leben doch viel zu schön! Vielleicht kann ich dich ja davon abhalten?!
Ich heiße Hille (eigentlich Hildegard, aber alle nennen mich Hille), bin 1,78 m groß, 41 Jahre alt und ausgestattet mit grünen Augen, dunklen Haaren (je nach Wetterlage und investierter Zeit glatt bis wellig) und einem frechen Mundwerk. Als Ausbilderin im Hotel- und Gaststättenbereich habe ich einen Teil meiner Leidenschaften zum Beruf gemacht.
Sportlich liebe ich das Segeln, war jedoch noch nie auf dem Aasee unterwegs. Mich reizen eher die großen Brüder der kleinen Schiffchen, und dann auch auf dem „ordentlich" bewegten Meer, am liebsten mit vielen Windstärken und so. Wobei mich gelegentlich auch die Werse mit einem Kanuausflug lockt. Ich mag die Natur, alles was nicht gekünstelt ist, sowohl an Menschen als auch an allem anderen.
Ich habe keine „Kinder" (zumindest keine eigenen, dafür circa zwölf, mit denen ich mich beruflich herumschlagen muss), bin nicht verheiratet und verstecke auch keine „Beziehungsleichen" im Keller!
Was könnte ich noch über mich sagen: unkonventionell, kommunikativ, neugierig (besser wissbegierig – klingt angenehmer ... ;-)), spontan, menschenmögend und mit einer gehörigen Portion positiver Lebenseinstellung ausgestattet. Gelegentlich mutiere ich zur Chaosqueen, aber in der Regel halten sich diese Ausrutscher in Grenzen.
So, genug aus dem Nähkästchen geplaudert. Ich bin gespannt auf deine Antwort!
Hille

Das hatte was. Hilles Stil gefiel mir gut. Sehr gut sogar. Frisch, unkompliziert, geradeheraus. Und auf den ersten Blick war nirgendwo ein Haken auszumachen. Ich hatte Lust ihr zu antworten und schrieb.

Liebe Hille,
vielen Dank für deine nette und inhaltsreiche Mail. Was du über dich berichtest, liest sich sehr sympathisch – vor allem auch, wie du über dich schreibst. Will heißen: Ich mag deine Schreibe und deinen Tonfall. Und: unkonventionell, kommunikativ, wissbegierig, optimistisch – das könnte ich alles auch unterschreiben.

Was solltest du noch von mir wissen? Ein bisschen weißt du ja schon: Ich bin 48 Jahre alt, 1,85 Meter groß und schlank. Ich habe kurze, blonde Haare und arbeite in leitender Position in einem Werbe- und PR-Büro in Münster.

Ich bin kulturell, politisch und sportlich interessiert und gehe gern aus und spazieren. Und spiele gern Billard. Und manchmal Fußball. Und ganz manchmal singe ich auch. Und ich würde mich wirklich freuen, wenn du noch ein bisschen mehr von dir erzählst. Wenn du magst.

Liebe Grüße
Sebastian

Ich schickte die Mail ab und stellte fest, dass Petra inzwischen geantwortet hatte.

Hallo Sebastian,
  witzig, dass wir uns so wieder begegnen! Ich antworte eigentlich nicht so oft auf Kontaktanzeigen. Dass mir das bei dir jetzt schon zum zweiten Mal „passiert" ist, muss daran liegen, wie du sie schreibst. Gefällt mir!

Das Gleiche gilt im Übrigen auch für dein Foto. Sympathisch siehst du aus. Und ich hoffe, ich kann vor deinen Augen auch bestehen. Ich hänge jedenfalls ein Foto von mir an. Und wenn dir das gefallen sollte, hätte ich Lust, dich kennenzulernen und mehr von dir und über dich zu erfahren.

Liebe Grüße
Petra

Gespannt öffnete ich den Anhang. Petra war hübsch. Ihre kurzen, blonden Haare trug sie als Bob-Frisur. Sie wirkte ziemlich zierlich, hatte ein spitzbübisches Lächeln und eine lange, wohlgeformte Nase. Man hätte sie für eine jüngere Schwester von Annie Lennox von den Eurythmics halten können. Natürlich wollte ich sie kennenlernen.

24

Wir hatten uns im Café Quadrat an der Wolbecker Straße verabredet, also gewissermaßen bei mir um die Ecke. Ich war trotzdem zehn Minuten zu spät, weil meine Mutter mich angerufen hatte und ich sie nicht abwimmeln wollte. Aber ich hasse es, mich zu verspäten.

Petra war nirgendwo zu entdecken. War sie etwa schon wieder gegangen? Schließlich war sie Lehrerin – und das auch noch für Mathematik. Aber das konnte nicht sein. Ich setzte mich an einen der kleinen Tische an der langen Lederbank, die fast den ganzen Innenraum einfasste, und bestellte ein Bier.

Fünf Minuten später kam Petra.

„Du musst Sebastian sein", sagte sie lächelnd, als sie auf meinen Tisch zukam. Sie war noch zierlicher, als ich erwartet hatte. Und hübscher. Aber auch noch irgendetwas anderes.

Wir umarmten uns kurz und setzten uns. Wirklich behaglich war mir nicht. Petra schien es nicht so zu gehen.

„Bitte entschuldige meine Verspätung. Aber es ist gerade wieder ‚Blaue Briefe'-Zeit. Und ich hatte noch eine Mutter an der Strippe, die es wieder mal gar nicht einsehen wollte, dass ihr Filius auf gut Deutsch gesagt eine ‚faule Sau' ist", versuchte sie den Gesprächseinstieg, nachdem sie sich einen Prosecco bestellt hatte.

Ich lächelte (leicht gekünstelt, wie ich fürchtete) und fragte tapfer: „War's sehr nervig?"

Petra schnaubte und legte mir den Disput in beeindruckender Detailfreude dar. Nachdem sie das Telefonat zunächst weitgehend historisch wiedergegeben hatte (es machte jedenfalls den Anschein), fasste sie danach die wesentlichen Eckpunkte noch einmal strukturiert zusammen.

„Hast du Kinder?", wollte sie anschließend wissen.

Ich schüttelte den Kopf. „Nein, das hätte ich dir dann sicher schon geschrieben." Ich versuchte es noch einmal mit einem Lächeln.

„Sei froh. Die machen nur Ärger. Ich kann ein Lied davon singen ..."
Scherzhaft schien sie das nicht zu meinen.

Unser Gespräch hielt sich für die folgende Viertelstunde auf diesem Niveau. Petra klagte ihr Leid über Pausenaufsichten, Elternsprechtage und Klassenfahrten. Ich nickte mitfühlend. Petra meckerte über den Hausmeister, die Elternpflegschaft und Schulfeste. Ich blickte bedauernd. Petra fand Klausuren korrigieren, Vertretungsstunden und Abiturbälle „zum Kotzen". Ich lächelte anteilnehmend.

Irgendwann hatte ich genug. Ich kramte meinen Tabak aus der Jackentasche und begann zu drehen.

„Du rauchst?", fragte sie erstaunt.

„Ja", sagte ich. „Schlimm?" (Ich hätte nicht mehr viel dagegen gehabt, wenn sie es schlimm gefunden hätte.)

„Nein, überhaupt nicht. Im Gegenteil!" Sie griff in ihre Handtasche und holte eine Schachtel Zigaretten heraus. „Ich sitze hier schon die ganze Zeit wie auf heißen Kohlen und frag mich, wann ich dir das mit dem Rauchen sage." Und dabei sah sie ziemlich süß aus.

Ich drehte fertig, wir zogen uns die Jacken über und gingen vor die Tür.

Draußen war es kalt. Und Petra war nicht süß. Petra war genervt – von ihrem Job, den Kollegen und ihrer Familie. Petra ärgerte sich über die Müllabfuhr, die Nachbarn und die Privatversicherung. Petra schimpfte auf die Schulaufsichtsbehörde, ihre beste Freundin und die ARD. Und ich gab irgendwann auf, nonverbal darauf zu reagieren.

Petra störte das nicht weiter. Auch als wir wieder drinnen saßen, hielt ihr Wortschwall an. Immerhin gelang es mir, zwischendurch noch ein Bier zu bestellen. Während ich das trank (und dabei Petra zuhörte), überlegte ich, warum ich gleich sehr unvorhergesehen und viel früher als geplant, aber leider ganz unbedingt würde gehen müssen.

Als Petra sich gerade über die Affäre zwischen einem Referendar und einer fünfzehn Jahre älteren Kollegin ausließ („Das muss man sich mal vorstellen ...!"), klingelte mein Handy.

„Hallo Sebastian! Noch Bock auf'n Bier?" Es war Matthias.

Und ich hatte eine Eingebung. „Was?! Scheiße! Dann müssen wir das Zeug da sofort rausholen! Wenn's nicht schon zu spät ist."

Matthias war irritiert. „Sebastian? Ich bin's, Matthias. Gehst du mit mir ein Bier trinken? Von mir aus im Lodge."

„Das Badezimmer liegt direkt darüber?" Ich machte eine Kunstpause, die Matthias wortlos hinnahm.

„Wir müssen das sofort da rausholen", wiederholte ich entschieden. „Und scheiß auf die Technik, das zahlt die Versicherung. Aber das ganze Archiv! Ich bin in zehn Minuten da. Bis gleich!"

Ich guckte Petra mit der nötigen Mischung aus Schreck, Genervtheit und Ernst an. „Es gibt einen Wasserschaden über unserem Büro. Und zwar anscheinend direkt über dem Raum mit den Druckern und vor allem unseren archivierten Belegexemplaren. Ich muss jetzt leider ganz schnell retten gehen, was noch zu retten ist. Tut mir total leid, Petra."

25

Matthias war immer noch irritiert. „Was erzählst du da von Badezimmern, Versicherungen und Archiven?"

Ich rollte mit den Augen und setzte mich zu ihm an die Theke. „Gut, dass du angerufen hast. Das war Rettung in höchster Not."

Ich bestellte bei Ivonne ein Bier und erzählte Matthias von meinem Date mit Petra.

„Dass du schon wieder eine Anzeige geschaltet hast, hattest du gar nicht erzählt", sagte er, nachdem ich berichtet hatte. „Vielleicht solltest du in puncto Frauensuche mal einen Gang zurückschalten. Nicht, dass das noch notorisch wird", fügte er leicht grinsend hinzu. „Du kannst es ohnehin nicht erzwingen, mein Lieber."

„Du hast dich vor eineinhalb, zwei Jahren doch auch monatelang in diesen Internet-Partnerbörsen herumgetrieben, bis du deine Annemarie gefunden hast", erwiderte ich

„Richtig. Aber Annemarie habe ich erst gefunden, als ich es eigentlich schon aufgegeben hatte."

„Wie jetzt? Aber ihr kennt euch doch über so ein Kontaktding?"

„Stimmt. Aber ich hatte es längst abgehakt, darüber jemanden zu finden und die Suche faktisch eingestellt. Zwei oder drei Wochen später hab ich den Account nur noch einmal geöffnet, um mich abzumelden. Und dabei fand ich die Kontaktanfrage von Annemarie." Er zuckte mit den Schultern. „Das mein ich ja damit, wenn ich sage, dass du es nicht erzwingen kannst."

„Noch zwei Bier, die Herren?" Ivonne wedelte fragend mit einem Glas. Wir wollten.

„Und was ich mit ‚einen Gang zurückschalten' meine, ist, dass du das Date mit dieser Petra wahrscheinlich nie gemacht hättest, wenn ihr vorher noch ein paar Mails ausgetauscht oder miteinander telefoniert hättet", setzte Matthias nach. „Dann wäre dir schon klargeworden, auf was du dich da einlässt."

Er hatte vermutlich recht.

„Hast du denn noch weitere Dates in der Pipeline?", wollte er wissen.

„Am Sonntag. Eine Hildegard, die sich Hille nennt. Liest sich sehr sympathisch und unkompliziert, was und wie sie schreibt."

„Das klingt gut. Ist sie hübsch?"

„Gute Frage. Das Bild, das sie mir gemailt hat, ist ziemlich unscharf. Und sie findet, sie sei nicht sonderlich fotogen und käme live besser rüber."

„Ich kann dich ja vorsichtshalber zwischendurch mal anrufen", grinste Matthias.

26

Hille lächelte nett. Aber wirklich hübsch fand ich sie nicht. Sie hatte einen ziemlich hellen Teint, der durch den Kontrast zu ihren dunklen, fast schwarzen Haaren noch bleicher wirkte. Ihre ohnehin schon großen Augen hatte sie mit Kajal noch betont. Die zierliche Nase ging dazwischen fast unter. Und ihr Lippenstift war mir eine Spur zu rot. An irgendwen erinnerte sie mich, aber ich konnte nicht sagen, an wen.

„Setzen wir uns dort ans Fenster?", schlug ich vor.

„Guter Platz", fand Hille. „Hätte ich jetzt auch vorgeschlagen."

Wir hatten uns im Le Dîner am Bohlweg verabredet. Früher war dort eine urige westfälische Gastwirtschaft beheimatet. Seit knapp zehn Jahren gab es hier einfache und bezahlbare französische Küche.

„Darf es bei Ihnen schon etwas zu trinken sein?", fragte der Kellner, nachdem wir uns gesetzt hatten.

Ich bestellte ein Bier, Hille einen Rotwein.

„Schön hier", sagte sie, nachdem sie sich ein wenig umgeschaut hatte. „Bist du öfter hier?"

„Gelegentlich", antwortete ich wahrheitsgemäß. „Wobei ich gegen mehr diesbezügliche Gelegenheiten gar nichts einzuwenden hätte – die Küche ist nämlich richtig gut, finde ich."

Hille grinste. „Du kannst echt gut mit Worten umgehen. Das ist mir schon in deinen Mails aufgefallen. Das gefällt mir."

„Dankeschön. Das Kompliment gebe ich gerne zurück. Auf den Mund gefallen bist du jedenfalls definitiv nicht."

Sie lächelte sehr nett. Und irgendwie fand ich sie doch auf seltsame Weise hübsch. Aber mir wollte partout nicht einfallen, an wen sie mich erinnerte.

Wir bekamen unsere Getränke und befassten uns mit der Karte.

„Ich kann mich gar nicht entscheiden", sagte Hille nach einer Weile.

„... ist alles so schön bunt hier", ergänzte ich ohne nachzudenken.

Im gleichen Moment wusste ich, dass es Nina Hagen war. Hilles Ähnlichkeit war beträchtlich. Und bei Nina Hagen hatte ich auch nie gewusst, ob ich sie eigentlich hübsch fand oder nicht.

Nina Hagens Musik – oder besser: die Musik der Nina Hagen Band – war mir zum ersten Mal im Dezember 1978 begegnet, als der „WDR-Rockpalast" ein Konzert übertrug. Hagen gab sich exaltiert und extravagant, die Band musizierte brillant. Und die Texte waren zumindest außergewöhnlich – nicht nur besagtes „Ich kann mich gar nicht entscheiden, ist alles so schön bunt hier". Zeilen wie „Ich bin nicht deine Fickmaschine / spritz, spritz, das is'n Witz" sorgten damals in der verklemmten bundesrepublikanischen Öffentlichkeit für rechtschaffene Empörung.

Wenig später hatte ich entdeckt, dass es in unserer Stadt nicht nur katholische Jugendheime gab, in denen man sonntagnachmittags zu vorhersehbarer Discomusik frisch erlernte Tanzkurskenntnisse gesittet in die Praxis umsetzen konnte. Es gab auch das Cavern im Keller des einzigen Jugendzentrums in städtischer Trägerschaft. Dort wurde andere Musik gespielt – zum Beispiel Nina Hagen. Daneben liefen die Patti Smith Group, Television, Lou Reed, Peter Gabriel oder Manfred Mann's Earth Band. Und es wurde anders getanzt. Sich paarweise dem Swing oder Disco-Fox hinzugeben war verpönt. Man tanzte grundsätzlich allein, möglichst wild, gern auch intellektuell introvertiert. Es war dunkel und verraucht, die Mädchen schminkten sich düster und mysteriös und mindestens jeder zweite trug einen „Atomkraft? Nein Danke!"-Button. Ich fragte mich, wie Hille es im Cavern gefunden hätte.

„Wir können uns ja einfach eine bunte Mischung aus Vorspeisen und Canapés zusammenstellen", schlug ich vor, und Hille fand die Idee gut.

Wir bestellten unser Essen und noch ein Bier und einen Wein.

„Was macht man denn eigentlich als Ausbilderin im Gaststättengewerbe?" Sonderlich gut fand ich meine Einstiegsfrage nicht.

„Sich oft ärgern", grinste sie. „Nein, mal im Ernst: Das macht mir schon ziemlichen Spaß. Ich bilde Köche, Beiköche, Hotel- und Restaurantfachleute aus. Manchmal sind das reguläre Auszubildende. Aber der größte Teil sind Umschüler und entsprechend schon ein wenig älter. Aber das erleichtert die Arbeit nicht immer. Es gibt da ein bekanntes deutsches Sprichwort von Hans und Hänschen – und das kann ich nur bestätigen, vor allem was die Sozialkompetenz betrifft. Aber wie gesagt: Im Großen und Ganzen macht mir mein Job großen Spaß – vor allem alles, was mit Kochen zu tun hat."

„Dann gehst du aber bestimmt immer mit professionell kritischem Blick – und kritischer Zunge – essen?"

„Ein bisschen natürlich." Sie verzog nachdenklich den Mund. „Aber ich bin zum Glück überhaupt nicht anspruchsvoll, was Kochen und Essen betrifft. Oder besser gesagt: Ich kann meine Anspruchshaltung steuern. In dieser Richtung verwöhnt zu sein, wäre für eine aktive Seglerin auch ziemlich daneben. Dann hätte man ja, wenn es mal nicht so gut schmeckt, nur noch die Alternative, hungrig in die Koje zu schlüpfen. Und das geht genauso wenig wie durstig."

Ich schmunzelte und prostete ihr zu. „Und als aktive Seglerin fährst du bei jeder sich bietenden Gelegenheit an die See?"

„Nein, ganz so schlimm ist es nicht", lächelte sie. „Aber zwei-, dreimal im Jahr muss das schon sein. Zumindest das Meer sehen. Letztes Wochenende habe ich für ein paar Tage eine Freundin in Lübeck besucht. Da war ich noch nie. Schöne Stadt, die eben auch den Vorteil hat, nah am Meer zu liegen. Und mit einem Haustürschlüssel ausgestattet konnte ich die Tage in meinem eigenen Tempo verbringen: lange schlafen, dann auf dem Balkon Kaffee trinken und danach ans Meer fahren. Ich liebe das Meer, die Brandung, den Wind, den Geruch ..."

Der Kellner brachte unser Essen, und wir bestellten noch ein Bier und einen Wein.

„Schmeckt klasse", sagte Hille nach wenigen Bissen. „Hast du gut ausgesucht, den Laden."

„Schön, das freut mich", antwortete ich.

Wir aßen eine Weile schweigend, und ich beobachtete sie dabei heimlich aus dem Augenwinkel. Mal gefiel sie mir, dann wieder weniger. Hille schien zwei Gesichter zu haben. Oder ich hatte zwei Sichtweisen.

Als wir unsere Canapés fast zur Hälfte geschafft hatten, orderte Hille noch einen Wein und ich schloss mich mit einem Bier an.

„Weintechnisch lässt du nicht viel verkommen, oder?", fragte ich grinsend.

Ich bemerkte eine leichte Schamesröte in ihrem Gesicht. „Ach", sagte sie. „Ich trinke nicht immer so viel. Aber dieser Wein ist echt lecker. Und um ehrlich zu sein, bin ich auch etwas nervös ..."

„Wegen mir?"

„Ja, klar. Mein letztes Date liegt schon einige Zeit zurück. Und deine Mails haben mir ausgesprochen gut gefallen. Und live gefällst du mir auch gut." Sie lächelte unsicher.

„Oh, danke gleichfalls." Ich lächelte zurück, und wir stießen miteinander an.

„Ich hatte bislang nicht so viel Glück mit Männern", fuhr sie fort. „Das ist jedenfalls meine Sichtweise."

„Gibt's noch eine andere?"

„Ja. Mein Bruder sagt immer, ich würde mir die Tour selbst vermasseln."

„Wie will der das denn beurteilen?"

„Zwei meiner letzten drei Beziehungen waren gute Freunde von ihm. Und weil die mit seiner kleinen Schwester nicht glücklich wurden, muss es nach seiner Logik eben an der liegen."

„Toller Bruder", schüttelte ich den Kopf.

„Ach, er ist ansonsten eigentlich ganz lieb, und wir kommen gut miteinander aus. Das ist mir auch sehr wichtig, erst recht nachdem vor knapp einem Jahr unsere Eltern innerhalb kurzer Zeit beide gestorben sind."

„Das tut mir leid", bedauerte ich.

„Leben deine Eltern noch?"

„Ja. Und sie sind beide auch noch ziemlich fit. Ich besuche sie nur viel zu selten, denke ich oft."

Hille lächelte. Und dabei sah sie richtig hübsch aus.

„Puh. Ich kann nicht mehr", sagte sie dann und legte ihr Besteck weg. „Aber das Essen war wirklich richtig lecker."

Wir unterhielten uns weiter. Ich erzählte von meiner Schwester in England, meinem Job und den gescheiterten Beziehungen mit Silke und Marion. Hille verriet noch mehr über ihren Bruder. Der hieß Olaf und lebte mit Frau und zwei Kindern in Osnabrück.

„Die beiden Mädchen finde ich echt klasse", strahlte sie. „Ich freu mich schon auf übernächsten Samstag, da geh ich mit der Älteren shoppen. War mein Geburtstagsgeschenk an sie."

„Das findet sie bestimmt ziemlich cool", lächelte ich. „Mit Tantchen in die Stadt."

„Ja, ich glaub auch. Ich kann ohnehin ganz gut mit Kindern. Ich hätte auch gern selber welche gehabt, aber bislang hat das irgendwie nie gepasst. Und mit meinen einundvierzig wird's jetzt langsam ein bisschen eng." Sie zuckte mit den Schultern. „Wolltest du nie Kinder haben?"

„Doch. Bei Silke und mir war das irgendwann schon ein Thema. Aber angesichts unserer beruflichen Situationen haben wir das damals nicht ernsthaft in Erwägung gezogen. Und als dann jobtechnisch alles in trockenen Tüchern war, fing es an zu kriseln."

„Das kann ja noch werden."

„Na, ich weiß nicht. Ich bin ja nun auch schon achtundvierzig."

„Für einen Mann ist das doch egal", fand sie.

„Hat es Ihnen geschmeckt?", fragte der Kellner. „Darf ich schon abräumen?"

Wir bejahten beides und bestellten noch ein Bier und einen Wein.

Als Hille eine gute Stunde später Anstalten machte zu gehen, fand ich das schade. Ob, und wenn ja, *wie* attraktiv ich sie eigentlich fand, hätte ich zwar noch immer nicht sagen können, aber sympathisch und angenehm war sie definitiv.

„Das war ein sehr schöner Abend mit dir, Sebastian", sagte sie, als wir uns draußen verabschiedeten.

„Ja, das finde ich auch. Und ich würde dich gern wiedersehen. Wie geht es dir damit?"

„Sehr gerne!" Hille strahlte. „Wie wäre es am Freitag? Da muss ich am nächsten Tag auch nicht so früh raus."

„Freitag ist prima. Wir können ja noch mal mailen, wann und wo."

Als wir uns zum Abschied umarmten, fühlte sich das gut an. Sehr gut sogar. Und als sie sich nach ein paar Metern noch einmal umdrehte und mir zuwinkte, sah sie richtig hübsch aus.

27

Hille hatte perfekte Brüste. Das sah ich sofort, als sie den BH auszog. Sie sahen nachgerade modelliert aus. Aber so schätzte ich sie nicht ein. Ehrlich gesagt beschäftigte ich mich in der Situation auch gar nicht mit dieser Frage.

Wir hatten uns vier Stunden zuvor im Thira getroffen. Wir hatten viel geredet, gut gegessen und einiges getrunken. Mit jedem Bier hatte ich Hille hübscher gefunden. Und als ich sie fragte, ob sie bei mir noch einen Absacker trinken wolle, hatte sie freudig zugesagt.

Zu diesem Absacker waren wir aber gar nicht mehr gekommen. Ich hatte gerade die Wohnungstür hinter mir geschlossen und mich zu Hille umgedreht, als sie mich ohne jede Vorwarnung küsste. Und sie küsste gut. Und ich machte mir keine Gedanken darüber, ob ich das eigentlich wollte. Zehn Minuten später standen wir vor meinem Bett, und Hille entledigte sich zuerst ihres Pullis und dann ihres BHs.

Der Sex war nicht spektakulär, aber auch nicht unschön.

„Ich glaube, ich hab mich in dich verliebt", sagte Hille, als wir danach nebeneinander lagen und ich ihre Brust streichelte.

„Du bist wohl von der schnellen Sorte", schmunzelte ich.

„Nee, eigentlich nicht. Ich hab mich aber schon am ersten Abend in dich verliebt. Schlimm?"

„Nein, nicht schlimm. Ich mag dich auch gern."

„Bloß gern?"

„Sehr gern. Sonst läge ich hier nicht so mit dir."

Hille guckte etwas unsicher. „Und wie denkst du dir, wie das jetzt mit uns weitergeht?"

„Weiß nicht. Ich mag dich sehr gern, und du bist verliebt. Das spricht dafür, dass wir mal gucken könnten, wie sich das mit uns entwickelt, oder?"

„Meinst du denn, du könntest dich in mich verlieben?" Ihr Gesicht nahm einen skeptischen Ausdruck an, der ihr nicht sonderlich stand.

Ich nahm sie in den Arm und gab ihr einen Kuss auf die Wange. „Du bist süß. Gib mir noch ein bisschen Zeit, okay?"

Hille lächelte und ich lächelte zurück.

„Und bis dahin?", fragte sie. „Ich meine, würdest du sagen, wir sind jetzt zusammen?"

„Wenn du damit leben kannst, dass ich mich – jedenfalls noch – nicht verliebt fühle."

„Damit kann ich erst mal leben. Aber du führst mich nicht an der Nase herum?"

„Wie – an der Nase herumführen?"

„Na, du hast doch garantiert haufenweise Antworten auf deine Anzeige bekommen."

„Ach so. Du meinst, ich lege mir gerade nen Harem zu oder so?" Ich grinste.

Hille grinste nicht.

„Da mach dir mal keine Sorgen", beruhigte ich sie. „So bin ich nicht drauf. So war ich noch nie drauf. Was ich will, ist eine Partnerschaft, eine Beziehung. Und das ist für mich deckungsgleich mit monogam."

„Das ist gut." Hille lächelte wieder und gab mir einen Kuss. Dann schliefen wir ein.

Ungefähr drei Stunden später wurde ich wach. Ich weiß nicht, ob es Hilles Scharchen gewesen war, das mich geweckt hatte. Fakt aber war, dass sie es tat. Sie schnarchte nicht übermäßig laut, aber laut genug, um mich daran zu hindern wieder einzuschlafen. Ich gab ihr einen leichten Schubs, sie räusperte sich kurz im Schlaf und drehte sich auf die Seite. Das Scharchen kam jedoch nach kurzer Zeit zurück.

Mir fiel ein, dass ich irgendwo in meiner Kulturtasche Ohropax hatte (mein Job brachte gelegentliche Hotelaufenthalte mit sich, und da empfahl es sich stets gewappnet zu sein). Ich stand auf, ging ins Bad, verstöpselte meine Ohren und legte mich wieder ins Bett. Hilles Schnarchen war nicht mehr zu hören. Aber einschlafen konnte ich trotzdem nicht.

Ich war nicht in sie verliebt, soviel stand fest. Ich mochte sie gern, das stimmte andererseits auch. Sie war lieb, sympathisch, humorvoll und wirkte ehrlich. Ich fand ihren Körper attraktiv – nicht nur ihre Bilderbuchbrüste, sondern auch ihren Hintern und die Beine. Ihren Geruch mochte ich auch. Aber ihre zwei Gesichter waren mir nach wie vor ein

Rätsel. Warum fand ich sie im einen Moment hübsch und im nächsten gar nicht? War das nur meine Sichtweise? War ich zu anspruchsvoll oder zu kritisch? Konnte ich mir wirklich vorstellen, auf Dauer mit Hille zusammen zu sein? Und: Musste ich das ihr gegenüber thematisieren?

Ich grübelte vor mich hin und schlief darüber irgendwann doch wieder ein.

Als ich gegen zehn Uhr aufwachte, war Hille verschwunden. Auf dem Küchentisch fand ich einen Zettel.

Guten Morgen, Sebastian!
Ich wollte dich nicht wecken, du hast so schön geschlafen. Hab gesehen, dass du was im Ohr hattest. Ich hoffe nicht, weil ich geschnarcht habe?
Ich muss dringend noch ein nachträgliches Geburtstagsgeschenk für meine Freundin Melanie besorgen, mit der ich heute Abend verabredet bin. Vielleicht hast du ja Lust mitzukommen? Ich hatte ihr schon von dir erzählt – schließlich war sie es, die mich auf deine Anzeige aufmerksam gemacht hat. Kannst ja mal überlegen.
Meld dich doch einfach mal, wenn du wach bist!
Ein Kuss für dich! Hille

Ich machte mir einen Kaffee und setzte mich an den Tisch. Sprach etwas dagegen mitzukommen? Ich fand eigentlich nicht. Ich hatte durchaus Lust, Hille abends wiederzusehen. Und vielleicht konnte ich im Zusammenspiel von ihr und Melanie ja noch ein anderes Gesicht von Hille entdecken? Oder vielleicht würde es helfen zu entscheiden, welches der beiden Gesichter, die ich schon kannte, ihr wahres war?

Ich schnappte mir mein Handy und rief sie an.

„Hallo Sebastian! Ausgeschlafen?"

„Das kann man wohl sagen. Du denn auch? Wann bist du denn verschwunden?"

„So gegen neun. Da schliefst du noch selig. Mit Ohropax im Ohr. Hab ich geschnarcht?"

„Ein bisschen. Aber nicht schlimm. Bist du denn schon fündig geworden für deine Melanie?"

„Ja. Gerade. Hast du dir schon überlegt, ob du mitkommen willst?"

„Das kann ich mir gut vorstellen. Und diese Melanie hat dich mit der Nase auf meine Anzeige gestoßen?"

„Ja. Lustig, oder? Sie hat mich extra aus Düsseldorf angerufen, wo sie das online gelesen hatte."

„Ach, dann geht's heute nach Düsseldorf?"

„Melanie lebt in Düsseldorf, ja. Aber heute geht's nach Nordhorn. Da sind wir beide aufgewachsen, und sie besucht über das Wochenende ihre Eltern."

„Okay, ich bin dabei. Wie machen wir's?"

„Ich würde sagen, ich hol dich gegen halb vier ab? Ich möchte nämlich gern vor dem Treffen mit Melanie noch zum Friedhof, zum Grab meiner Eltern. Wenn das für dich okay ist."

„Klar ist das okay. Fein, dann bis nachher!"

Einen Antrittsbesuch bei den Eltern direkt nach der ersten gemeinsam verbrachten Nacht hätte ich normalerweise überstürzt gefunden. Aber unter diesen Umständen konnte man ein Auge zudrücken, fand ich.

28

Hille weinte. Mich fröstelte. Und ich wusste nicht, was ich sagen sollte. Es gab vermutlich auch nichts zu sagen. Ich nahm stattdessen ihre Hand.

Die Trauer machte Hille liebenswert – und mir ein schlechtes Gewissen. Während wir da im Novemberregen am Grab ihrer Eltern standen, fragte ich mich, wann ich meine eigentlich zuletzt gesehen hatte. Das musste im Juli gewesen sein, beim Geburtstag meiner Mutter. Ich liebte meine Eltern, das war gar keine Frage. Warum besuchte ich sie dann nicht öfter? Zumal sie gerade einmal dreißig Kilometer von Münster entfernt wohnten.

Hille schnäuzte sich die Nase. „Wollen wir?", fragte sie dann. „Ich glaube, es wird Zeit."

Wir schlenderten Arm in Arm unter meinem großen Schirm zurück in Richtung Hilles Auto. Dabei sprachen wir kein Wort.

„Sorry, aber das geht mir immer noch ganz schön an die Nieren", sagte sie, als wir drinnen saßen.

„Na klar", antwortete ich. „Hattest du ein gutes Verhältnis zu deinen Eltern?"

„Ja und nein. Zu meiner Mutter eigentlich schon. Aber in den letzten Jahren, als sie zunehmend dement wurde, ließ das nach. Einerseits konnte ich immer weniger mit ihr reden, andererseits wurde sie immer bärbeißiger. Manchmal denke ich, sie ist eigentlich schon zwei Jahre vor ihrem Tod gestorben."

„Und dein Vater?"

„Da war es eher andersherum. Unser Verhältnis wurde erst besser, als es meiner Mutter immer schlechter ging. Vielleicht hätte sich das nach ihrem Tod noch weiter entwickeln können. Aber er hat sie dann nur um drei Monate überlebt."

„Schade. Tut mir leid für dich."

„Danke dir." Sie schnäuzte sich noch einmal. „Aber jetzt hurtig. Ich glaube, wir kommen schon zu spät."

Hille fuhr tatsächlich hurtig. Um nicht zu sagen: rasant. Das gefiel mir. In Windeseile chauffierte sie uns durch Nordhorn und hielt dabei mit ihrer Meinung über andere Verkehrsteilnehmer nicht hinter dem Berg.

„Kann diese Pappnase nicht einfach mal fahren?", schimpfte sie, als ein etwas älterer Mercedes nicht Sekundenbruchteile, nachdem die Ampel auf Grün gesprungen war, anfuhr. „Bauern in der großen Stadt!", pampte sie ergänzend.

„Entschuldige", sagte sie einige Augenblicke später in meine Richtung. „Aber hinter dem Lenkrad werde ich schnell zur Furie. Und ich glaube, es ist besonders schlimm, wenn ich mich heimisch fühle – also in Münster und in Nordhorn."

„Schon okay", grinste ich. „Obwohl ich das eher von Männern kenne."

„Hab ich schon öfter gehört, dass ich wie ein Mann fahre", sagte Hille. Und ergänzte augenzwinkernd: „Und ich kann sogar einparken."

Ich stieß einen gespielt anerkennenden Pfiff aus, und wir lächelten uns an.

Wir fuhren inzwischen an einem größeren Gewässer entlang. „Das ist der Vechtesee", erklärte Hille. „Und da vorne ist auch schon die Dock's Bar. Und Melanie ist auch schon da." Sie wies mit dem Kopf in Richtung einer leicht dicklichen Frau, die unter einem knallroten Schirm auf dem Parkplatz stand.

Hille hupte leicht, und Melanie winkte. Wir parkten, bewaffneten uns mit meinem Schirm und gingen zu ihr hinüber.

Die beiden Frauen umarmten sich kurz. Dann strahlte Melanie mich mondgesichtig an. „Hallo Sebastian. Schön, dich kennenzulernen. Eine nette Anzeige hast du da geschaltet."

Ich lächelte. „Hi Melanie. Ich freu mich auch. Ich hab schon gehört, dass du diejenige warst, die Hille ein bisschen auf die Sprünge geholfen hat."

Melanie grinste. Hille grinste. Und ich fühlte mich irgendwie peinlich berührt. Vorsichtshalber grinste ich auch.

Melanie war es, die die anschließende Kommunikationspause beendete, bevor sie zu lang zu werden drohte. „Wollen wir reingehen? Ich hoffe, wir finden überhaupt noch einen Platz. Sieht ziemlich voll aus, und dummerweise hab ich nichts reserviert."

Die Dock's Bar platzte tatsächlich aus allen Nähten. Aber Melanie verfügte offenbar über Beziehungen. Sie sprach mit einer Kellnerin, wir setzten uns an die Theke und bestellten etwas zu trinken. Kurz nachdem wir miteinander angestoßen hatten, signalisierte die Kellnerin, dass sie einen freien Tisch für uns hätte.

Wir nahmen direkt vor einer breiten Fensterfront mit Blick auf eine große Terrasse und den Vechtesee Platz.

„Schön hier", fand ich. „Bei besserem Wetter wahrscheinlich noch viel schöner."

„Wenn das Wetter einigermaßen mitspielt, ist hier die Hölle los", bestätigte Hille.

Ich blickte auf den See hinaus und stellte mir das Szenario bei einem schönen Sommertag vor. Hille und Melanie begannen derweil mit dem, was beste Freundinnen tun, wenn sie sich begegnen: Sie tauschten Neuigkeiten aus.

„Das hab ich ganz vergessen", unterbrach Hille sich nach etwa fünf Minuten selbst und begann in ihrer Handtasche zu kramen. Kurz darauf zauberte sie ein Präsent in Größe einer Streichholzschachtel hervor. „Herzlichen Glückwunsch nachträglich, Süße!"

Melanie strahlte. Ich schloss mich dem Glückwunsch pflichtschuldig an, und sie riss die Geschenkverpackung auf. Hille hatte eine Brosche gekauft, die mich entfernt an ein Spiegelei erinnerte. Ich wäre nicht im Leben darauf gekommen, dass man sich so etwas anstecken könnte. Aber Melanie freute sich. „Genau mein Stil. Dafür hast du echt ein Händchen, Hille. Dankeschön!"

Wir bestellten noch etwas zu trinken und befassten uns dann mit der Karte. Melanie empfahl die Flammkuchen, und ich nahm den Vorschlag dankend an. Dann begann ich, eine Zigarette zu drehen.

„Du rauchst?" Melanie lächelte und legte eine Schachtel Zigaretten auf den Tisch. „Fein. Dann muss ich ja nicht alleine gehen."

Hille verzog gespielt beleidigt das Gesicht und sah dabei nicht sonderlich hübsch aus. „So, so. Dann lasst ihr zwei mich hier einfach sitzen?"

„Ach, ich entführe deinen Schatz doch nur für ein paar Minuten", grinste Melanie, und wir zogen uns unsere Jacken an.

„Ich finde, ihr zwei passt richtig gut zusammen", sagte sie, als wir unter dem Vordach der Dock's Bar angekommen waren und ich ihr Feuer gegeben hatte. Ich wusste zwar nicht, wie sie in so kurzer Zeit zu diesem Urteil gekommen war, aber ich nickte und lächelte.

„Und das freut mich total für Hille. Die hat auch mal eine Portion Glück verdient."

„Haben wir das nicht alle?"

„Klar. Aber Hille ganz besonders. Die letzten drei, vier Jahre waren echt schlimm für sie. Die beiden letzten Typen, mit denen sie zusammen war, haben sie richtig scheiße behandelt. Und der Tod ihrer Eltern hat sie auch ziemlich mitgenommen. Also sei bloß lieb zu ihr, sonst kriegst du's mit mir zu tun." Sie zwinkerte mir zu.

Ich war mir nicht sicher, wie viel ich auf ihr Zwinkern geben sollte. Aber ich zwinkerte zurück. „Worauf du dich verlassen kannst."

29

„Hast du Lust, mit zu mir zu kommen?", fragte Hille, als wir Münsters Ortseingangsschild passierten.

„Gern", sagte ich. Aber ganz ehrlich war das nicht. Ich hatte den Abend zwar nett, aber auch anstrengend gefunden und hätte mich lieber vor meine Musikanlage oder an die Theke des Lodge gesetzt, um das Erlebte sacken zu lassen.

Hille und Melanie waren ein Herz und eine Seele, so viel stand fest. Die Frage war, ob das für oder gegen Hille sprach. Ich tendierte zu letzterem. Melanie hatte gar nicht oft genug betonen können, wie sehr sie sich für uns freute. Dass wir unheimlich gut zueinander passten. Dass wir ein total hübsches Paar seien. Dass sie sich schon immer einen Mann wie mich für Hille gewünscht habe. Und dass sie sich uns auch gut als Kinderwagen schiebendes Elternpaar vorstellen könne. „Dafür ist es natürlich noch viel zu früh, aber das fände ich total süß", hatte sie gesagt und mir dabei kumpelhaft zugeprostet.

Ich hatte das alles stoisch lächelnd hingenommen, während Hille aus dem Strahlen gar nicht mehr herausgekommen war. Als die Worte „Kinderwagen" und „Elternpaar" fielen, hatte ich allerdings bemerkt, dass sie leicht zusammenzuckte, mich aus dem Augenwinkel heraus gemustert und Melanie anschließend einen kritischen Blick zugeworfen hatte.

Hille wohnte im Kreuzviertel. Noch vor zwanzig Jahren war das Münsters Mekka für Studentenwohngemeinschaften gewesen. Dann hatten Architekten, Lehrer und Neureiche das Terrain für sich entdeckt. Inzwischen konnten sich Normalsterbliche das Wohnen dort kaum noch leisten.

Hille schien meine Gedanken erraten zu haben. „Ohne das Erbe meiner Eltern hätte ich mir die Wohnung niemals kaufen können", sagte sie, als sie uns aufschloss.

Es war eine dieser für das Kreuzviertel typischen Altbauwohnungen mit hohen, Stuck besetzten Decken, so wie ich sie in mehr oder minder heruntergekommenen Zuständen aus der Studentenzeit kannte. Hilles Wohnung war aber offensichtlich von Grund auf renoviert worden. Türen und Türzargen waren ebenso neu wie das Parkett und die Fenster. Auch das Bad, das ich besuchte, weil ich zur Toilette musste, präsentierte sich modern.

„Schön hier", sagte ich, als ich Hille in der Küche wiederfand, die ein großer, halbrunder Erkerraum war. Durch die großen Fenster hatte man einen schönen Blick auf die Kreuzkirche. Hille saß an einer edlen Küchentheke und hatte sich ein Glas Rotwein eingegossen.

„Freut mich, dass es dir gefällt. Möchtest du was trinken? Hab extra Bier für dich gekauft."

Ich bejahte, und Hille ging zum Kühlschrank.

„Und du fandst den Abend wirklich nett?", fragte sie, als sie sich wieder zu mir setzte. Dabei hatte sie wieder einen dieser skeptischen Gesichtsausdrücke, die mir an ihr nicht so gut gefielen.

„Ja. Das hab ich doch schon im Auto gesagt", antwortete ich wahrheitsgemäß.

„Ich frag nur noch mal, weil Melanie manchmal ein bisschen übers Ziel hinausschießt, wenn sie was getrunken hat. Und heute Abend hat sie einiges getrunken."

„Ach, du meinst die Kinderwagennummer?"

„Unter anderem, ja. Aber die besonders. Hallo?! Wir kennen uns doch gerade mal eine knappe Woche. Was denkt die sich bei so was?" Hille schüttelte grinsend den Kopf.

„Das kann ich dir auch nicht sagen", schmunzelte ich. „Sie ist doch deine Freundin."

Hille kicherte und sah dabei ziemlich süß aus.

Natürlich hatte mich die Sache mit dem Kinderwagen irritiert. Zumal Hille schon bei unserem ersten Date ihren unerfüllten Kinderwunsch erwähnt hatte – das war mir in der Situation sofort wieder eingefallen. Hatte Melanie da lustig und ohne Sinn und Verstand – oder meinetwegen alkoholschwanger, wie Hille es gerade genannt hatte – vor sich hin geplappert? Oder hatte sie – ob nun versehentlich oder nicht – einen Wunschtraum ihrer besten Freundin geoutet? Ich hatte mich jedenfalls gefragt, ob ich mich darauf verlassen konnte oder wollte, dass Hille wirklich eine Spirale trug. Ihr Kichern beruhigte mich erst einmal.

„Das nächste Mal muss Melanie aber nach Münster kommen. Oder wir schlafen bei ihr in Düsseldorf. Ihr konntet euch da lustig einen zwitschern, und ich hab meinen Rotwein vermisst." Hille goss sich noch ein Glas ein und gab mir einen Kuss.

Wir saßen noch eine gute halbe Stunde in der Küche und gingen dann ins Bett. Unseren Sex fand ich besser als in der Nacht zuvor. Anscheinend mussten wir uns ein bisschen aneinander gewöhnen. Kurz danach schlief Hille ein. Ungefähr fünf Minuten später fing sie an zu schnarchen. Und Ohropax hatte ich nicht dabei.

30

Ich schlief dennoch gut. Und unser Sonntagmorgen war schön. Wir schliefen lang, frühstückten im Bett und hatten danach Sex. Sex, den ich richtig schön fand. Was nicht an irgendwelchen sonderlich ausgefallenen Stellungen oder Praktiken lag. Hille und ich verstanden uns tatsächlich immer besser.

Und das war nicht nur im Bett der Fall. In den nächsten Wochen verbrachten wir viel Zeit miteinander. Wir sahen uns jeden zweiten oder dritten Tag. Meistens trafen wir uns bei Hille und kochten dann zusammen. Ich guckte mir dabei einiges von ihr ab. Was Kochen anbelangte, war ich zwar nicht gänzlich unerfahren, aber Honig-Rosmarin-Parfaits oder in Zitronengras mariniertes Rehmedaillon auf hausgemachten Walnuss-Chili-Spätzle gehörten bis dato nicht zu meinem Repertoire. Ich revanchierte mich mit Musik und gab Hille eine kleine Einführung in die Oeuvres von Bob Dylan und Neil Young – die sie bis dato auf *Blowin' in the Wind* und *Heart of Gold* reduziert hatte.

Mit Hille zu reden, zu kochen, Musik zu hören und zu trinken machte Spaß – und meistens tranken wir ziemlich viel. Das hatte in der Regel den Nebeneffekt, dass ich mich nicht mehr fragte, ob ich sie nun eigentlich hübsch fand oder nicht.

So nett die Abende und Nächte mit Hille sich aber gestalteten – wirklich verliebt fühlte ich mich noch immer nicht.

Mitte Dezember sprach Hille das Thema Weihnachten an. „Ich bin Heiligabend bei Olaf, Steffi und den Kindern in Osnabrück eingeladen. Und als ich gestern Abend mit ihm telefonierte, hat er gefragt, ob du nicht auch mitkommen möchtest."

„Lust hätte ich schon", übertrieb ich ein bisschen, „aber meine Schwester Anna aus Liverpool kommt über Weihnachten zu Besuch nach Deutschland. Und da sie und ihr Mann am ersten Weihnachtstag weiter nach Lübeck fahren, um eine alte Studienkollegin zu besuchen, haben wir verabredet, dass wir uns Heiligabend bei meinen Eltern sehen."

„Schade", bedauerte Hille. „Aber verstehen kann ich das natürlich. Ihr habt euch vermutlich schon länger nicht gesehen, oder?"

Das stimmte tatsächlich. Anna und Roger waren zuletzt vor eineinhalb Jahren in Deutschland gewesen, als Annas Patentante gestorben war. Und mein letzter Liverpool-Besuch lag schon gut zwei Jahre zurück. Ich freute mich sehr auf die beiden.

„Aber so was ähnliches hatte ich mir schon gedacht", fuhr Hille fort, ohne eine Antwort abzuwarten. „Und als ich Olaf das gesagt habe, hat er gemeint, wir könnten doch stattdessen auch am Samstag zum Essen kommen. Was hältst du davon?"

„Gute Idee", sagte ich. „Kocht deine Bruder so gut wie du?"

„Nein", lächelte Hille. „Dafür ist bei den beiden Steffi zuständig. Ganz klassisch sozusagen. Außer natürlich, es geht ums Grillen. Da ist Olaf der Experte."

„Ist ja irgendwie auch klassisch", grinste ich.

31

Zwei Tage später rollten wir in Hilles Golf über die Autobahn Richtung Osnabrück. Ich kannte die Strecke gut. Meine Schwester Anna hatte die ersten Semester ihres Studiums in Osnabrück absolviert, bevor es sie über Lübeck nach Liverpool verschlagen hatte. Silke und ich hatten sie damals öfter besucht. Außerdem hatte ich vor zwölf Jahren ein Jahr lang für eine Osnabrücker Werbeagentur gearbeitet und war täglich von Münster dorthin gependelt.

Für Mitte Dezember war es erstaunlich mild. Selbst als wir den Teutoburger Wald überquerten, wo es in der Regel zwei oder drei Grad kälter war als in Münster, zeigte das Außenthermometer zwölf Grad an. Die untergehende Wintersonne tauchte die Baumwipfel in ein warmes Licht. Und Lovin' Spoonfuls *Summer in the City*, das aus dem Autoradio dudelte, gab dazu einen prächtigen Soundtrack ab.

„Da kriegt man ja richtiggehend Urlaubsgelüste", fand ich.

Hille strahlte. „Ja, das finde ich auch. Ich würde total gern mit dir in den Urlaub fahren. Wollen wir nicht bald mal zumindest eine Woche frei machen und in irgendeine schöne Stadt fahren? Das geht doch auch im Winter."

„Da können wir gern drüber nachdenken, stimmt." Mir gefiel die Idee tatsächlich. „Brügge soll schön sein. Oder Amsterdam. Oder Dresden."

Als wir knapp zwanzig Minuten später vor dem Haus von Olaf und Steffi hielten, erwartete uns bereits ein kleines Empfangskomitee. Zwei blond bezopfte Mädchen, das eine einen knappen Kopf größer als das andere, winkten uns aufgeregt zu.

„Hilf mir noch mal schnell auf die Sprünge", bat ich Hille. „Wie heißen die beiden Hübschen noch gleich, und welche ist welche?"

„Die größere ist Lisa, die kleinere Marie. Zehn und sieben Jahre alt."

Wir stiegen aus, und sowohl Lisa als auch Marie rannten auf Hille zu, die die stürmische Begrüßung freudestrahlend über sich ergehen ließ.

„Hallo ihr zwei. Schön, euch zu sehen. Vermisst hab ich euch!"

„Ist das dein neuer Freund?", wollte Lisa wissen.

„Genau", sagte Hille. „Das ist Sebastian."

Lisa und Marie gaben mir beide artig die Hand, und ich konnte mit meinen Namens- und Alterskenntnissen glänzen.

Dann tauchte ein leicht fülliger Mittvierziger im Bayern München-Trikot in der Haustür auf, dessen Ähnlichkeit mit Hille nicht so groß war, wie sie auf den Fotos gewirkt hatte, die ich aus ihrer Wohnung kannte.

„Hallo", sagte er. „Ich bin Olaf, und du musst Sebastian sein."

Ich fand ihn auf Anhieb unsympathisch, und das lag nicht nur am Bayern-Trikot. Ich war froh, dass im gleichen Moment Steffi im Türrahmen erschien und sich mir vorstellte. Lisa und Marie hatten ihre hellblonden Haare offenbar von ihrer Mutter geerbt. Steffi war zwar keine Schönheit, wirkte aber ausgesprochen nett. Ich fand nicht, dass Olaf sie verdient hatte.

„Ich hoffe, ihr habt guten Hunger mitgebracht", beendete Olaf die Begrüßungszeremonie. „Ich hab nämlich reichlich Grillgut eingekauft."

„Grillen?" Hille guckte ihren Bruder entgeistert an. „Du willst nicht im Ernst grillen, Olaf. In einer Woche ist Weihnachten!"

„Na klar. Warum denn nicht? Ich hab auch schon bei minus zehn Grad gegrillt. Und heute ist es ja fast frühlingshaft. Aber keine Sorge, Schwesterchen – gegessen wird drinnen."

Die Aufgabenverteilung für die folgende Stunde bestimmte der Hausherr. Während Steffi in der Küche Salate zubereitete, kümmerte Hille sich um Lisa und Marie. Ich bekam ein Bier und durfte Olaf beim Grillen zuschauen. Ich erfuhr dabei einiges über die Vorteile von Kugelgrillen, warum Briketts normaler Holzkohle vorzuziehen seien und es die besten Grillwürstchen beim Aldi gebe. „Die kommen nämlich aus der Fabrik von Uli Hoeneß – und der versteht nicht nur was vom Fußball." (Ich fragte mich, wie es um Olafs Nachkommenschaft stünde, wenn Uli Hoeneß statt Bratwürstchen Kondome produzieren würde. Aber das behielt ich für mich.)

Olaf schwadronierte munter weiter. Ich lernte, dass Helene Fischers neues Album *Für einen Tag* super sei („Sogar noch besser als *Zaubermond*."), dass der Hartz IV-Regelsatz halbiert gehöre („Die meisten von denen wollen doch gar nicht arbeiten."), und dass der Ausstieg aus der Kernenergie infolge der Katastrophe von Fukushima völlig übers Ziel hinausschösse („Deutsche Atomkraftwerke sind die sichersten der Welt. Bei uns wäre das nie passiert.").

Zwischendurch brachte er mir seinen Sinn für Humor näher. „Frag einen Schwulen nach den Namen von vier Flüssen", raunte er verschwörerisch, „und du wirst immer die gleiche Antwort bekommen: Rhein, Inn, Main, Po."

Ich war jedenfalls erleichtert, als der Grillmeister irgendwann befand, es sei genug. Ich half ihm beim Hereintragen der Wurst- und Fleischberge, und wir setzten uns zu den anderen. Lisa und Marie hatten ihre Tante immer noch okkupiert. Also nahm ich zwischen Olaf und Steffi Platz.

Das Essen verlief zunächst harmonisch. Wir aßen und unterhielten uns nett. Hille lobte die Grillkünste ihres Bruders und die Salate von Steffi. Olaf unterstrich die Wichtigkeit von Hardware („Kugelgrill") wie Software („Uli Hoeneß") für zufriedenstellende Grillergebnisse. Steffi freute sich über Hilles Salatlob und den Appetit ihrer Kinder. Ich schloss mich allen Lobpreisungen an und bekam zur Belohnung noch ein Bier. Und Lisa und Marie giggelten ohne Pause.

Irgendwann wurde es Olaf zu viel. „Ihr seid ganz schön albern heute, Mädchen. Wie wär's mal mit ‚Ball flach halten'?"

„Ach, lass doch die Kinder, Olaf", beschwichtigte Steffi. „So aufregender Besuch. Und in einer Woche ist auch noch Weihnachten."

„Mag ja alles sein", erwiderte Olaf. „Aber es nervt langsam."

„Ach, lass deine Süßen doch ruhig mal kichern", sagte Hille und nahm die beiden Mädchen in die Arme. „Ich höre das jedenfalls total gerne."

Olaf rollte mit den Augen und stieß mir kumpelhaft in die Seite. „So ist das immer. Alleine habe ich gegen diese Frauenbande keine Chance. Gut, dass ich jetzt Verstärkung habe."

Ich lächelte und bemühte mich, es möglichst wenig gequält aussehen zu lassen.

Im gleichen Moment flutschte Lisas Wurstrest vom Teller und trudelte ketchupgetränkt über das Parkett. Marie, die gerade einen Schluck trinken wollte, prustete vor Belustigung über das Malheur ihrer großen Schwester – und blies dabei eine Fontäne Limonade über den Tisch. Was wiederum Lisa dazu brachte, laut loszulachen.

„Jetzt reicht's", platzte es barsch aus Olaf heraus. „Schluss mit lustig. Ihr zwei geht jetzt umgehend in die Falle!"

„Oh nein, Papa", versuchte Lisa ihren Vater umzustimmen. „Das war doch bloß aus Versehen. Sonst dürfen wir auch länger aufbleiben, wenn Hille zu Besuch ist."

„Sonst seid ihr auch nicht so albern", befand Olaf und warf Steffi einen auffordernden Blick zu.

Die zuckte mit den Schultern und schaute frustriert. „Wahrscheinlich hat Papa recht", sagte sie dann. „Ich bring euch jetzt nach oben. Vielleicht hat Hille ja Lust, euch gleich noch ein bisschen vorzulesen."

Als Hille und ich knapp zwei Stunden später im Auto saßen, dauerte es einige Zeit, bis sie die Sprache wiedergefunden hatte. Wir hatten gerade am Kreuz Lotte die Autobahn gewechselt, als sie sagte: „Manchmal verstehe ich meinen Bruder nicht."

Ich blickte sie fragend an.

„Olaf und Steffi haben so tolle Kinder. Aber er ist so oft genervt." Sie schüttelte den Kopf. „Dabei hat er sich damals so gefreut, als Steffi endlich schwanger wurde."

„Wunschkind?", fragte ich.

„Lisa war das absolute Wunschkind. Für beide. Aber als Steffi wieder schwanger wurde, ist Olaf aus allen Wolken gefallen. Er wollte Steffi im Ernst von einer Abtreibung überzeugen. Ein Kind reicht vollkommen, fand er. Aber da hat Steffi nicht mitgespielt."

„Das sind natürlich keine guten Voraussetzungen", sagte ich. „Im Übrigen finde ich, dass du recht hast. Die beiden Mädchen sind wirklich süß."

„Ja, oder?" Hille lächelte. „Ich würde sie sofort adoptieren."

32

Der Taxifahrer war wenig begeistert, als ich ihm die Adresse verriet. Normalerweise legte ich den Weg vom Emsdettener Bahnhof zum Haus meiner Eltern zu Fuß zurück. Aber es regnete Bindfäden, und ich hatte keine Lust, mit dem Schirm in der einen und der Tüte mit den Geschenken in der anderen Hand Pfützenslalom zu laufen.

Als der Wagen hielt, standen Anna und Roger vor der Tür und rauchten. Ich gab ein fürstliches Trinkgeld, wünschte dem Fahrer schöne Weihnachten und stapfte durch den Regen.

Anna lächelte mich an. Aber ich wusste sofort, dass etwas nicht stimmte. Wir sahen uns zwar nicht mehr so oft, aber ich kannte meine Schwester.

„Hallo Bruderherz, schön, dass du endlich kommst. Ich hab mich total auf dich gefreut."

„Ich mich auch auf dich!" Ich nahm sie in den Arm und drückte sie.

„Merry Christmas, Sebastian. Hope you're feeling fine?" Roger hatte sich in der Zwischenzeit einen Vollbart wachsen lassen, der ihm gut stand.

„Merry Christmas, Roger. I'm fine. Hope you're too? And hey – you're looking pretty good with that beard." Wir umarmten uns ebenfalls.

„Jetzt sag ihm das nicht auch noch!" Anna verzog gespielt das Gesicht. „Ich find ihn ohne viel hübscher."

„Ach", zwinkerte ich ihr zu. „Manchmal müssen Männer Zeichen setzen. Und wenn es Haare im Gesicht sind."

„Du musst diesen ... wie sagt man noch auf Deutsch ... Zausel ja auch nicht küssen." Anna lächelte wieder. Ich war mir dennoch sicher, dass es ihr nicht wirklich gut ging. Aber der warme Blick, den sie Roger zuwarf, sagte zweifelsfrei, dass das nichts mit ihm zu tun hatte. Das beruhigte mich.

„Ist hier neuerdings drinnen Rauchverbot?", fragte ich und begann, mir eine Zigarette zu drehen.

„Nein", antwortete Anna. „Wir wollten nur mal kurz an die frische Luft." Sie rollte mit den Augen. „Mama und Papa haben sich gestritten", zischte sie hinterher.

Also da lag der Hase im Pfeffer.

„Tell it in English", schlug ich vor. Ich wollte potenzielle Lauscher am Küchenfenster oder hinter der Eingangstür ausschließen.

Anna und Roger waren zwar seit zwölf Jahren verheiratet, und seit mindestens fünfzehn Jahren zusammen, aber meine Mutter verstand noch immer kaum ein Wort Englisch. Und die überschaubaren Überreste des Schulenglisch meines Vaters reichten allenfalls aus, um an Silvester *Dinner for One* zu begreifen, aber nicht um *Scouse* zu verstehen, den Liverpooler Akzent, in den Roger und Anna gern fielen.

Anna berichtete, dass der elterliche Haussegen schon am Vorabend, als sie mit Roger angekommen war, schiefgegangen hatte. Den Auslöser des Disputs habe die Frage gebildet, wo man den Weihnachtsbaum aufstellt. Während mein Vater für den üblichen Platz plädierte, tendierte meine Mutter aufgrund der außergewöhnlichen Breite der Tanne zu einem Standort im durchaus großzügigen Kaminbereich des Wohnzimmers. Was mein Vater – wegen der seines Erachtens gegebenen Entzündungsgefahr – unverantwortlich gefunden habe. Was meine Mutter wiederum dazu bewogen habe zu äußern, dann wolle sie lieber gar keinen Weihnachtsbaum. Woraufhin mein Vater zunächst an die Decke gefahren und anschließend seinen üblichen Weg in die innere Emigration gegangen sei – womit er meine Mutter schon immer zur Weißglut getrieben hat. Und so weiter und so fort.

„Da kommt man nach Deutschland, um mit den Eltern Weihnachten zu feiern – und dann so was. So ein Kinderkram!" Anna lächelte gequält und schüttelte den Kopf. Dann wischte sie sich verstohlen eine Träne aus dem Auge. Meiner Schwester war es schon immer sehr an die Nieren gegangen, wenn unsere Eltern sich zankten.

Ich nahm sie in den Arm. „Ach Schwesterchen. Komm, die berappeln sich schon wieder."

Anna muss ungefähr vier oder fünf Jahre alt gewesen sein, ich entsprechend sieben oder acht, als meine Eltern damit begannen, sich immer öfter zu streiten. Zunächst bekamen wir das nur sonntags mit. Das war für uns häufig die einzige Gelegenheit, die beiden gemeinsam zu erleben. Während der Woche, auch samstags, kam mein Vater häufig erst spät aus seiner Anwaltskanzlei nach Hause. So spät, dass Anna und ich schon schliefen.

Aber das änderte sich irgendwann. Ich wurde immer öfter wach – von den lautstarken Streitigkeiten meiner Eltern im Wohnzimmer.

Die Auseinandersetzungen als solche machten mir Angst. Die Lautstärke machte mir Angst. Die Wortfetzen, die ich dabei herauszuhören glaubte, machten mir Angst. Aber meistens wurde es irgendwann wieder still. So still, dass mir wiederum das Angst machte und ich aufstand, zur Wohnzimmertür schlich und versuchte, durch das Schlüsselloch herauszufinden, ob beide noch da waren.

Eines Nachts war es besonders laut. Ich zog mir die Decke über den Kopf und hielt mir die Ohren zu

Plötzlich stand Anna neben meinem Bett. „Darf ich bei dir schlafen, Sebastian? Ich hab Angst."

Ich ließ sie in unter meine Decke krabbeln, und wir kuschelten uns aneinander.

„Lassen Mama und Papa sich jetzt scheiden?"

Ich guckte sie gleichermaßen erstaunt wie erschrocken an. Meine kleine Schwester hatte Tränen in den Augen. Und ihre Frage traf mich ins Mark. Den Gedanken an eine Scheidung hatte ich immer versucht, mir zu verbieten. Jetzt hatte Anna das Undenkbare auch noch ausgesprochen. Das Herz klopfte mir bis zum Hals.

„Nein", sagte ich. Und versuchte dabei möglichst groß und sicher zu klingen.

„Aber Mama hat das doch eben zu Papa gesagt."

Das musste gewesen sein, als ich mir die Ohren zugehalten hatte.

„Nein", sagte ich noch einmal. „Mama und Papa streiten bloß. Das machen große Leute manchmal."

„Aber Mama hat das doch gesagt."

Ich glaubte ihr. Meine Schwester war zwar klein, aber nicht blöd.

„Glaub ich nicht", sagte ich. Und nahm sie noch ein bisschen fester in den Arm.

„Ich glaube, wir sollten jetzt langsam reingehen", sagte Anna auf Deutsch. Roger nickte. Ich auch.

33

„Sebastian! Schön, dass du da bist." Meine Mutter saß in der Küche. Wenn ich nicht bereits gewusst hätte, dass dicke Luft herrschte, hätte ich es ihr an der Nasenspitze angesehen.

„Hallo Mama!" Ich gab ihr einen Kuss. „Geht's dir gut? Wo hast du denn deinen Mann gelassen?"

„Danke, ja. Es geht ganz gut. Der Papa wollte sich schon mal ums Kaminfeuer kümmern. Kennst ihn ja. Muss alles seine Ordnung haben." Sie lächelte matt.

„Dann geh ich ihn mal eben begrüßen."

„Tu das. Er wird sich freuen."

Anna und Roger setzten sich zu meiner Mutter, und ich ging zum Wohnzimmer hinüber. Mein Vater hatte bereits ganze Arbeit geleistet. Das Feuer im Kamin loderte hell.

„Hallo mein Junge", freute er sich. Sein Händedruck war fest wie eh und je. „Wenn du jetzt auch da bist, wird der Weihnachtsmann wohl auch nicht mehr lange auf sich warten lassen." Er nickte mir zu und versuchte dabei gutgelaunt zu wirken.

Ich setzte mich zu ihm, und wir guckten einen Moment schweigend in die Flammen.

„Geht's dir denn gut, Sohnemann?" Er blickte mich stirnrunzelnd über den Rand seiner Lesebrille an.

„Ich kann nicht meckern. Und selbst?"

„Muss ja, wie man in Westfalen sagt." Er beförderte noch einen Holzscheit ins Feuer und die Funken stoben. „Siehst du, wie weit das fliegt? Und deine Mutter kommt auf die Schnapsidee, hier den Weihnachtsbaum hinstellen zu wollen ..." Er schüttelte den Kopf.

„Ich hab schon gehört. Ihr habt euch mal wieder gezankt."

„Das haben wir. So patent sie ist, aber manchmal hat deine Mutter auf gut Deutsch gesagt nicht alle auf der Latte."

Ich guckte ihn skeptisch an und schwieg. Ich hatte schon vor mehr als drei Jahrzehnten beschlossen, mich nicht mehr in ihre Meinungsverschiedenheiten einzumischen.

„Aber das wird sich schon wieder einrenken", sagte mein Vater. „Hat es ja noch immer."

Ich nickte. „Wäre aber schön, wenn das nicht bis Silvester dauert."

Mein Vater lugte mich wieder über den Brillenrand an. Danach wanderte sein Blick schweigend zurück zum Kamin.

„Na, ihr zwei. Gemütlich am Feuer?" Anna hatte sich zu uns gesellt. „Mama schlägt vor, dass wir langsam mit dem Essen anfangen. Ist das in eurem Sinne?"

Wir bejahten, und mein Vater stellte das Funkenschutzgitter vor den Kamin.

„Ich habe mir überlegt, wir machen es so wie früher", sagte meine Mutter, als wir in der Küche angekommen waren. „Deshalb gibt es Putengeschnetzeltes in Blätterteigpasteten. Richard, deckst du bitte mit Sebastian den Tisch? Roger passt inzwischen auf, dass nichts anbrennt." Roger stand am Herd und rührte bedächtig mit einem Holzlöffel in einem großen Topf.

„Alles klar", sagte ich. „Welche Teller sollen wir denn nehmen?"

„Der Papa weiß schon Bescheid", sagte meine Mutter. „Das Silberhochzeitsgeschirr, Richard", ergänzte sie in Richtung meines Vaters, ohne ihn dabei eines Blickes zu würdigen.

Mein Vater nahm das wortlos hin, und wir gingen ins Esszimmer. Neben dem Tisch stand ein beeindruckend breiter Weihnachtsbaum, der den Durchgang zum Wohnzimmer nahezu unpassierbar machte. Ich konnte das Bedürfnis meiner Mutter, einen anderen Standort zu finden, durchaus nachvollziehen, sagte aber nichts.

„Deine Mama meint das weiße Geschirr mit den ornamentierten Blumen", erklärte mein Vater.

Als wir unser Werk fast beendet hatten, guckte meine Mutter durch die Tür.

„Herrgottnochmal, Richard", platzte es aus ihr heraus. „Das Silberhochzeitsgeschirr solltet ihr decken, nicht das von Tante Maria. Hörst du mir eigentlich überhaupt mal zu?" Sie funkelte ihn an.

Mein Vater sagte nichts, aber sein Gesichtsausdruck verriet, wie viel Mühe ihn das kostete. Sekundenbruchteile später verlor er die Beherrschung. „Dir kann man wirklich gar nichts recht machen, Magda! Am besten, du machst das alles selbst, dann gibt's auch nichts zu meckern. Und ich hab endlich meine Ruh."

„Ich habe doch deutlich gesagt, dass ihr das Silberhochzeitgeschirr decken sollt", gab meine Mutter zurück. „Sebastian, sag du doch bitte auch mal was."

Ich guckte zuerst meine Mutter und dann meinen Vater an.

„Nein", sagte ich dann. „Ich sage dazu gar nichts. Ich bin weder euer Schiedsrichter noch euer Paartherapeut. Das ist allein eure Sache. Und es ist auch allein eure Sache zu entscheiden, ob und wie ihr euren Streit weiterführen wollt. Meine Sache ist es zu entscheiden, ob und wie lange ich heute hier bleibe."

Dann ließ ich sie allein und ging in die Küche.

Es dauerte ungefähr fünf Minuten, bis die beiden hinterher kamen – Hand in Hand und demonstrativ lächelnd.

„Wollen wir jetzt mit dem Essen anfangen?", fragte meine Mutter.

34

„Frohe Weihnachten", sagte der Schaffner, als er kurz nach der Abfahrt neben mir auftauchte. „Und die Fahrkarte bitte!"

Ich hatte mich nach dem Frühstück verabschiedet und war auf dem Weg zurück nach Münster. Am Nachmittag war ich mit Hille verabredet, die Heiligabend wie geplant bei Olaf, Steffi und den Kindern verbracht hatte.

Unser Heiligabend war nach den anfänglichen Schwierigkeiten angenehm verlaufen. Das Putengeschnetzelte meiner Mutter hatte allen vortrefflich geschmeckt. Nach der Bescherung waren wir zum Kamin umgezogen, und Roger hatte bei deutschem Bier und schottischem Whisky eine ebenso lehrreiche wie erheiternde Fortbildung in Sachen „German Doppelkopf" erlebt. Und bei alledem hatten sich meine Eltern dermaßen als ein Herz und eine Seele präsentiert, als hätte es den Ärger um Weihnachtsbäume und Silberhochzeitsgeschirre nie gegeben.

Ich hatte schon oft über die Ehe meiner Eltern nachgedacht. Nicht selten hätte ich dabei darauf wetten wollen, dass die Geschichte der beiden anders verlaufen wäre, hätte sie zwanzig oder dreißig Jahre später gespielt. Natürlich war eine solche Überlegung müßig. Aber wenn ich sie anstellte, war ich mir sicher, dass die beiden inzwischen lange kein Paar mehr gewesen wären.

Was die Ehe meiner Eltern über lange Jahre zusammengehalten hatte, waren weniger Liebe und Zuneigung gewesen, sondern vielmehr gesellschaftliche Zwänge. In dem katholisch geprägten und konservativen

Umfeld, in dem sich die beiden bewegten, waren Trennung oder gar Scheidung noch in den siebziger und achtziger Jahren dermaßen stigmatisiert, dass alles besser erschien – sogar, sich das Leben gegenseitig über weite Strecken zur Hölle zu machen. Dabei wäre eine Trennung für alle Beteiligten – auch und vor allem die Kinder – nicht das Schlechteste gewesen.

Andererseits hatten sie sich über all die Jahre immer wieder zusammengerauft. Und sie hatten es Ende der Achtziger – also kurz nachdem Anna und ich das Haus verlassen hatten – tatsächlich geschafft, den Status ihrer Beziehung von einer latent geführten Dauerfehde in ein weitgehend friedliches Miteinander zu überführen. Vor allem Anna wäre sicher dankbar gewesen, wenn ihnen das schon einige Zeit früher gelungen wäre. Aber: Es war ihnen gelungen – und irgendwie fand ich das inzwischen aller Ehren wert.

Mein Handy meldete eine SMS. Sie war von Hille.

„Hallo Sebastian. Bei mir wird's etwas später. Olaf und Steffi führen mal wieder Kleinkrieg, und ich gehe jetzt mit den Mädchen ins Kino. Ich komm dann gegen sechs oder halb sieben und freu mich auf dich und darauf, dich zu beschenken!"

35

„Der verlorene Sohn kehrt heim!" Ivonne strahlte, als ich das Lodge betrat.

Ich hatte mich zuletzt ziemlich rar gemacht. Dafür, dass ich noch immer nicht sagen konnte, ob ich in Hille verliebt war oder nicht, hatte ich tatsächlich sehr viel Zeit mit ihr verbracht.

„Hi Ivonne, schön, dich zu sehen", lächelte ich. „Aber du weißt doch: Den Täter zieht es immer zum Tatort zurück."

Sie grinste und hob fragend zwei leere Gläser – ein großes und ein kleines. Ich entschied mich für das kleine. Im Hintergrund fand Metallica, dass *Nothing Else Matters*.

„So richtig was los ist hier heute aber nicht", sagte ich, als ich mich an die Theke setzte. Zur Kontrolle blickte ich mich noch einmal um. Ich war der einzige Gast.

„Ach, zwischen den Jahren ist das doch oft so." Ivonne zuckte Bier zapfend mit den Schultern. „Es haben ja auch viele frei und sind weggefahren."

Ersteres traf auf Hille und mich ebenfalls zu, letzteres allerdings nur auf Hille. Wir hatten den zweiten Weihnachtstag größtenteils im Bett und vor dem Fernseher und den Tag danach weitgehend in der Sauna verbracht. Nach einem feudalen Brunch war Hille am Nachmittag zu Melanie nach Düsseldorf gefahren, um mit ihr Geschenke auszutauschen. Ich hatte die Einladung mit Verweis auf den lange vereinbarten Termin für das traditionelle Jahresendtreffen mit Matthias abgeschlagen – mit ausdrücklichem Bedauern natürlich. (Eigentlich war mir die Terminkollision nicht unlieb. Melanie brauchte ich nicht wirklich.)

„Aber eure Küche hat trotzdem geöffnet?", wollte ich sicherheitshalber von Ivonne wissen.

„Klar doch. Weißt du denn schon, was du willst?" Sie stellte mir mein Bier hin und hob fragend die linke Augenbraue.

„Nee, noch nicht. Ich warte noch auf Matthias."

Unsere Jahresendtreffen veranstalteten Matthias und ich seit Jahren. Der Ablauf des Abends folgte einem strengen Ritual. Wir trafen uns irgendwo zum Essen und zogen anschließend zu Matthias oder mir, um uns gegenseitig bei einigen Bieren und ein bisschen Gras unsere musikalischen Jahres-Top-10 vorzustellen. Jeder hielt dazu für den anderen eine gebrannte CD mit jeweils einem Stück von seinen zehn „Platten des Jahres" bereit. (Ich fand, es gab schlechtere Weihnachtsbräuche.)

In der Regel dehnten wir den musikalischen Rückblick aufs alte Jahr anschließend bei einigen weiteren Bieren und noch ein bisschen Gras auf noch ältere Zeiten aus. Normalerweise landeten wir dabei irgendwann bei der Frage, ob man dieses oder jenes gerade gehörte Stück nicht auch selbst spielen könne. Genauso regelmäßig führte uns das jedoch vor Augen, dass wir mit unseren zwei Gitarren nicht viel reißen konnten, uns vielmehr ein Drummer und ein Bassist fehlten – und wir uns jetzt endlich ernsthaft um die Verstärkung des *Line-Up* unserer Band bemühen sollten. (Ich fand, es gab schlechtere Vorsätze fürs neue Jahr.)

„Tag, der Herr!" Matthias knuffte mich in die Seite. „Alles fit? Gut siehst du aus."

„Danke gleichfalls. Und du hast deine Gitarre dabei. Gute Idee!"

Matthias stellte seinen Gitarrenkoffer ab. „Ich dachte, wir gucken mal, wie sich der Abend so entwickelt. Aber jetzt will ich erst mal ein Bier. Und was essen natürlich."

Wir setzten uns an einen Tisch am Fenster und beschäftigten uns kurz mit der Karte.

„Dann erzähl doch mal von deiner Hille", sagte Matthias, nachdem wir bestellt hatten.

Wir hatten zwar in den vergangenen Wochen sporadisch miteinander telefoniert, aber ausführlich von Hille und mir berichtet hatte ich nicht. Das änderte ich jetzt. Dass ich mich nicht verliebt fühlte, ließ ich dabei nicht unerwähnt.

„Ich würde mir an deiner Stelle darum nicht so einen Kopf machen", sagte Matthias, kurz nachdem Ivonne unser Essen gebracht hatte. „Nimm's einfach mit, auch wenn du nicht richtig verliebt bist. Irgendwie scheint ihr euch ja ganz gut zu verstehen, oder?"

Ich nickte. „Ja, stimmt schon. Meistens denke ich auch so. Aber ich hab manchmal schon ein schlechtes Gefühl, ein schlechtes Gewissen fast, weil ich Hilles ganz eindeutiges Verliebtsein einfach nicht teile."

Matthias nahm einen Schluck Bier. „Ich finde nicht, dass du dich für deine Gefühle oder Nicht-Gefühle schämen musst", sagte er dann. „Jedenfalls solange du ihr nichts vormachst und ehrlich bleibst."

„Wollt ihr noch zwei Bier, Jungs?" Ivonne lächelte fragend. Natürlich wollten wir.

Wir blieben noch eine gute Stunde, zogen danach zu mir um und machten es uns auf dem Sofa gemütlich.

Wie üblich boten unsere Jahres-Charts einige Dopplungen. *The Whole Love* von Wilco hatte sich bei uns beiden an die Spitze gespielt. Auch Platz zwei war mit *Mockingbird Time*, dem Reunion-Album der Jayhawks, identisch besetzt. Als alter Fan von Bonnie „Prince" Billy hatte Matthias *Wolfroy Goes to Town* auf Position drei platziert, den bei mir Tom Waits mit *Bad as Me* einnahm. Der gute Tom war allerdings auch in Matthias' Top-Ten vertreten (auf Platz fünf). Ebenfalls in beide Jahreslisten geschafft hatten es *The People's Key* von Bright Eyes und Adeles zweites Album *21*.

Danach war uns nach Neil Young und einem Joint. Wir entschieden uns für *Weld*, das Live-Album mit Crazy Horse, und stiegen mit *Cortez the Killer* ein.

Als Neil und seine Jungs knapp zehn Minuten später mit *Cortez* und wir mit dem Joint fertig waren, grinste Matthias: „Wenn ich das so höre, Sebastian, finde ich, wir sollten ernsthaft darüber nachdenken, eine Neil Young & Crazy Horse-Cover Band zu gründen."

Ich merkte das Gras zwar auch, teilte Matthias' Enthusiasmus aber nur bedingt. „Dann musst du gitarrentechnisch aber den Neil machen. Ich könnte höchstens Poncho Sampredo. Beziehungsweise nein – auch das könnte ich vermutlich nicht. Lass mal lieber. Mit so was kann man sich ganz schnell lächerlich machen."

Aber Matthias ließ nicht locker. „So was muss überhaupt nicht peinlich sein, Sebastian. Man sollte das ja auch nicht stumpf covern, man muss es *interpretieren*." Zur Selbstbestätigung nickte er kurz. „Es gibt in Münster eine ganz gute Bob Dylan-Cover-Band, die Thin Men. Hab ich am Samstag vor zwei Wochen noch gesehen. Die sind echt klasse."

Mittlerweile dröhnte *Powderfinger* aus den Boxen – und mir gefiel der Gedanke, Neil Young & Crazy Horse zu covern, zunehmend besser. Und nach den ersten Takten von *Love and Only Love* hatten Matthias und Neil mich so gut wie überredet.

„Aber mit akustischen Gitarren kannst du das vergessen. Und vor allem: Wie kommen wir an einen Drummer und einen Bassisten?", gab ich zu bedenken.

„Das mit den Gitarren findet sich. Und in Bezug auf Drummer und Bassisten könnten wir eine Anzeige in der ‚was sonst ...?!' schalten", schlug Matthias vor. „Damit hast du doch so deine Erfahrungen ..." Er grinste schon wieder.

36

Hille und ich hatten beschlossen, es Silvester erst einmal ruhig angehen zu lassen – irgendwo tanzen gehen könnte man spontan auch später noch, fanden wir.

Wir frühstückten spät, verbrachten den Nachmittag in der Sauna und waren gegen sieben Uhr zurück in Hilles Wohnung. Wir kochten Kalbsfrikadellen mit Tomaten-Korianderfüllung (weil Hille was „Schnelles" und „Einfaches" wollte), aßen mit großem Genuss und tranken Rotwein und Bier. Ich erzählte von Matthias' Idee mit der Neil Young-Cover-Band, und Hille fand sie gut. Wir guckten irgendwann auf irgendeinem Kanal *Dinner for One*, tranken noch mehr Rotwein und Bier und standen pünktlich drei Minuten vor Mitternacht an Hilles Küchenfenster und harrten der bevorstehenden Böllerei.

„Wünschst du dir eigentlich was fürs neue Jahr?", fragte Hille.

„Ach, du. Was man sich so wünscht", sagte ich. „Gesundheit, Glück, Geld ... weiß nicht. Darüber hab ich mir wirklich noch keine Gedanken gemacht."

Hille blickte auf den Turm der Kreuzkirche, um den schon einige voreilige Raketen herum schossen.

„Und du?", fragte ich.

Hille zuckte mit den Schultern. Im gleichen Moment kulminierte draußen der Explosionspegel.

„Frohes neues Jahr", sagte Hille.

„Frohes neues Jahr", sagte ich.

Wir stießen miteinander an. Dann küssten wir uns. Und dabei blieb es nicht. Wir machten erst gar keine Anstalten, es noch bis ins Bett zu schaffen und landeten es auf dem Küchensofa. Und es war schön.

„Ja. Ich wünsche mir was fürs neue Jahr", sagte Hille, als sie danach in meinem Arm lag.

„Nämlich?", fragte ich.

„Ein Kind. Ich wünsch mir ein Kind von dir."

„Oh", sagte ich. Mehr fiel mir dazu in dem Moment nicht ein.

Mit Silke hatte ich mir damals durchaus vorstellen können, ein Kind zu haben. Ich fand Silke in den ersten zehn bis zwölf unserer gemeinsamen sechzehn Jahre weitestgehend klasse. Besser formuliert: Ich liebte sie abgöttisch. Und damals war ich Mitte dreißig.

Die jetzige Situation war eine gänzlich andere. Zum einen wurde ich in einem halben Jahr neunundvierzig. Natürlich gab es haufenweise Männer, die in diesem Alter noch Kinder in die Welt setzten. Meine Lebensplanung sah das jedoch nicht vor. Zum anderen mochte ich Hille zwar gern, aber ich liebte sie nicht. Ich war ja nicht einmal richtig verliebt.

„Ich habe mir das alles ganz genau überlegt", fuhr Hille fort. „Am liebsten will ich dieses Kind ja nicht nur von, sondern auch mit dir. Aber wir wissen beide, dass du nicht in mich verliebt bist und wahrscheinlich irgendwann gehen wirst. Aber ich hätte wirklich gern ein Kind. Und wenn ich das nicht bald mache, ist es definitiv zu spät."

„Ich möchte eigentlich kein Kind", sagte ich.

„Hab ich mir gedacht", sagte Hille. „Musst du ja auch nicht unbedingt haben wollen." Sie schwieg einen Moment. „Aber du könntest mir eins machen. Das Erbe meiner Eltern ist wirklich reichlich, weißt du? Kindsunterhalt brauche ich nicht von dir. Das kannst du von mir aus auch schriftlich haben. Aber mach mir bitte ein Kind, Sebastian."

Ich schwieg.

„Sebastian, ich möchte ein Kind und zwar am liebsten von dir. Weil ich dich klasse finde und in dich verliebt bin. Aber wenn du nicht mitmachst, krieg ich das auch anders hin – und wenn ich zur Samenbank gehen muss. Nächste Woche habe ich jedenfalls einen Termin bei meinem Frauenarzt und lass mir diese blöde Spirale rausnehmen. Hätte ich schon längst tun sollen. Aber ich wollt's dir vorher sagen."

„Danke", sagte ich. Mehr fiel mir schon wieder nicht ein.

„Hille", sagte ich zwei Minuten später. „Sei mir bitte nicht böse. Aber ich will kein Kind."

„Definitiv nicht?"

„Definitiv nicht."

„Schade", sagte Hille. „Dann muss ich das ohne dich durchziehen."

37

Uns war beiden klar, dass es das gewesen war. Wir saßen noch eine gute halbe Stunde nebeneinander auf dem Sofa. Dann zog ich mich an.

An der Tür nahmen wir uns noch einmal in den Arm und wünschten uns gegenseitig Glück. Hille hatte dabei Tränen in den Augen, wirkte aber zugleich sehr entschlossen. Irgendwie fand ich sie bewundernswert. Das hatte ich vorher noch nie so empfunden.

Erstaunlich fand ich, wie sehr ich sie in den beiden folgenden Wochen vermisste. Ohne Hille zu sein, fühlte sich unwirklich an. Ich spielte mehrmals mit dem Gedanken, sie anzurufen und noch einmal mit ihr zu reden. Aber das ließ ich bleiben. Es war alles gesagt.

Ende Januar fielen die Temperaturen rapide und verwandelten Münster für die nächsten drei Wochen in einen Eisschrank. Mir gefiel das, zumal es dabei meist sonnig und trocken war. Meine Arbeitsbelastung hielt sich in Grenzen, und ich gönnte mir fast täglich eine längere Mittagspause und ging auf der Promenade oder am Aasee spazieren. Abends hörte ich viel Musik, spielte manchmal sogar Gitarre, traf mich mit Matthias oder ging ins Lodge.

Irgendwann Mitte Februar fühlte ich mich allein. Und mir fehlte der Sex. Natürlich wusste ich, in welchen Tanzschuppen man sich herumtreiben musste, um irgendeinen One-Night-Stand aufzugabeln. Aber danach hatte mir noch nie der Sinn gestanden. Und andere Lösungen kamen erst recht nicht infrage.

Einmal in meinem Leben bin ich in einem Bordell gewesen. Das war über zwanzig Jahre her. Ich war damals übers Wochenende zu Besuch bei Ansgar, einem alten WG-Mitbewohner, den es beruflich ins Sauerland verschlagen hatte. Wir hatten gemeinsam mit zweien seiner dortigen Freunde irgendeine angesagte Provinz-Diskothek besucht und uns gegen drei oder halb vier nachts per Taxi auf den Heimweg gemacht.

Ich hatte eine harte Woche hinter mir und einiges getrunken und schlief unterwegs ein. Irgendwann wurde ich wach, weil das Taxi gehalten hatte und die Abrechnungsmodalitäten abliefen. Wir stiegen aus und standen irgendwo auf einem kleinen Bergkamm vor einem allein stehenden Haus, aus dessen Fenstern rote Herzen leuchteten.

„Wir haben beschlossen, dass wir hier noch was trinken", erklärte Ansgar und zwinkerte mir vielsagend zu.

Einer von Ansgars Kumpeln klingelte, und ein seehundbeschnäuzter Zweimeter-Schrank öffnete die Tür. Ich blickte schlaftrunken dem Taxi hinterher, das inzwischen gewendet hatte und davonbrauste.

Drinnen erwartete uns ein vielleicht dreißig Quadratmeter großer Raum mit diversen, gänzlich unbesetzten Tischen und einer Theke, hinter der sich der Seehundbeschnäuzte platzierte.

„Noch was trinken vorher oder direkt ans Werk, die Herren?", fragte er brummig. Dabei wies er mit dem Kopf in Richtung einer Hochbank, die die eine Längsseite des Raums einnahm, und auf der sieben oder acht leicht bekleidete Frauen wie die Hühner auf der Stange hockten.

Ansgars Freunde blickten zuerst fragend in die Runde, dann inspizierend in Richtung Bank und zuckten schließlich mit den Schultern.

„Ich nehme ein Bier", sagte ich und setzte mich an die Theke. Ansgar schloss sich an, die beiden anderen folgten nach kurzem Zögern.

Kurz danach klingelte es, der Seehundbeschnäuzte ging zur Tür und kam mit zwei Männern mittleren Alters in schicken Anzügen zurück. Die beiden hielten sich nicht lange auf, begutachteten stattdessen die Besetzung der Bank und verschwanden wenig später mit drei Frauen auf einer Treppe, die neben der Theke nach oben führte. Ansgars einer Kumpan belohnte mich daraufhin mit einem Blick, der wohl so viel bedeuten sollte wie: „Na super! Du mit deinem Bier. Jetzt gibt's drei weniger zur Auswahl!" Der andere hatte seine Augen erst gar nicht von der Bank genommen. Ich guckte Ansgar teilnahmslos an, der verlegen den Blick senkte.

Ich fand die ganze Nummer von vorne bis hinten daneben und hatte in dem Laden nicht einmal den Hauch irgendeiner erotischen Anwandlung. Losgelöst davon, dass ich damals glücklich in Silke verliebt war (und wir sogar noch Sex hatten) und ich von daher nicht im Traum auf die Idee gekommen wäre, mit irgendeiner anderen Frau ins Bett zu steigen, hätte ich es dort bestimmt nicht getan.

Der Seehundbeschnäuzte rauchte. Ich auch. Und Ansgars Kumpel flüsterten miteinander – den Blick fest auf die Bank gerichtet. Ansgar selbst schien die Sache zunehmend peinlicher zu sein – zumindest mir gegenüber. Er hielt seinen Blick wie sich selbst an seinem Bier fest und prostete mir irgendwann zu.

„Nehmen wir noch eins, Sebastian?", fragte er dann.

Ich rollte leicht mit den Augen, willigte aber ein.

„Noch zwei, die Herren?", fragte der Seehundbeschnäuzte.

Wir nickten.

„Dann muss aber auch mal gut sein", sagte der Seehundbeschnäuzte, als er uns das Bier hinstellte. Sein Kopf wies noch einmal zur Bank. „So schwer kann die Wahl ja nicht sein. Wir sind ja nicht zum Vergnügen hier."

Ich hätte nicht sagen können, ob er sich der Doppeldeutigkeit seiner Worte bewusst war. Aber das war mir egal. Ich war hundemüde und wollte ins Bett.

„Na, Jungs?", fragte Ansgar seine Freunde. „Trinkt ihr auch noch was, oder habt ihr andere Pläne? Sebastian macht jedenfalls den Eindruck, als ob er gleich heimwärts will ..."

Das Erstaunen war beiden ins Gesicht geschrieben.

„Und du?", fragte der eine zurück, während der Blick des anderen wieder zurück zur Bank wanderte.

„Ich werd heute auch nicht mehr alt", sagte Ansgar. „Insofern stellt sich die Frage, ob ihr euch später ein eigenes Taxi nehmt."

Es dauerte noch etwa fünf Minuten, bis die beiden übereingekommen waren, ein gemeinsames Taxi mit uns zu nehmen und es für diesmal beim Bier zu belassen. Ob dafür die Bankbesetzung ursächlich war oder vielmehr die Sorge, sich uns gegenüber in irgendeiner Weise erpressbar zu machen, konnte ich nicht einschätzen. Aber das war mir egal.

Im Hier und Jetzt war mir mein akutes Befinden allerdings ganz und gar nicht egal. Und akut fehlte mir die Nähe zu einer Frau. Und Sex. Wenn ich mir nicht in irgendwelchen Diskotheken die Nächte um die Ohren schlagen wollte, was blieb dann? Noch eine Anzeige schalten? Mich bei einer Singlebörse im Internet anmelden? Speed Dating machen? Ü-vierzig-Partys besuchen? Oder darauf warten, dass mir die Richtige irgendwann irgendwo über den Weg läuft?

Genau betrachtet, musste ich momentan gar nicht die „Richtige" finden. Gab es die überhaupt? Eine Frau, die ich richtig gut fand? Also richtig „richtig gut"? Eine Frau, die mich einfach mich sein lassen konnte – und mich als mich nahm? Mit all meinen Macken? Der Musik? Dem Fußball? Dem Bier? Eine Frau, mit der man vernünftig reden konnte, ohne zugetextet zu werden? Eine, die zu mir stand, auch wenn irgendwelche dahergelaufenen Versicherungsvertreter mit Dollarscheinen wedelten? Und die nicht mir nichts dir nichts lesbisch wurde?

Die Chancen, so jemanden über eine Kontaktanzeige zu finden, schätzte ich als gering ein.

Aber so etwas wie mit Hille? Eine gepflegte Affäre mit einer netten, nicht unklugen, gern gut aussehenden Frau mit Lust und Interesse an schönem Sex – allerdings ohne Kinderwunsch. War das zu viel verlangt? Ich fand eigentlich nicht.

Also doch noch eine Anzeige?

Ich versuchte mein Glück und setzte mich an den PC. Aber irgendwie litt ich unter akuten Wortfindungsschwierigkeiten. Wie ich es auch drehte und wendete, ich bekam nichts Taugliches verfasst.

„Herrgottnochmal", platzte mir irgendwann innerlich der Kragen. „Bist du von Berufs wegen Texter oder was? Da wirst du ja wohl noch einen pieseligen kleinen Anzeigentext zustande kriegen."

Herrgottnochmal? ... – war das vielleicht eine Idee?

Fünf Minuten später war ich fertig.

38

Fraugöttinnochmal! Kann es denn sein, dass es dich in Münster überhaupt nicht gibt? Ich (m, 48, 185 cm, schlank) kann das gar nicht glauben. fraugoettinnochmal@gmx.de

Las sich das gut? Jedenfalls außergewöhnlich. Natürlich – um das Wortspiel „Fraugöttinnochmal" zu verstehen, war eine gewisse Transferleistung vonnöten. Aber diese Fähigkeit wollte ich durchaus voraussetzen.

Ich ging auf die Website der „was sonst ...?!", loggte mich ein und schaltete die Anzeige.

Als ich den Account abends öffnete, waren vier Zuschriften im Posteingang. Die erste war von Meike, der rosa gekleideten Arzthelferin mit dem Patenkind, die Berufskraftfahrerin werden wollte. Die zweite kam von „Praedjok17" – also Petra, der eloquenten Mathelehrerin. Die dritte trug den Absendernamen „aphrodite66_ms@web.de". Ich öffnete die Mail und las.

Hey Du!

Frau bin ich. Göttin kann ich nicht garantieren.

Noch bin ich Single und ... mal sehen, ob du mich meinst.

Bin einfach ich und freu mich auf Dich. Wenn du magst, dann auf ein baldiges göttlich kaltes (oder warmes?) Getränk bei Sonnenschein ... wenn die Götter gnädig sind mit uns!

LG Karin

Der lakonische Ton, den Karin an den Tag legte, gefiel mir. Das las sich ebenso selbstbewusst wie natürlich. Und die Wahl des Absendernamens Aphrodite signalisierte nicht nur eine gewisse Portion humanistischer Bildung, sondern auch Humor. Ich hatte Lust zu antworten und schrieb.

Hallo Karin – wobei mir Aphrodite auch gut gefällt!
Schön, dass du dich meldest! Und wenn du Frau und Single bist, wären ja schon mal wichtige Eckdaten gegeben (das mit der Göttin findet sich dann ;-))
Bestimmt möchtest du etwas mehr von mir erfahren. Ein bisschen weißt du ja schon: 48 Jahre, 1,85 m groß und schlank. Ich habe kurze, blonde Haare und arbeite in leitender Position in einem Werbe- und PR-Büro in Münster.
Ich bin kulturell, politisch und sportlich interessiert und spiele gern Billard. Und manchmal Fußball. Und ganz manchmal singe ich auch. Und ich würde mich freuen, dich bei einem „göttlich kalten Getränk" kennenzulernen.
Aber vielleicht erzählst du ja auch noch ein bisschen mehr von dir? Wenn du magst.
Liebe Grüße
Sebastian

Ich wechselte zurück zum Posteingang und öffnete die vierte Mail. Die kam von „indiansummer_for_two@t-online.de".

Hallo lieber Unbekannter,
ich heiße Angelika und bin keine Göttin, aber vielleicht für dich? Ich habe mein „Zelt" in der Nähe von Münster aufgeschlagen und bin fünfzig Jahre alt (jünger aussehend, wie ich meine).
Was mich ausmacht? Schreiben und denken, dies zählt zu meinen größten Hobbys – und die philosophischen Streifzüge durch die großen Fragen des Lebens.
Wie ich mich beschreibe? Authentisch, humorvoll, spontan, nachdenklich und romantisch.

Was würde ich mit dem richtigen Partner an meiner Seite machen? Picknick in Mohnblumenfeldern, weil der rote Mohn so urwüchsig wirkt in seinen Blüten. Bei Sommergewittern im Schutz der Birkenbäume den Formationen des Regenfalls zusehen, ob jener nicht gar quadratisch in den Pfützen versinkt oder achteckig. Oder besonders gern: Auf Wiesen liegend den Wolken eine gute Reise wünschen und dir Drachenwolken und Hasenwolken mit Nabelbruch zeigen.

Du glaubst mir nicht? Ich beweise es dir! Ich würde Herzchenwolken an den Horizont zeichnen, das Seewasser rot und gelb färben, damit sich in der Nacht darin die neu erfundenen Sternbilder spiegeln, damit sie Dir mit Kusshand zuwinken.

Ich liebe Sonntage, weil es dann Frühstück im Bett gibt und die Brötchenkrümel so herrlich kitzeln, während der Wecker weiterschläft und Kissenschlachten am frühen Mittag, damit der Winter wieder Nachschub für Schneeflocken erhält.

Welche Träume ich hege? Einmal den Indian Summer erleben und mit dem Partner an meiner Seite den Rausch der Farben sehen – vom Karminrot zum Zinnober, vom Gelb zum Orange, und die Zeit dabei anhalten, das geht wirklich :-) Ein besonderer Trick: Den linken Zeigefinger in der Luft gegen den Uhrzeigersinn drehen ...

Liebe Grüße
Angelika

Schreiben, denken und philosophische Streifzüge durch die großen Fragen des Lebens? Während der Regen achteckig in den Pfützen versinkt? Und erfundene Sternbilder mit Kusshänden um sich werfen? Und dabei den linken Zeigefinger in der Luft gegen den Uhrzeigersinn drehen? Ich fragte mich, was Angelika geraucht haben mochte, um so eine gequirlte Scheiße zu produzieren.

Ich beschloss, mich erst einmal um meinen Magen zu kümmern und holte mir einen Dönerteller vom Ankara Grill. Anschließend legte ich CD 1 von *Chimes of Freedom* in den Player. Die Vierfach-CD mit Coverversionen von Dylan-Songs war zwei oder drei Wochen zuvor anlässlich des fünfzigsten Geburtstages von Amnesty International erschienen. Vor allem die erste CD gefiel mir sehr. Eigentlich war darauf nur Stings Version von *Girl from the North Country* ein Reinfall (aber das war zu erwarten gewesen).

Patti Smith gab gerade *Drifter's Escape*, als ich beschloss, noch einmal in den Account zu gucken. Es waren zwei neue Zuschriften angekommen. Und Karin-Aphrodite hatte auch geantwortet.

Lieber Sebastian,
schön, dass du mir so schnell zurückschreibst. Gern schreibe ich dir was über mich.
Ich bin 45 Jahre alt, 168 cm groß oder klein und habe dunkelblondgoldenes Haar – fast göttinnengleich halt ;-) Ich beschreibe mich als offene und durchaus auch humorvolle Frau. Normal halt ...
Seit 2005 lebe ich nach neunzehn Jahren Ehe getrennt. Daraus sind zwei wunderbare Jungs entstanden (achtzehn und siebzehn). Im letzten Sommer ist die Beziehung zu einem wesentlich älteren Partner auseinander gegangen. Die Vorstellungen vom Leben waren doch sehr unterschiedlich ...
Toleranz, Vertrauen und Beständigkeit ist ein Muss in meinen Vorstellungen von Freundschaft und Partnerschaft. Und ich mag keine Spießer oder Besserwisser.
Sport gehört zu meinem Leben dazu (Laufen, Inlinern und alles was draußen Spaß macht). Und natürlich mein Hund! Derzeit höre ich musiktechnisch gerne Rockmusik. Dabei kann ich gut entspannen. Und natürlich im Urlaub – wobei ich eher auf Kurztrips oder kleine Städtereisen „stehe".
Ich weiß nicht, welche Attribute eine Göttin für dich haben sollte ... doch ich kann von mir sagen, dass ich im Leben immer nach Lösungen suche und gut strukturiert bin. Das macht mich aus.
So, jetzt hoffe ich, dass ich das Interesse an mir in dir geweckt habe und freue ich mich auf eine Nachricht von dir.
Viele liebe Grüße! Und wenn du magst, treffen wir uns schon sehr bald.
Karin

Ich las den Text zweimal und scrollte anschließend zu Karins erster Mail hinunter. Die augenzwinkernde Lakonie, die mir dort so gefallen hatte, war womöglich gar keine gewesen. Ihre zweite Mail las sich für meinen Geschmack sachlich bis leicht dröge. Aber irgendwie auch nicht unnett. Ich beschloss am Ball zu bleiben.

Liebe Karin,

dunkelblondgoldenes Haar? Na, wenn das kein Göttinnen-Attribut ist ;-)

Aber im Ernst: Das liest sich alles sehr sympathisch, was du von dir berichtest. Und es gibt anscheinend einige Schnittmengen. Sport finde ich auch gut (hatte ich ja schon geschrieben), wobei ich Laufen mit Ball angenehmer finde als ohne. Sprich: Ich spiele (noch immer) gern Fußball. Und ein guter Schwimmer bin ich auch. Inliner besitze ich zwar, hab bloß seit Jahren nicht mehr draufgestanden (oder steht man da drin?). Und Rockmusik gehört für mich zum Leben dazu (ich habe mein Studium zum Teil als Party-DJ finanziert).

Humor, Offenheit, Toleranz, Beständigkeit, Vertrauen, gern Verreisen – auch das liest sich alles prima!

Und nach der Trennung von unseren langjährigen Partnern (bei mir waren es sechzehn Jahre) hatten wir anschließend offenbar beide Beziehungen, in denen irgendetwas nicht so recht zusammenpassen wollte. Wenn das keine idealen Voraussetzungen sind, dann weiß ich's auch nicht ;-)

Anders ausgedrückt: Du hast großes Interesse in mir geweckt! Hoffentlich ist das andersrum auch ein wenig so? Ich würde dich jedenfalls gern bald kennenlernen, weiß aber natürlich nicht, wie es mit deiner Zeit aussieht. Hast du eine Terminidee?

Ganz liebe Grüße
Sebastian

Diana Krall sang inzwischen *Simple Twist of Fate* – und ich liebte sie dafür. Ich holte mir ein Bier aus dem Kühlschrank und wollte die beiden neuen Zuschriften lesen, als Karin erneut antwortete.

Hallo Sebastian,

ich habe durchaus Terminideen. Wie wäre es, wenn wir uns am Samstagnachmittag treffen? Und sollen wir vielleicht mal Bilder tauschen?

Karin

Irgendetwas an Karins Schreibe behagte mir immer weniger. Ich vermisste so etwas wie Herzlichkeit. Andererseits legte sie ein ganz schönes Tempo an den Tag. Und das war ja durchaus in meinem Sinne. Wie auch immer – am Samstag würde ich schlauer sein.

Hallo Karin,
   ja, sehr gern – Samstagnachmittag hätte ich Zeit. Wie wäre es gegen sechzehn Uhr? Oder ist das zu spät? Weil es zeitlich zu nah an der (Götter-)Dämmerung liegt? ;-)
   Aber vielleicht willst du mich ja gar nicht mehr treffen, wenn ich jetzt ein Foto anhänge (was ich natürlich nicht hoffen will).
   Dann mach dir mal ein Bild von mir ...
   Sebastian

Diesmal stand ich nicht auf, sondern beobachtete den Posteingang. Es dauerte knapp fünf Minuten, bis Karin antwortete.

Das bin ich ...

Mehr stand da nicht. Aber es gab einen Anhang. Und der gefiel mir. Wenn man sich die Brille wegdachte, hatte Karin eine gewisse Ähnlichkeit mit Gianna Nannini in jüngeren Jahren. Ich machte mich umgehend an die Antwort.

... und du bist hübsch! Und wirkst sympathisch. Ich möchte dich am Samstag sehr gern kennenlernen. Hast du eine Idee wann und wo?

Zwei Minuten später war ihre Antwort da.

Wir könnten uns am Schloss treffen und um die Promenade gehen. Ich bringe Zeit mit. Und ich hoffe, du sagst nicht vorher ab.

39

Es war zwar bei weitem nicht mehr so kalt wie in den Wochen zuvor. Aber zu dem Regen kam ein ungemütlicher Wind, der uns nach kurzer Zeit von der Promenade ins The George trieb.

The George war Münsters einziger English Pub. Die Betreiber legten Wert darauf, dass es hier stilecht zuging. Der Thekenraum war urig gehalten, der große Nebenraum hatte Kamin, Sessel und Teppichboden. Es gab ausgesuchte englische Biere und gute schottische Whiskys. Seine Drinks orderte man nicht nur direkt an der Theke, sondern bezahlte sie dort auch umgehend. Und zu essen gab es nichts außer Fish & Chips und Sandwiches.

Die Ähnlichkeit mit Gianna Nannini hatte Karin nur auf dem Foto, das sie mir geschickt hatte, das war mir sofort aufgefallen. Hübsch war sie trotzdem. Und sie hatte ihren Hund mitgebracht. Karolita war ein schwarzer Labrador-Schäferhund-Mischling mit ordentlich Power. Solange wir noch auf der Promenade unterwegs gewesen waren, hatte Karin sich teilweise ziemlich ins Zeug legen müssen, ihre Hündin zu halten (vor allem wenn Enten in Sichtweite waren). Nachdem wir in Kaminnähe Platz genommen hatten, legte sich Karolita brav zu Füßen ihres Frauchens und döste vor sich hin.

Karin sprach nicht viel, während unseres Spaziergangs hatte sie nahezu geschwiegen. Im The George taute sie leicht auf, behielt aber einen seltsam harten Zug um die Mundwinkel. Lächeln schien in ihrem Mimiktableau nicht vorzukommen.

Erst als sie auf ihre berufliche Situation zu sprechen kam, lösten sich ihre Züge leicht. Neben einer halben Stelle bei der Drogenhilfe hatte sie einen Nebenjob als Hundegeherin, verriet sie mir. „Und das ist echt mein Ding", ergänzte sie überzeugt.

„Wie – Hundegeherin?", wollte ich wissen.

„Na, ich gehe mit Hunden", antwortete sie und lächelte sogar ansatzweise. „Es gibt so viele Hundebesitzer, die keine Zeit dafür haben, mit ihren Hunden spazieren zu gehen. Und die engagieren mich halt."

„Und dann ziehst du mit einem Rudel Hunde über die Felder?"

„Rudel ist vielleicht etwas übertrieben. Aber mit Karolita zusammen sind es manchmal schon drei oder vier."

Während ich an meinem Newcastle Brown Ale nippte, erzählte mir Karin, wie sie zum Hundegehen gekommen war. Dass sie im Anschluss an ihr Sozialpädagogikstudium Tierpsychologie studiert habe. Und irgendwann am Schwarzen Brett des Instituts ein Zettel gehangen habe: „Hundegeher(in) gesucht!" Dass sie sich gemeldet und schnell gemerkt habe, wie gut es ihr tue, regelmäßig mit Hunden zu gehen.

„Ich schätze es einfach sehr, viel draußen in der Natur zu sein, weißt du? Und dabei den Wechsel der Jahreszeiten hautnah zu erleben. Und natürlich die Nähe und den Bezug zu den Hunden. Ich fühle mich dabei einfach ganz nah bei mir selbst. Und das ist ein richtig gutes Gefühl, das ich immer sehr genieße."

„Warst du deswegen so schweigsam eben auf der Promenade?"

„War ich das? Ja, wahrscheinlich liegt es daran. Hat mir schon mal jemand gesagt, dass ich beim Spazierengehen die Zähne nicht auseinander kriege. Das hatte also nichts mit dir zu tun."

„Dann bin ich beruhigt", lächelte ich.

Karin lächelte nicht.

Ich ließ mich davon nicht einschüchtern und erzählte tapfer ein bisschen von mir und meinem Leben. Aber wirklich Spaß machte das nicht. Alles, was ich sagte, schien an ihr abzuperlen. Sie reagierte auf nichts, stellte keine Fragen, kommunizierte nicht einmal nonverbal.

„Hast du eigentlich auch Hunger?", fragte ich, als am Nebentisch zwei prächtige Sandwiches aufgetischt wurden.

„Ein bisschen schon", antwortete sie. „Aber für mich gibt es hier nichts. Also warte ich noch ein wenig."

„Wieso gibt es hier nichts für dich? Stehst du nicht auf englische Pubküche?"

„Das ist nicht der Punkt. Ich lebe vegan. Und davon ist die Küche hier meilenweit entfernt."

„Ach so", sagte ich.

„Diese Fleischmafia ist wirklich das Letzte." Karins Mund wirkte noch ein wenig härter, als sie das sagte. „Außerdem ist vegane Ernährung viel gesünder. Seit ich Karolita auf vegane Ernährung umgestellt habe, sind wir seltener beim Tierarzt als früher."

„Ach, dein Hund auch?"

„Ja. Erst habe ja ich gedacht, dass sei unnatürlich für Hunde. Und habe für Karo weiter fleischhaltiges Futter gekauft. Aber ich habe mich informiert. Im Zuge der Domestizierung des Hundes durch den Menschen ist der Hund immer mehr zum Allesfresser geworden. Und dann geht ja auch vegetarisch und vegan. Und seit drei Jahren ist unser Haushalt komplett vegan. Und Karolita liebt ihr veganes Futter. Nicht wahr, Karo?"

Sie streichelte Karolita liebevoll über den Kopf. Der arme Hund tat mir leid.

„Wie ernährst du dich?" Karin lächelte natürlich nicht.

„Wie's so kommt", sagte ich. Und nahm einen Schluck Brown Ale. Und lächelte. Einfach nur aus Trotz.

40

Zu Hause angekommen, warf ich umgehend den Rechner an. Mit dem bisherigen Ergebnis der „Fraugöttin"-Anzeige konnte ich nicht zufrieden sein. Neben dem Kontakt zu Karin hatte ich bislang nur auf drei Zuschriften reagiert – und diese Kommunikationen nach zwei oder drei Mails allesamt abgebrochen.

Entsprechend skeptisch öffnete ich den Account. Es gab vier neue Mails. Die erste war von „newlove4u@web.de".

Hallo, lieber Unbekannter,
ich (w, 35, schlank) habe deine amüsante Anzeige in der „was sonst ...?!" gelesen. Wenn du frei von Altlasten bist und keine Kinder hast und dir einen neuen Lebensabschnitt zu zweit wünschst, freue ich mich auf eine Nachricht von dir.
Britta

Britta wusste offenbar, was sie wollte. Keine Kinder und „frei von Altlasten"? Das war ich zwar beides, sie hätte aber auch „solvent" oder „begütert" schreiben können, fand ich. Ich klickte die nächste Mail an.

Hi,
deine Worte sind mir aufgefallen, sie haben mich bewegt, dir zu schreiben. Ich bin zwar keine Göttin, habe aber ein Herz aus Gold – aber das hat mich leider in eine schlimme Lebenslage gebracht. Ein

neuer Partner wäre schön, aber leider ist die Situation so, dass mir ein neuer Partner 10.000 Euro leihen muss.
Bitte nicht böse sein und sofort verurteilen – ich bin nur ehrlich.
Ich bin 53, aber ich fühle mich jung, sehr jung. Ich möchte gerne noch einmal heiraten und habe ein sogenanntes Traumkleid im Kopf. Die „beste Zeit" ist gar nicht mit 25. Du denkst vielleicht mit 48 bist du alt? Sofort umdenken, einfach das Leben bis zum letzten Atemzug genießen.
Ich möchte einen Mann, dem ich alles erzählen kann und der dann nicht sofort ausrastet. Alles gemeinsam durchstehen und vor allen Dingen viel Liebe. Dass ein Mann auch ein wenig Freiheit braucht, weiß ich auch. Wenn ich jemanden liebe, dann ganz, das muss nicht immer nur gut sein (wie du siehst übe ich auch Selbstkritik, das ist wichtig).
Ich bin sehr leidenschaftlich und mag knisternde Erotik. Ich möchte Kuschelsex, aber bitte nicht nur die Ehefrauen-Nummer, sonst wird's langweilig.
Ulrike

Das wurde ja immer besser. Ich klickte die nächste Mail an. Die kam von „battle-for-the-sun@gmx.de".

Hallo Suchender!
Bin ganz verblüfft beim Stöbern in der „was sonst ...?!", dass noch andere Menschen fett über die Vierzig in diese „Gazette" schauen! Da muss ich mich doch mal schnell melden!
Ich bin ein Jahr älter als du – aber an guten Tagen sieht man es mir nicht sofort an! Schlank bin ich auch, mehr verrate ich jetzt lieber mal noch nicht, außer, dass ich auch nicht wirklich glaube, einen netten Mann an der Käsetheke beim Edeka zu treffen – zumal ich da gar nicht soooo oft Käse kaufe!
Ein herzlicher Gruß aus Münster!

Na immerhin. Das las sich sympathisch. Ich kopierte meine aktuelle Standard-Erstantwort und schnitt sie ein wenig zu.

Hallo, liebe unbekannte Käseliebhaberin!

denn davon, dass du eine solche bist, geh ich jetzt einfach mal aus, wenn du deinen Käse eben nicht im Supermarkt (sondern auf dem Wochenmarkt?) kaufst. Es sei denn natürlich, ich hab dich missverstanden und du machst dir gar nicht viel aus Käse. Das wäre zwar (für dich) schade, (für mich) aber kein Ausschlusskriterium ;-)

Bestimmt möchtest du etwas mehr von mir erfahren. Ein bisschen weißt du ja schon: 48 Jahre, 1,85 groß und schlank. Ich habe kurze, blonde Haare und arbeite in leitender Position in einem Werbe- und PR-Büro in Münster.

Ich bin kulturell, politisch und sportlich interessiert und spiele gern Billard. Und manchmal Fußball. Und ganz manchmal singe ich auch. Und ich würde mich freuen, wenn du noch ein bisschen mehr von dir erzählst. Wenn du magst.

Liebe Grüße
Sebastian

41

Es war Mittag, als ich wach wurde. Aber ausgeschlafen fühlte ich mich nicht. Nach meiner Mail an „battle-for-the-sun" hatte ich den Rechner heruntergefahren und war ins Lodge gegangen. Aber bei den geplanten zwei, drei Bieren war es nicht geblieben. Gegen vier Uhr hatte Ivonne mich und drei andere Übriggebliebene in die kalte Nacht entlassen.

Ich machte mir einen Kaffee, warf den Backofen an, um Brötchen aufzubacken und setzte mich an den Rechner. Es gab drei neue Zuschriften. Und eine Antwort von „battle-for-the-sun".

Einen schönen Sonntag, Sebastian!

Ein Mann, der mit ganzen Sätzen arbeitet! Das ist verflixt überzeugend!

Okay, ein paar Takte zu mir: 1,63 m, 59 kg, dunkle halblange Haare, braune Augen (Fremde dichten mir immer einen Migrationshintergrund an, aber damit kann ich leider nicht kokettieren.)

Ich bin seit September 49, habe eine achtzehnjährige Tochter, die ich seit ihrem siebten Lebensjahr quasi alleine großziehe, äääh: großgezogen habe (ich glaube, die wächst nicht mehr). Eine langjährige Bezie-

hung habe ich zwischenzeitlich auch hinter mir (also unabhängig von meiner Ehe mit dem Kindsvater), und trotz alledem bin ich ein ziemlich fröhlicher Mensch, der das Gefühl hat: Da kommt noch was Gutes.

Beruflich treiben wir uns offenbar in einem ähnlichen Feld rum. Ich arbeite nämlich seit vielen Jahren selbstständig als „klitzekleine" Graphikagentur.

Meine Hobbies sind: Reiten, Pferdepostkartensammeln und Aerobic! Schääärtz!

Ich finde das Wort Hobby so doof – und ich möchte jetzt so gerne ein Foto von dir sehen. Hmmm ... wie macht man das, muss ich jetzt erst eins senden? Nein – meine Mutter hat immer gesagt: „Mach dich rar, dann biste wer!" Also warte ich auf dein Bild!!

Und für Käse habe ich keine wirkliche Leidenschaft! Eher Kaffee, Thaiküche, Mojito u.v.m.!

Gruß von der Colette

Na, wenn das nicht erfrischend war! Ich machte mir noch einen Kaffee und antwortete.

Hallo Colette!

Danke für die Blumen! Aber das wäre ja wohl noch schöner, wenn ich mit meinem Jobhintergrund nicht in der Lage wäre, ganze Sätze zu bilden ;-)

Du schreibst aber auch sehr überzeugend!

„Klitzekleine Graphikagentur"? Klingt spannend! Machst du da das volle Programm alleine, oder gibt es Schwerpunktsetzungen?

Ja – und mit dem Foto? Wie man das macht? Deine Mutter scheint eine kluge Frau zu sein ;-) Ich hänge jedenfalls mal ein aktuelles Foto von mir an. Und dann bin ich natürlich gespannt ...

Liebe Grüße
Sebastian

Die ungelesenen Mails ließ ich liegen, frühstückte erst einmal ausgiebig und ging duschen. Als ich zurück am Computer war, hatte Colette geantwortet.

Entweder hat der Sebastian im Photoshop die Falten retuschiert, oder es ist wie es ist – dein „hohes Alter" kann man nicht erkennen.

Im Anhang nun der Fairness halber ein Bild von mir! (Lass die Mutter doch unken!)

Und ja, das ganze graphische Servicepaket biete ich meinen Kunden an. In letzter Zeit liegt der Schwerpunkt allerdings immer mehr auf Webdesign. An diesem heiligen Sonntag sitze ich hier und mache ne coole Dachdecker-Webseite – bzw.: ich hoffe, das wird cool. Die Fotos sind nämlich schon in Eigenregie entstanden und ganz gut geworden. Jetzt muss nur noch der „Rahmen" dazu passen.

Was treibst du ... heute ... so?

Herzlicher Gruß von Colette

Ich öffnete den Anhang und musste sofort an Suzi Quatro denken. Sicher – Colettes Haare und Teint waren dunkler. Aber Nase, Lippen und Gesichtsausdruck waren ausgesprochen ähnlich. Sie gefiel mir auf Anhieb.

Schon wieder Blumen, liebe Colette!

Nein, nein – es ist schon wie es ist. Ich sah schon immer jünger aus, als ich war. In jungen Jahren fand ich das ziemlich blöd. Heute nicht mehr so ;-)

Aber die Blumen gibt's umgehend zurück! Hast dich auch prima „gehalten" ;-) Und nicht nur das. Ich finde dich sehr sympathisch und hübsch. Wie gut, dass du die Mutter hast unken lassen ;-)

Dass mitunter der heilige Sonntag dran glauben muss, scheint ja das Los der Selbständigen zu sein. Obwohl ich nicht selbständig bin, kommt das bei mir aber auch manchmal vor. Heute allerdings steht ein Wohnungsputz an.

Ja und dann ... weiß ich noch nicht. Vielleicht noch irgendwo ein Bier trinken gehen? Hast du vielleicht Zeit und Lust? Oder hältst du es heute lieber mit den Dachdeckern? ;-)

Ein lieber Gruß

Sebastian

Ich machte mir noch einen Kaffee und legte *Exile on Main Street* in den Player. Nach zwei Durchläufen war die Bude wieder in Schuss. Aber eine Reaktion von Colette gab es nicht. Ich fragte mich, ob ich mich lieber mit den ungelesenen Mails beschäftigen oder einen Spaziergang machen sollte, als ihre Antwort kam.

Dachdecker kriegen nicht alles ...
... und daher bin ich ab 19.30 Uhr ziemlich entspannt!
Ein Bier für die Spontanen? Oder besser einen Mojito, weil leckerer? Im El Toro?
Colette

42

„Hallo Sebastian!" Colette stand vor mir und strahlte mich an. Und sie sah Suzi Quatro wirklich ähnlich.

„Hallo Colette. Schön, dass das so spontan geklappt hat."

Wir setzten uns an einen freien Tisch direkt am Eingang. Colette bestellte einen Mojito und ich ein Bier.

„Hast du deine Dachdecker gut versorgt?", fragte ich.

„Yes. Aber hallo! Ist richtig gut geworden. Finde ich jedenfalls. Aber der Kunde ist bekanntlich König. Doch speziell dieser Kunde ist eigentlich ganz pflegeleicht. Macht richtig Spaß, mit dem zu arbeiten. Schon das Fotografieren war geil."

In den folgenden fünf Minuten erfuhr ich, wie die Fotos entstanden waren. Wie Colette mit der Dachdeckertruppe über Münsters Dächern herumgeklettert war. Welche spektakulären Perspektiven sie dabei einfangen konnte. Wie nett und positiv verrückt sie die Herren fand. Dass ihr genau solche Jobs die liebsten seien. Und sie ohnehin gut mit Handwerkern klarkäme.

Und ich merkte, wie nach und nach eine seltsame Nervosität in mir hochstieg.

„Boah", beendete Colette den Dachdeckerbericht. „Wollen wir erst mal eine rauchen gehen? Oder rauchst du etwa nicht?"

„Doch", lächelte ich. Eine Zigarette konnte ich dringend gebrauchen. Irgendetwas machte diese Frau mit mir. Es kribbelte.

„Und du?", fragte sie mich draußen. „Wohnung sauber, alles fein?"

„Alles fein. War aber auch dringend nötig. Ich hab am letzten Wochenende ein bisschen geschludert und die Wollmäuse veranstalteten schon Wettrennen."

„Kenn ich", bestätigte Colette. „Ich träum ja davon, mir demnächst ne Putzfrau zu leisten. Mach ich auch. Ich schwör." Sie zwinkerte mir zu und lächelte. Und ihr Lächeln war bezaubernd.

Wir rauchten auf und gingen wieder hinein. Und unterhielten uns über Gott und die Welt. Die Themen flogen uns nur so zu. Wir fachsimpelten über die Werbe- und Graphikdesign-Branche im Allgemeinen und in Münster im Besonderen. Wir diskutierten über die Euro-Krise und den arabischen Frühling. Wir spekulierten über die Favoriten für die bevorstehende Oscar-Verleihung und das Alter unserer Kellnerin. Und wir hielten übereinstimmend fest, dass Christian Wulffs wenige Tage zuvor erfolgter Rücktritt zu spät, der zwei Jahre zurückliegende von Margot Käßmann dagegen zu früh gekommen war.

Und während des ganzen Gesprächs rutschte Colettes schwarzes Oberteil ein ums andere Mal kaum merklich, aber überaus augenfangend nach vorn und machte ihr ohnehin ansehnliches Dekolleté noch betörender.

„Und Musik?", fragte Colette irgendwann.

„Musik? Unbedingt", sagte ich. „Ein Leben ohne gute Musik kann ich mir nicht vorstellen."

Sie zeigte wieder dieses bezaubernde Lächeln. „Und was ist für dich gute Musik?"

„Oh, da gibt es vieles."

„Na klar. Aber du wirst doch sicher ein, zwei richtige Favoriten haben?" Dabei musterte sie mich gespannt.

„Wenn du so fragst, dann Bob Dylan und Neil Young."

„Stimmt", sagte sie. „Das passt zu dir."

„Aha? Und wie soll ich das verstehen? Ich mein – war das jetzt ein Kompliment, oder hast du gerade den Stab über mich gebrochen?"

„Eine Feststellung. Eine erleichterte Feststellung. Xavier Naidoo hätte zum Beispiel gar nicht gepasst. Dann hätte ich jetzt gezahlt und wäre gegangen." Sie grinste.

Ich grinste zurück. „Na, dann bin ich ja froh. Und deine Favoriten?"

„Placebo. Deshalb hab ich auch die E-Mail-Adresse ‚battle-for-the-sun' genommen, wie der Titel ihres letzten Albums. Und Depeche Mode natürlich! Eigentlich geht für mich nichts über Depeche Mode."

„Okay", sagte ich.

„Und wie soll ich das jetzt verstehen?" Colette guckte mich fragend an. Dabei hatte sie einen leicht ironischen Zug um die Mundwinkel. Ich hätte sie am liebsten geküsst.

„Von Placebo kenn ich nicht so viel. Aber das, was ich kenne, gefällt mir. Und Depeche Mode sind in meiner Achtung mächtig gestiegen, seit Johnny Cash *Personal Jesus* gecovert hat."

„Das ist ja auch ne Hammer-Version", fand sie. „Ist die nicht auf dem gleichen Album, auf dem er auch *Hurt* von Nine Inch Nails singt? Das find ich fast noch besser."

„Hut ab, du kennst dich aus", bestätigte ich.

Sie lächelte wieder, und ich lächelte zurück.

„Wollt ihr noch was trinken?" Wie aus dem Nichts war unsere Kellnerin neben uns aufgetaucht.

Colette blickte prüfend auf ihre Uhr. „Eigentlich gern. Aber ich muss morgen früh raus. Also lieber zahlen." Dabei guckte sie mich halb bedauernd, halb entschuldigend an.

„Geht mir genauso", sagte ich.

Draußen stellten wir fest, dass wir bis zur Promenade in die gleiche Richtung mussten. Es war ziemlich kalt, aber wir gingen langsam und unterhielten uns dabei weiter.

Als wir die Promenade erreicht hatten, drehte sie sich zu mir. „Tschüss Sebastian. Das war ein schöner Abend!"

„Ja, das fand ich auch. Und ich würde dich gern wiedersehen. Wie siehst du das?"

„Gern. Sehr gern sogar." Und dann lächelte sie wieder zum Steinerweichen.

Und dann passierte es einfach. Ohne groß darüber nachzudenken, nahm ich sie in den Arm und drückte sie. Und sie drückte zurück. Als sich unsere Blicke trafen, gab ich ihr einen vorsichtigen Kuss. Und sie küsste zurück. Und damit war es um jede Vorsicht getan.

Colette schmeckte gut, Colette roch gut, Colette fühlte sich gut an. Und ich machte mir keine Mühe, meine Erektion zu verbergen.

„Dein Küssen geht mir echt durch Mark und Bein", sagte ich, als wir uns irgendwann wieder anschauten.

„Mark und Bein nennst du das?", grinste Colette und drückte ihren Unterleib fest gegen meinen. „Fühlt sich gut an, dein Mark und Bein."

Ich lächelte, und wir küssten uns noch einmal.

„Hast du morgen Abend schon was vor?", fragte sie danach.

„Dich sehen, wenn du mich so fragst."

„Abgemacht. Gegen acht bei dir?"

43

Gegen achtzehn Uhr bekam ich eine SMS.

Hast du gleich eigentlich schon gegessen? Oder soll ich was vom China-Mann mitbringen? LG Colette

Colette schien einen sechsten Sinn zu haben. Ich hatte mir tatsächlich gerade die Frage gestellt, wie ich mein Abendessen gestalten sollte.

China-Mann ist ne gute Idee. Super! Bis gleich. Ich freu mich auf dich. LG Sebastian

Drei Minuten später antwortete sie.

Ich mich auch auf dich. Bin um acht da. LG Colette
P.S.: Und komm bloß nicht auf die Idee, irgendwelche Duftwässerchen aufzulegen. Ich muss unbedingt herausfinden, wie DU riechst!

Die Frau gefiel mir. Die Frau gefiel mir sogar sehr.

Ich beschloss, Feierabend zu machen und nahm einen Umweg über den Alten Steinweg. Direkt hinter der Lambertikirche lag Georgs CD-Markt. Seit es das Longplay nicht mehr gab, war das Münsters bestsortierter CD-Laden.

Ich durchstöberte die Sonderangebote und entdeckte dabei auch eine *The Best of Depeche Mode*. Brauchte ich die? Konnte ich damit bei Colette punkten? Oder würde das eher uncool wirken? (Eigentlich hatte ich *Best of*-Alben schon immer uncool gefunden.)

Nach kurzer Überlegung entschied ich mich dagegen und erstand stattdessen eine remasterte Version von Jethro *Tulls Thick as a Brick*. Seit ich zehn Jahre zuvor auf die blöde Idee gekommen war, meine Vinyl-Sammlung zu verkaufen, gehörte das zu den Alben, die ich immer schon nachkaufen wollte.

Zu Hause angekommen, legte ich den Silberling ein und ließ Ian Anderson und seinen Mannen freien Lauf.

Pünktlich um acht Uhr klingelte es.

„Hallo Sebastian!" Colette hatte eine beeindruckend große Tüte in der Hand und lächelte mich an. Wie am Vorabend war sie ganz in Schwarz gekleidet, und das stand ihr ganz hervorragend.

„Also ich wusste ja nicht, wie viel Hunger du hast und hab gedacht: lieber zu viel als zu wenig", zuckte sie mit den Schultern, als sie meinen zweifelnden Blick auf ihr voluminöses Mitbringsel bemerkte. „Wo essen wir denn?"

Sie gab mir einen flüchtigen Kuss, ich zeigte ihr den Weg zur Küche, und wir aßen mit gutem Appetit. Aber Colette hatte es definitiv zu gut gemeint. Nach gut zwanzig Minuten kapitulierten wir und gingen zum Rauchen über.

„Gibt's in diesem Haushalt eigentlich auch Musik?", fragte Colette nach dem zweiten Zug und grinste schelmisch.

Ich hatte gar nicht bemerkt, dass aus den Boxen längste keine Tullschen Flötentöne mehr kamen. Stattdessen hörten wir mittlerweile ein Interview mit Ian Anderson, das als Bonusmaterial auf die CD gepackt worden war.

„Sicher", sagte ich. „Was möchtest du hören? Mit Depeche Mode kann ich allerdings nicht dienen."

„Das ist mir relativ egal – solange es nicht wieder dieser querflötende Gartenzwerg ist." Sie verdrehte gespielt die Augen.

„Magst du Jethro Tull nicht?", schmunzelte ich.

„Ehrlich gesagt hasse ich es. Aber das konntest du ja nicht wissen." Sie lächelte. „Wie wär's denn mit deinem Neil Young? *Harvest* habe ich schon seit einer halben Ewigkeit nicht mehr gehört."

„Überredet", grinste ich und ging ins Wohnzimmer zur Anlage hinüber.

Als ich gerade wieder am Küchentisch saß, sang Neil: *See the lonely boy, out on the weekend, trying to make it pay.* Und Colette fragte: „Sag mal: Bist du auch so ausgehungert?"

Ich guckte überrascht auf die beachtlichen Reste der gebackenen Ente und gebratenen Nudeln.

„Das meine ich nicht", lächelte sie, drückte ihre Zigarette aus, stand auf und setzte sich rittlings auf meinen Schoß. Und dann küsste sie mich.

„Geht dir das jetzt wieder durch Mark und Bein?", fragte sie, als wir nach einer Weile eine kleine Pause machten.

„Das kann man so sagen", nickte ich.

Colette rutsche etwas nach vorn und presste sich an mich. „Oh ja. Das kann man nicht nur so sagen, das kann man auch deutlich spüren." Dann küsste sie mich weiter.

Zehn Minuten später waren wir im Bett.

Unser Sex war zum Niederknien schön. Colettes Brüste, ihre Haut, ihr Geruch, ihr Geschmack, ihr Begehren berauschten mich ohnegleichen. Ich wusste gar nicht wohin mit all meinem Verlangen. Als ich endlich in sie eindrang, fühlte es sich an, als würde ich genau dort hingehören. Als hätte ich schon immer genau dort hingehört. Ich wollte nie im Leben mehr woanders sein.

Colette hatte zwei Orgasmen kurz hintereinander. Und ich versuchte, meinen so lange wie möglich hinauszuzögern. Als ich mich schließlich lange und tief in ihr ergoss, griff sie mit beiden Händen meine Pobacken und drückte mich mit aller Kraft an und in sich. Ich konnte mich nicht erinnern, schon einmal solche Lust erlebt zu haben.

„Du warst ja noch viel ausgehungerter als ich", grinste sie anschließend und gab mir einen Kuss. „Himmel, war das geiler Sex. Ich will mehr davon!"

„Da bin ich dabei, unbedingt", nickte ich und küsste ihre verschwitzte Stirn.

„Heute noch? Ich mein natürlich später? Aber schon gleich irgendwie? Also natürlich erst mal rauchen und reden und so. Aber dann?" Sie sah zum Verlieben aus.

„So machen wir das", lächelte ich.

Und so machten wir das auch. Ich zog meinen Morgenmantel an, Colette wickelte sich in die Bettdecke, wir hockten uns an den Küchentisch, rauchten, tranken Bier, redeten und lachten. Zweieinhalb Stunden später gingen wir wieder ins Bett. Und es war wunderbar.

Mitten in der Nacht wurde ich wach, weil ich etwas rascheln hörte. Colette stand gut zwei Meter neben dem Bett und zog sich an.

„Musst du schon gehen?", fragte ich und rieb mir die Augen.

„Du bist ja wach", stellte sie überrascht fest und setzte sich dann zu mir. „Schön. Dann kann ich mich ja doch von dir verabschieden. Ich bringe es nämlich nie übers Herz Schlafende zu wecken. Frag meine Tochter." Sie gab mir einen Kuss. „Deshalb muss ich auch los. Also wegen Sabrina. Ich kann sie ja nicht ohne Frühstück in die Schule lassen. Außerdem – was soll sie von ihrer Mutter denken? Dass sie mit wildfremden Männern die Nächte durchvögelt?" Sie zwinkerte mir zu.

„Klar, seh ich ein", bedauerte ich lächelnd. „Das war ein ganz wundervoller Abend, Colette. Wann sehen wir uns wieder?"

„Der Abend war super, Sebastian. Morgen bin ich mit Sabrina bei Freunden zum Essen. Aber am Mittwoch?"

„Mittwoch ist prima. Wann und wo?"

„Ich komm wieder zu dir. Wegen der Uhrzeit lass uns simsen. Okay?"

„Okay. Dann komm gut heim und lass dich nicht klauen. Du wirst noch gebraucht."

„‚Gebraucht' – aha?!" Sie grinste. „Du ‚gebrauchst' mich aber auch wirklich vortrefflich." Sie küsste mich noch einmal. „Jetzt schlaf mal schön weiter. Ich melde mich."

Als Colette die Etagentür zuzog, war ich hellwach. Und es ging mir prächtig. Ich war hin und weg von dieser Frau. Ich fand sie intelligent, eloquent, spannend, witzig, hübsch und sehr sexy. Ihre Lippen, ihr Lächeln, ihre Augen, ihr Grips, ihre freche Schnauze, ihre Leidenschaft, ihr Po, ihre Brüste – das alles bildete ein ziemlich überzeugendes Gesamtpaket.

Ich hatte eine „Fraugöttin" gesucht. Und anscheinend hatte ich eine gefunden. Dabei war das so doch gar nicht geplant.

44

Der Dienstag verging quälend langsam. Es ging mir zwar ziemlich gut (um nicht zu sagen: großartig), aber ich konnte es kaum abwarten, Colette wiederzusehen.

Dass sie sich nicht meldete, machte die Sache nicht einfacher. Ich hatte ihr morgens eine SMS geschickt, in der stand, wie schön ich den Abend und den Sex mit ihr gefunden hatte, und dass ich mich auf den morgigen Abend freue. Aber sie reagierte nicht. Erst am späten Nachmittag kam eine Antwort.

Hallo Sebastian. Ja, das war fein gestern. Und morgen machen wir es uns auch fein, gell?! Ich komme so gegen neunzehn Uhr – ist das ok? Kuss Colette

Ich hätte nichts dagegen gehabt, die Uhr um 26 Stunden vorstellen zu können. Aber das schrieb ich nicht.

Hallo Colette! Aber hallo – morgen machen wir's uns total schön! Und neunzehn Uhr ist prima. Ich wünsch dir und euch nen schönen Abend gleich. Kuss zurück! Sebastian

Den Abend verbrachte ich zunächst am Rechner und hörte mir über YouTube *Battle for the Sun* von Placebo an. Eigentlich war ich in Sachen Placebo gänzlich unbeleckt, aber das hatte ich Colette bei unserer ersten Begegnung nicht verraten wollen. Das Album gefiel mir, und ich beschloss, es am nächsten Tag zu kaufen. Anschließend ging ich auf ein Bier ins Lodge und legte zu vorgerückter Stunde spontan noch einige Billardpartien mit Johannes ein.

Mich am Mittwoch auf die Arbeit zu konzentrieren, fiel mir schwer. Aber es gelang mir leidlich. Bis circa elf Uhr jedenfalls. Da kam eine SMS von Colette.

Guten Morgen, Sebastian. Ich hab eine lüsterne Bitte. Kannst du heut Abend bitte nackt sein? Also einfach schon nackt für mich im Bett liegen? Das fänd ich total geil! Colette

Dreißig Sekunden später folgte ein Nachtrag.

Ich will dich nämlich sofort! Sorry. Is aber so ;-)

Schon die erste Nachricht hatte mich erregt. Die zweite ließ meine Vorfreude auf den Abend spürbar wachsen.

Ich antwortete ihr, dass ich nicht wüsste, wer eine solche Bitte abschlagen solle, ich es jedenfalls nicht täte, es im Gegenteil kaum erwarten könne und mich sehr auf sie freue.

Den Rest des Tages scheiterte ich fortgesetzt an dem Versuch, nicht an Colette und Sex mit ihr zu denken. Immerhin erinnerte ich mich auf dem Heimweg an den Placebo-Plan vom Vorabend und machte einen Zwischenstopp in Georgs CD-Markt. *Battle for the Sun* war leider nicht vorrätig. Stattdessen kaufte ich kurz entschlossen *Once More with Feeling: Singles 1996-2004*. (*Best of*-Alben waren definitiv uncool. Aber die Vokabel „cool" hätte mein aktuelles Befinden alles andere als korrekt beschrieben.)

Als ich zu Hause ankam, legte ich die Placebo-CD ein, stellte den Player auf „Repeat", zog mich aus und legte mich ins Bett. Dort hielt ich es aber nur fünf Minuten aus. Nervös stand ich wieder auf, warf mir den Morgenmantel über und rauchte.

Wie am Montag klingelte Colette überaus pünktlich. Ich betätigte den Türöffner, ließ die Etagentür einen Spalt weit offen und ging zurück ins Bett.

Als Colette ins Schlafzimmer lugte, strahlte sie. „Hallo, Wunscherfüller! Ich bin sofort bei dir."

Keine Minute später kroch sie nackt unter meine Decke. Ich fühlte mich wie im siebten Himmel. Und dort blieb ich für die nächste Stunde.

Danach saßen wir in Morgenmantel und Bettdecke gehüllt am Küchentisch, rauchten, tranken Bier und hörten weiter Placebo.

„Hast du die eigentlich neu?", fragte Colette. „War mir beim letzten Mal gar nicht aufgefallen, dass du auch was von Placebo hast."

„Heute gekauft. Ich dachte, ich rüste dir zuliebe mal ein bisschen auf." Ich zwinkerte ihr zu.

„Well done! Ich hab aber auch noch was mitgebracht." Sie ließ die Decke fallen, ging zu ihrer Handtasche und zog einen iPod heraus.

„Kannst du den mal in deine Anlage stöpseln? Ich hab ne Playlist mit meinen Lieblingsstücken gemacht."

Als ich zurück in die Küche kam, freute sich Colette wie ein kleines Kind.

„Du strahlst ja wie ein Honigkuchenpferd", schmunzelte ich.

„Vorfreude", antwortete sie und hob den Zeigefinger, um mich auf die ersten Takte aufmerksam zu machen. „Mein Ober-Lieblingsstück. Hab ich direkt an den Anfang gesetzt. *Freelove* von Depeche Mode."

„*Freelove*? Ich wusste gar nicht, dass Depeche Mode es mit den Hippies halten."

„So ist es auch nicht gemeint. Jedenfalls verstehe ich das nicht so. *‚You've got to take this moment, then let it slip away, let go of complicated feelings, then there's no price to pay'*, heißt es im Text. Und kurz danach: *‚No hidden catch, no strings attached, just free love.'* Freie Liebe im Sinne von: einfach, unkompliziert, kein Haken, keine Bedingungen. Frei davon halt."

Wir hörten zu. Der Song gefiel mir.

„Gutes Stück", sagte ich danach. „Der Text gefällt mir auch. Ich glaube, es gibt haufenweise Paare, die nur noch von *hidden catches* und *attached strings* zusammengehalten werden. Mit Liebe hat das eigentlich nichts mehr zu tun."

„Du bist nicht nur gut im Bett, sondern auch schlau. Das gefällt mir sehr." Colette grinste, beugte sich über den Tisch und gab mir einen Kuss.

„Wobei sich das manchmal auch wieder ändern kann", ergänzte ich meinen letzten Gedanken. „Die Ehe meiner Eltern beispielsweise wurde lange nur durch solche *catches* und *strings* zusammengehalten. Aber vor einigen Jahren haben sie irgendwie wieder die Kurve gekriegt."

„Das ist schön für deine Eltern. Und für dich bestimmt auch." Colettes Stimme und Ausdruck waren plötzlich seltsam ernst.

Sie griff nach ihrer Zigarettenschachtel und blickte ins Leere.

„Ich hab gar keine", sagte sie dann.

„Wie – du hast gar keine? Ich versteh dich gerade nicht."

„Eltern. Ich hab keine Eltern. Nein, ich hab natürlich schon Eltern – ist ja klar. Aber ich hab keine Ahnung, wer die sind oder wer die waren." Sie machte eine kurze Pause.

„Meine Eltern oder meine Mutter – wer weiß das schon – haben mich kurz nach der Geburt ausgesetzt. Mit einem Zettel am Handgelenk mit meinem Vornamen drauf. Ich bin erst im Kinderheim aufgewachsen und bin dann mit zehn Jahren zu Pflegeeltern gekommen."

Sie nahm sich eine Zigarette und hielt mir die Schachtel hin. „Magst du auch eine?"

Ich nickte, und wir rauchten wortlos. Ich war perplex. Und traurig. Colette tat mir furchtbar leid. Und ich mir selbst auch ein bisschen.

Bevor ich eingeschult wurde, war ich für sechs Wochen in einem Heim. Nicht, weil es zu Hause irgendwelche Schwierigkeiten gegeben hätte. Ich war zu schmächtig und zu leicht. Das hatte jedenfalls der Kinderarzt gefunden, bei dem ich zur Schuleingangsuntersuchung gewesen war. „Ich empfehle Ihnen dringend, Ihren Sohn in eine Kur zu schicken, Frau Ternitz", hatte er zu meiner Mutter gesagt.

Und so landete ich in einer Kinderkurklinik in Bad Soden-Salmünster, gefühlte tausend Kilometer von zu Hause entfernt. Mit dreißig oder vierzig anderen Jungen in einem Schlafsaal. Mit überfordertem und unfreundlichem Pflegepersonal. Mit Moorbädern und Solebehandlungen. Mit Essen, das ich nicht kannte und mir nicht schmeckte. Mit Toiletten und sanitären Einrichtungen, die komisch rochen und vor denen ich mich ekelte. Und ohne meine Mutter und die Möglichkeit, auch nur ein einziges Mal mit ihr oder meinem Vater zu telefonieren.

Ich konnte mir nicht vorstellen, dass es noch schlimmer hätte kommen können. Kam es aber.

Nach circa vier Wochen bekam ich Durchfall, den vermutlich heftigsten Durchfall meines Lebens. Für zwei oder drei Tage hielt ich mich fast ausschließlich auf dem Klo oder vorsichtshalber zumindest in der Nähe davon auf. Aber irgendwann ging es dann doch in die Hose. Das war mir nicht nur ungeheuer peinlich, sondern lieferte auch den Anlass für drei oder vier Jungen aus meinem Schlafsaal, mich damit aufzuziehen. „Hosenscheißer" nannten sie mich fortan.

Einer von ihnen, offenbar so etwas wie der Wortführer, hatte es besonders auf mich abgesehen. Und mit jedem „Hosenscheißer" wuchs in mir das Bedürfnis, es ihm heimzuzahlen. Ich hatte bloß keine Idee.

Bis ich eines Nachts wach wurde, weil ich pinkeln musste. Die Vorstellung durch den dunklen Schlafsaal und den unheimlichen Flur zur

Toilette zu gehen, machte mir Angst. Ich versuchte, den Druck auf meiner Blase zu ignorieren und wieder einzuschlafen. Es gelang mir aber nicht.

Stattdessen wusste ich plötzlich, wie ich zwei Fliegen mit einer Klappe schlagen konnte. Ich stand auf und schlich zum Bett meines schlimmsten Peinigers. Dabei beobachtete ich das Geschehen im Schlafsaal genau. Als ich angekommen war, blickte ich mich noch einmal sorgfältig um. Alles war ruhig. Niemand schien wach zu sein.

Und dann pinkelte ich ihm vors Bett. Und auch ein bisschen darauf, damit die Sachlage eindeutig war. Dann legte ich mich wieder hin und schlief zufrieden ein.

So gut ich meinen Plan gefunden hatte, er war nicht gut genug – jedenfalls nicht gut genug umgesetzt. Zwar hatte mich bei meiner Guerilla-Aktion tatsächlich niemand beobachtet, aber ich hatte Pantoffeln getragen. Und die sollten mir zum Verhängnis werden.

Denn die sich vor dem Bett ausbreitende Urinlache hatte auch die Pantoffeln erreicht. Weshalb ich auf dem Rückweg Spuren hinterließ und am nächsten Morgen nach kurzem erfolglosem Leugnen einsehen musste, dass meine Schandtat aufgedeckt worden war. Und dass es eine Schandtat gewesen war, ließen meine Schlafsaalgenossen und das Pflegepersonal mich in den verbleibenden Tagen spüren.

Als ich endlich wieder nach Hause kam, hatte ich kein Gramm zugenommen. Im Gegenteil.

„Alles gut mit dir?" Colette schaute mich leicht irritiert an.

„Oh. Ja, sorry. Ich hab nur an was gedacht." Ich nahm einen Schluck Bier und machte meine Zigarette aus. „Und wie war das? Ich mein: Wie ist es dir damit gegangen?"

„Wie ist es mir damit gegangen?" Sie zuckte fast unmerklich mit den Schultern. „Na ja. Es war halt wie es war. Ich glaube, es gab und gibt schlimmere Kinderheime. Wahrscheinlich aber auch bessere. Und natürlich hab ich mir immer gewünscht, dass meine Eltern eines Tages doch kommen und mich abholen. Oder ein nettes Ehepaar mich adoptiert. Oder ich wenigstens zu Pflegeeltern komme. Das hat dann ja auch geklappt."

Sie blies nachdenklich ihren Rauch aus.

„Aber richtig wohl gefühlt hab ich mich bei denen nicht", ergänzte sie dann. „Deshalb bin ich mit sechzehn in eine vom Jugendamt betreute Wohngemeinschaft gezogen. Das war dann okay."
Sie drückte ihre Zigarette aus und lächelte mich an. „Was hältst du denn davon, wenn wir uns jetzt noch ein bisschen hinlegen? Also nicht unbedingt zum Schlafen?"
Ich lächelte zurück und gab ihr einen Kuss. „Ich halte das für eine ausgesprochen gute Idee."
Und die Idee war auch gut. Sehr gut sogar.

45

Wir hatten verabredet, uns am Freitag wieder zu treffen. Am späten Donnerstagabend kam eine SMS von Colette.

Na? Noch wach? Wenn ich dir erzähle, woran ich gerade bastele, dann vergeht dir jegliche Lust auf morgigen Sex! ;-)

Ich reagierte mit einem schlichten Fragezeichen.
Keine Minute später klärte sie mich auf.

Die neue Website der Karnevalsgesellschaft Münster-Kinderhaus! Helau, sag ich, helau!

Ich grinste und wollte gerade antworten, als die nächste SMS kam.

Aber im Ernst: Hab ganz vergessen, dass morgen Depeche Mode-Party in Köln ist. Bzw.: Nicht wirklich vergessen. Aber meine DM-Freundin Michaela, mit der ich da immer hin fahre, konnte eigentlich nicht. Aber jetzt offenbar doch. Darf ich dich versetzen? Auf den Samstag? Muss mir unbedingt diesen Karnevalsmist aus dem Kopf tanzen.

Bei allem Verständnis für therapeutische Maßnahmen gegen Karnevalsmist – begeistert war ich nicht. Aber was sollte ich machen?

Na schade – aber schon klar. Dann tanz du morgen mal. Samstag geht bei mir auch. Bringst du Hunger mit? Ich koch dann was für uns.

Colettes Antwort kam postwendend.

Danke! Hunger bring ich ohnehin mit, Hase. Und wenn's darüber hinaus noch was zu futtern gibt – umso besser ;-)

Auf Schlüpfrigkeiten verstand sich Colette gut. Der Anflug meines Ärgers war nahezu weggeblasen.

Wenn Wochenende und keine Schule ist und folglich keine Sabrinas mit Frühstück versorgt und auf den Weg gebracht werden müssen, könntest du doch eigentlich auch mal über Nacht bleiben?

Auf ihre Reaktion musste ich fünf Minuten warten.

Wenn's was Leckeres zum Frühstück gibt: Ja!

Damit konnte mein Kühlschrank eigentlich immer dienen. Jedenfalls was meinen Geschmack anbetraf.

Schön! Dafür kann man ja sorgen. Was ist denn für dich lecker?

Diesmal kam Colettes Antwort schneller.

Da fällt dir schon was ein, mein Wunscherfüller! Da bin ich ganz sicher. Kleiner Tipp: Essen muss ich morgens erst mal nix ;-)

46

„Das schmeckt total geil, Sebastian." Colette schnalzte mit der Zunge. „Gibt's vielleicht noch so ein Röllchen? Wie heißen die noch genau?"
„Involtini", sagte ich. „Ja klar. Kannst auch zwei haben, wenn du willst." Ich nahm unsere beiden Teller und ging damit zum Herd.

„Nein, danke. Eins reicht. Aber ein paar Pasta und zwei Löffel von dieser wunderbaren Tomatenpampe hätte ich gern noch."

Die Involtini waren mir wirklich gelungen. Dabei hatte ich die schon lange nicht mehr gemacht. Genauer: Seit der Trennung von Silke, von der ich das Rezept hatte.

„Freut mich, dass es dir schmeckt", sagte ich, als ich die Teller wieder auf dem Tisch platziert und mich gesetzt hatte.

Colette hob ihr Bier. „Auf den Mann, der Sachen kochen kann, die echt total lecker im Mund sind." Sie zwinkerte mir zu, und wir aßen gut gelaunt weiter.

„Jetzt möchte ich erst mal rauchen. Und dann küssen", grinste sie, als wir fertig waren.

„Hört sich nach nem guten Plan an", fand ich.

Ich räumte den Tisch ab und setzte mich mit meinem Tabak bewaffnet wieder zu ihr. Es ging mir gut mit Colette. Es ging mir richtig gut mit Colette. Während ich drehte, dachte ich darüber nach, ihr das zu sagen. Ihr zu sagen, wie toll ich den Sex mit ihr fand. Ihr zu sagen, wie toll ich sie fand. Ihr zu sagen, dass ich die Anzeige, auf die sie geantwortet hatte, eigentlich nur geschaltet hatte, weil ich eine Affäre suchte. Aber ich jetzt drauf und dran sei, mich ernsthaft zu verlieben (oder besser: es bereits war). Aber irgendetwas hielt mich davon ab.

„Boah, diese Depeche Mode-Partys sind ja eigentlich echt keine Bagger-Partys. Aber gestern ...", unterbrach Colette meine Gedanken.

„Warum?" Ich spürte einen leichten Stich ins Herz.

„Ach, da hat mich mehrmals so ein komischer Kerl angetanzt. Hab mir erst mal gar nichts dabei gedacht. Aber irgendwann hat er mich dann angesprochen und mir gesagt, dass er jetzt gern hemmungslosen Sex mit mir hätte."

„Ah ja?!"

„Genau das hab ich auch gesagt."

„Und dann?"

„Na dann hab ich ihn einfach stehen lassen und hab was mit Michaela getrunken."

Ich nahm wortlos einen Zug von meiner Zigarette.

Colette warf mir einen skeptischen Blick zu. „Alles okay mit dir?"

„Ja, sicher", sagte ich. Aber das war glatt gelogen. Der Gedanke an irgendwelche Kölner Kerle, die hemmungslosen Sex mit Colette wollten, gefiel mir überhaupt nicht.

Colettes Blick blieb skeptisch. Sie drückte ihre Zigarette aus, stand auf, setzte sich rittlings auf meinen Schoß und gab mir einen Kuss. „Hallo, Hase. Hab ich dir eigentlich schon mal verraten, dass ich hemmungslos monogam bin?"

„Ist das so?" Vermutlich war ich es, der jetzt skeptisch guckte.

„Genauso ist das", sagte Colette und blickte mir fest in die Augen. „Fremdficken ist echt nicht mein Ding. Verlass dich drauf."

Und dann gab sie mir noch einen Kuss. Einen von der Sorte, die mir durch Mark und Bein gingen.

Colette trug ein Strickkleid und ziemlich bald war ich an dessen Saum angekommen. Und sie wusste offenbar, wohin und was ich da wollte. Während wir uns weiter küssten, hob sie ihr Gesäß leicht an, damit ich unter das Kleid schlüpfen konnte. Sie trug halterlose Strümpfe. Und ein Slip war trotz eingehender Untersuchung nicht zu entdecken.

„Oh", sagte ich. „Das fühlt sich aber schön an."

„Ja, oder? Ich hab gedacht, der blöde Slip stört doch nur. Außerdem fand ich's erregend, so zu dir zu kommen."

„Ich find's auch erregend. Aber war das draußen nicht etwas kalt?"

Sie grinste. „Bin extra mit dem Auto gekommen. Und den Slip hab ich eben erst im Treppenhaus ausgezogen. Das fand ich auch erregend – den Gedanken, dass da vielleicht jemand unerwartet die Tür aufmacht …"

„Du bist ein bisschen verrückt", grinste ich. Dann küssten wir uns weiter.

Eine knappe dreiviertel Stunde später saßen wir in Bettdecke und Morgenmantel gehüllt am Küchentisch und rauchten.

„Der Sex mit dir ist echt oberaffengeil, Sebastian", lächelte Colette. „Wie gut, dass ich auf deine Anzeige geantwortet habe. Hast du das eigentlich schon öfter gemacht?"

„Was gemacht?"

„Na, ne Kontaktanzeige geschaltet?"

„Das war jetzt die dritte."

„Und bei den anderen beiden hat sich nichts ergeben?" Sie blickte mich erstaunt an.

„Doch, doch. Aber wie soll ich sagen – nach kurzer Zeit hat sich immer herausgestellt, dass irgendwas nicht passt. Vielleicht waren meine Erwartungen auch zu hoch. Ich suchte eine neue Partnerin. Ich wollte mich auf Gedeih und Verderb verlieben."

Colette nickte. „Und das war und ist diesmal anders?"

„Diesmal wollte ich eigentlich nur ne nette Frau finden, die ähnlich Spaß am Sex hat wie ich. Eine prickelnde Affäre, wenn du so willst."

Colette grinste. „Und – zufrieden? Hinsichtlich Prickelgrad und so?"

Ich lächelte sie an. „Oh ja – ich finde es sehr prickelnd mit dir. Und fürchterlich erotisch."

Sie beugte sich zu mir hinüber und gab mir einen Kuss. „Das gebe ich beides rundum zurück, Hase."

„Aber da ist noch etwas", ergänzte ich nach einer kurzen Pause. „Die Ironie des Schicksals ist, dass ich dich nicht nur nett und prickelnd und schlau und erotisch und was weiß ich noch alles finde, sondern mich in dich verliebt habe."

Colette lächelte. Und nickte. Und schwieg.

„So was hab ich mir schon gedacht", sagte sie dann.

Ich wusste nicht genau, welche Antwort ich erwartet hatte. Erhofft hatte ich aber definitiv eine, die etwas vielversprechender klang.

„Als ich eben auf dem Weg zu dir war, hab ich noch gedacht: Die ganze Sache gefällt mir total gut, aber der Sebastian ist da schon ein bisschen weiter."

„Ein bisschen weiter? Also bist du immerhin ein bisschen verliebt?" Ich mühte mir ein ironisches Schmunzeln ab.

Sie grinste. „Gute Frage. Wenn wir vögeln, hab ich teilweise einen solchen Gefühlsüberschwang, dass ich mir schon auf die Lippe gebissen habe, um nicht irgendwas zu sagen, was ich nicht halten kann, wenn ich nicht so high von dem Sex mit dir bin."

Sie lächelte mich an und nahm sich noch eine Zigarette. „Versteh mich nicht falsch. Ich mag dich sehr gern. Ich unterhalte mich unheimlich gern mit dir. Ich finde dich klug. Du kannst dich ausdrücken. Das gefällt mir alles sehr. Und ich höre gern Musik mit dir – by the way: warum hören wir eigentlich keine Musik, Mr. DJ?"

„Weil du mich schaffst", zwinkerte ich ihr zu.

„Damit musst du klarkommen", zwinkerte sie zurück. „Ich will dich ja schaffen. Und ich will, dass du mich schaffst. Weil das allerallergeilste an dir nun mal der Sex mit dir ist."

Sie nahm einen tiefen Zug und schaute mir in die Augen. „Gib mir einfach noch ein bisschen Zeit, okay?"

47

Colette Zeit zu geben gestaltete sich nicht einfach. Sicher – wenn wir uns alle drei, vier Tage sahen und Sex hatten, war alles gut. Um nicht zu sagen: Es war großartig. Der Sex mit Colette war der beste meines Lebens. Daran bestand überhaupt kein Zweifel.

Vor, zwischen und nach dem Sex aßen und lachten wir, hörten Musik oder guckten uns einen Film auf DVD an. Auf Colettes Initiative holten wir in letzteren Fällen die Matratze aus dem Bett und platzierten sie im Wohnzimmer vor dem Fernseher. Das war erstens gemütlich und versetzte uns zweitens in die komfortable Lage, nicht darüber nachdenken zu müssen den Platz zu wechseln, wenn wir zwischenzeitlich auf andere Ideen kamen.

Aber zwischen diesen Treffen hatten wir kaum Kontakt. Was nicht an mir lag. In der Regel verfasste ich pro Tag drei bis vier SMS an sie. Anfangs zumindest. Weil ich darauf im Glücksfall eine späte Gutnacht-SMS zurückbekam, fuhr ich meine Frequenz bald hinunter. Aber gut klar kam ich damit nicht. Es verhinderte auch nicht, dass ich unzählige Male am Tag mein Handy auf mögliche neue Nachrichten von ihr untersuchte.

Ich war verliebt, Colette war es nicht – der Umstand, tagtäglich mit der Nase auf dieses Faktum gestoßen zu werden, drückte meine Stimmung zunehmend.

Nach knapp vier Wochen fasste ich einen Entschluss. Wir hatten uns zwei Tage zuvor gesehen, und Colette hatte sich mit den Worten „Ciao, Hase! Ich melde mich!" verabschiedet. Allein – sie meldete sich nicht. Auf dem Heimweg nach der Arbeit beschloss ich, dass es an der Zeit war, etwas zu unternehmen.

Zu Hause drehte ich eine Zigarette, machte mir ein Bier auf und rief sie an.

„Hallo Sebastian!" Colette klang zum Verlieben.

„Hi Colette, hast du ein paar Minuten Zeit?"

„Ich wollte gleich für Sabrina und mich kochen. Das kann aber noch warten. Also: Schieß los!"

Ich zögerte. Wollte ich das, was ich Colette sagen wollte, wirklich sagen? Oder sollte ich damit besser noch etwas warten?

„Mir geht's nicht gut", sagte ich dann doch. „Mir geht's mit uns nicht gut, Colette. Mir geht's schon gut, wenn wir uns sehen und Sex haben. Dann geht's mir sogar super. Aber dazwischen geht's mir in der Regel nicht gut. Und das gefällt mir nicht. Das gefällt mir ganz und gar nicht."

Colette steckte sich offenbar eine Zigarette an. „Das tut mir leid, Sebastian. Liegt an mir, oder? Ich lasse zu selten von mir hören, stimmt's?"

Ich hatte mir vorher fest vorgenommen, mich zu bemühen, nicht sauer zu klingen. Diese Blöße wollte ich mir nicht geben. Jetzt stellte ich fest, dass ich mich gar nicht bemühen musste. Ich war nicht sauer. Bloß traurig.

„Wenn es nur das wäre, Colette. Von sich hören zu lassen, ist ja etwas Aktives, sprich: eine Aktion. Aber von dir kommt ja meist nicht einmal eine Reaktion. Du antwortest nicht oder höchst selten auf meine SMS. Meinen Vorschlag aus der letzten Woche, mal zusammen ins Kino oder auszugehen, hast du schlicht überhört. Du kommst nicht auf die Idee, mich zu fragen, ob ich mal mit zu einer deiner Depeche Mode-Partys komme. Ich habe deine Wohnung – geschweige denn: deine Tochter – noch nie gesehen. Das schmeckt alles sehr danach, als wenn du mich – außer zum Vögeln – gar nicht in deinem Leben haben willst."

Colette schwieg. Ich schwieg.

„Versteh mich nicht falsch", ergänzte ich. „Ich schlafe für mein Leben gern mit dir, aber ..."

„... aber du willst mehr", beendete sie den Satz.

„Stimmt. So ist das. Ich will mehr. Das war so wirklich nicht geplant. Aber ich will mehr. Und da du das ganz offenbar nicht willst, sollten wir die Sache lieber beenden, finde ich."

Colette schwieg. „Ich hab das schon befürchtet", sagte sie dann. Und sie klang traurig. „Ich kann dich absolut verstehen, Sebastian. Ich kann mich nicht erinnern, schon einmal so viel Spaß und Lust beim Sex gehabt zu haben wie mit dir. Wenn wir verabredet sind, laufe ich vor lauter Vorfreude den ganzen Tag mit nem feuchten Höschen durch die Gegend. Aber wenn ich danach wieder fahre, ist es ein bisschen wie ‚aus den Augen, aus dem Sinn'. Ich finde das auch komisch. Das ist normalerweise nicht so bei mir. Und es tut mir leid. Aber das hilft dir jetzt vermutlich auch nicht weiter."

„Nicht wirklich."

„Ich finde auch, dass du was Besseres verdient hast. Unbedingt sogar, weil du wirklich ein feiner Kerl bist. Aber mit dem, was du suchst, kann ich gerade leider nicht dienen. Sorry, Sebastian, aber ich bin nicht in dich verliebt."

Ich nahm einen Schluck Bier, und Colette steckte sich noch eine Zigarette an.

„Schade", sagte ich. „Aber dann lass es uns wirklich lassen."

Colette inhalierte tief und blies den Rauch fast seufzend wieder aus. „Ich finde das auch schade. Und du wirst mir fehlen."

Dann schwieg sie. Ich auch.

„Pass gut auf dich auf", sagte ich nach schätzungsweise zwei Minuten. „Und für den eher unwahrscheinlichen Fall, dass sich bei dir etwas ändert: Melde dich. Aber bitte nur dann, okay?"

„Okay. Ist versprochen."

„Okay", sagte ich. „Mach's gut."

Dann legte ich auf. Und heulte. Das hatte ich schon lange nicht mehr gemacht.

48

In den folgenden Tagen ertappte ich mich ständig dabei, über Colette nachzudenken, an Sex mit ihr zu denken, sie zu riechen, zu schmecken, zu fühlen. Dazu kam nach kurzer Zeit die Eifersucht. Die Eifersucht auf einen potenziellen Nachfolger, dem sie womöglich mehr zu geben in der Lage war als mir.

Ich ging noch öfter ins Lodge als sonst. Zu Hause fiel mir die Decke auf den Kopf. Ans Musikhören war auch nicht zu denken. Entweder ich zog zielsicher irgendein Album aus dem Regal, das ich mit Colette gehört hatte oder eines, dessen Traurigkeit mir zu nahe ging. An Ivonnes

Theke oder am Billardtisch fand ich wenigstens ein bisschen Zerstreuung.

Zehn Tage nach dem Ende mit Colette war ich bei Matthias eingeladen. Wir tranken Bier und rauchten Gras, und Matthias hörte sich meinen Frust an.

„Bei aller nachvollziehbaren Traurigkeit finde ich, dass du gut für dich gesorgt hast, Sebastian", sagte er, nachdem ich ihn auf den Stand der Dinge gebracht hatte. „Wahrscheinlich wirst du daran noch eine Zeit lang knabbern. Aber für danach schlage ich vor, dass du dich zur Abwechslung mal vom Suchen aufs Gefundenwerden verlegst."

Ich blickte ihn fragend an.

„Was ich meine, ist: Komm mal ein bisschen runter, Mann. In den letzten Monaten warst du doch fast ständig auf der Suche. Mit fast schon notorischen Zügen – wie ich schon mal angemerkt hatte, glaube ich. Bleib mal locker. Lass du dich doch mal von jemandem finden. Das geht nämlich auch. Das geht vermutlich viel besser. Und ist viel stressfreier." Er grinste.

Ich grinste nicht. „Dein Wort in Gottes Ohr. Oder so."

„*And now for something completely different*, wie die Kollegen von Monty Python immer zu sagen pflegten!" Matthias deutete per Armbewegung einen unhörbaren Tusch an. Er wollte mich auf Gedeih und Verderb aufheitern, tippte ich.

„Will heißen?"

„Ich hab da noch ne Neuigkeit. Oder eigentlich zwei."

„Welcher Art?"

„Annemarie und ich werden heiraten", strahlte Matthias.

„Echt? Na, super. Das freut mich für euch! Wann denn?" Ich freute mich wirklich.

„In ziemlich genau zwei Monaten, am 24. Mai. Also an Bob Dylans Geburtstag."

„Na, das ist ja mal ein cooles Datum", lachte ich.

„Das finde ich auch", sagte Matthias. „Aber nicht, dass du denkst, dass hätte ich so ausgesucht. Der Termin war der einzige, der Ende Mai noch frei war. Das mit Dylans Geburtstag habe ich erst danach realisiert. Und du bist natürlich eingeladen. Wobei das eigentliche Fest erst zwei Tage später, am Samstag, steigt. Aber im Standesamt hätte ich dich auch gern dabei – als Trauzeugen."

Ich nickte und lächelte. „Na klar. Das mach ich gern."

„Und dann gibt es noch was. Das hat damit eigentlich nichts zu tun. Aber vielleicht ja auch doch. Komm doch mal mit ins Wohnzimmer."

Wir standen vom Küchentisch auf und gingen hinüber. Die Tür zum Wohnzimmer war geschlossen, und Matthias blieb davor stehen.

„Ich hab da nämlich was gekauft", sagte er grinsend, als er die Klinke herunterdrückte.

Und da lag sie auf dem Sofa: eine rote Gibson Les Paul-E-Gitarre. Und direkt neben dem Sofa stand ein Marshall-Verstärker.

„Wir wollten doch Neil Young und Crazy Horse spielen." Matthias grinste schon wieder. „Und da dachte ich, ich schaffe einfach mal Fakten."

„Dann steh ich jetzt wohl in der Pflicht", zuckte ich schmunzelnd mit den Schultern.

„Gewissermaßen." Matthias kam aus dem Grinsen gar nicht mehr heraus.

„Ich hab's bloß kohletechnisch gerade nicht so dicke."

„Ist mir klar. Aber mein alter Kumpel Horst hat noch eine *Fender Stratocaster*, die er seit Jahren nicht mehr spielt. Und nen Verstärker auch. Und der würde dir das Zeug leihen. Zumindest für einige Zeit. Was uns in die Lage versetzen könnte, der Braut auf der Hochzeitsparty ein Ständchen zu spielen. Wenn du denn Lust hättest ..."

Jetzt grinste ich. „Worauf du dich verlassen kannst. Hast du denn schon Stücke im Auge?"

„Ich dachte an *Love and Only Love*. Und vielleicht *Like a Hurricane*?"

„Einverstanden. Aber was ist mit Bass und Schlagzeug?"

„Ach, scheiß drauf. Lass uns das einfach schön stripped down spielen."

49

Als ich sechs Tage später in Hamburg aus dem Zug stieg, lagen einige Stunden Einzeltraining und zwei gemeinsame Proben mit Matthias hinter mir. Während man die erste unter der Rubrik „Bemüht" hätte abhaken können, hatte die zweite richtig Spaß gemacht. Wir hatten gute Ideen für die Arrangements entwickelt und auch zunehmend besser gesungen (Matthias hatte noch einen dritten Verstärker und zwei Gesangsmikrophone besorgt). Als euphorisch hätte ich meine Grundstimmung nicht beschrieben. Aber ich war guter Dinge und hatte nur selten an Colette gedacht.

Auf den vor mir liegenden Public Relations-Tageskongress hatte ich zwar nur bedingt Lust, aber ich hatte mich mit Kris verabredet, den ich direkt im Anschluss treffen wollte.

Kris war ein alter Kollege aus „Stattnachrichten"-Zeiten, den ich zwei oder drei Jahre nicht mehr gesehen hatte. Als Fotograf hatte er es mittlerweile weit gebracht. Er arbeitete nicht nur für eine große Nachrichtenagentur, sondern hatte schon diverse Preise eingeheimst und Einzelausstellungen seiner Bilder veranstaltet.

Kris war sechs oder sieben Jahre jünger als ich und verdankte seinen ungewöhnlich geschriebenen Vornamen Kris Kristofferson, dem Schauspieler und Musiker, dessen *Me and Bobby McGee* ein Welthit für Janis Joplin wurde, nachdem sie 1970 den Drogentod gestorben war. Ob aus Rebellion gegen seine Hippie-Eltern oder einfach aus Überzeugung war Kris von Jugendbeinen an bekennender Elvis Presley-Fan gewesen – inklusive Koteletten und Tolle. Eine Frisur, der er trotz deutlich dünner werdenden Haupthaares immer noch die Treue hielt, wie ich feststellte, als ich abends in Eimsbüttel bei ihm klingelte.

„Moin, Sebastian! Da bist du ja. Gut siehst du aus. Wie war dein Kongress?" Wir umarmten uns.

„Hi, Kris. Danke gleichfalls. Nicht gerade weltbewegend, die Veranstaltung. Aber okay. Und das Beste an jedem Kongress ist ja ohnehin das Bier danach."

Kris grinste. „Das will ich meinen. Komm rein, der Kühlschrank ist voll davon."

Er führte mich in die Küche und öffnete zwei Flaschen Astra.

„Prost, Alter! Schön, dass du da bist."

„Prost, Kris. Das wurde aber auch mal wieder Zeit!"

Wir nahmen beide einen tiefen Schluck.

„Du bleibst doch über Nacht?" Kris steckte sich eine Zigarette an.

„Wenn's euch passt, bleib ich gern. Ich kann aber auch den letzten Intercity um Viertel vor elf nehmen."

„Quatsch mit Soße! Morgen ist Samstag, Alter. Und Eva hat schon alles vorbereitet. Du kannst auch gern bis Sonntag bleiben, wenn du willst."

„Das ist lieb. Ich guck mal. Wie geht's Eva denn eigentlich? Die hab ich seit eurer Hochzeit nicht mehr gesehen – und wie lange ist das jetzt her?"

„Im Januar waren es sechs Jahre. Gut geht's ihr. Oder besser: Wieder gut." Kris lächelte.

„Wieso wieder gut? War was?"

„Übelkeit war. Aber das hat sich gelegt. Jetzt freuen wir uns bloß noch." Kris zwinkerte und strahlte.

„Ihr bekommt Nachwuchs? Herzlichen Glückwunsch! Das freut mich für euch."

Wir stießen noch einmal an und erledigten unsere Astras mit dem zweiten Schluck.

„Im September ist es so weit", sagte Kris, nachdem er uns Nachschub aus dem Kühlschrank geholt hatte. „Eva ist gerade bei der Frauenärztin und kommt dann gleich direkt zum Restaurant. Hast du Appetit auf den besten Burger von ganz Hamburg?"

„Klingt verlockend", freute ich mich.

„Ist es auch", sagte Kris.

Zwei weitere Astras und einen zehnminütigen Fußweg später saßen wir im Old Ranch Inn am Stellinger Weg und studierten die Karte.

„Hast du schon was im Auge, Sebastian? Oder soll ich was empfehlen?" Kris guckte fragend und rieb sich die Koteletten.

„Ich tendiere relativ deutlich zum Hickory Cheeseburger. Aber wollen wir nicht auf Eva warten?"

„Die hat gerade gesimst und ist in zehn Minuten da. Und was sie will, weiß ich auch."

Wir hatten gerade bestellt, als Eva tatsächlich zur Tür hereinkam. Sie trug ein enges schwarzes Oberteil und einen eleganten dunkelgrünen Rock, hatte ihre dunkelblonden langen Haare zu einem Seitenzopf geflochten und sah blendend aus.

„Hallo, Sebastian. Wie schön, dich endlich einmal wiederzusehen!" Sie strahlte mich an.

„Hallo, Eva. Ich freu mich auch! Und du bist ja noch hübscher geworden. Oder macht das jetzt das Nachwuchsglück?"

Eva lächelte. „Du Charmeur."

Dann warf sie Kris einen gespielt vorwurfsvollen Blick zu. „Mein Herzblatt hat's dir also schon verraten?"

Kris griente liebevoll und gab ihr einen Kuss. Die beiden waren glücklich miteinander, darin bestand kein Zweifel. Und ich gönnte es ihnen von Herzen.

Wir hatten einen netten und streckenweise sehr lustigen Abend. Die Burger waren tatsächlich großartig, das Bier schmeckte, und Kris und ich amüsierten Eva mit alten „Stattnachrichten"-Anekdoten. Anschließend plauderte Kris aus seinem beruflichen Nähkästchen zwischen Gorleben-Demonstrationen, Fußball-Bundesliga und peinlichen Politikerauftritten.

„Das beste – oder das peinlichste – was du bislang erzählt hast", prustete Eva irgendwann dazwischen, „war aber die Sache mit Coldplay."

„Ach, diese Band?" Kris grinste. Und erzählte. Dass er im Sommer des letzten Jahres Fotos auf einer Pressekonferenz mit Coldplay machen sollte. Dass er zuvor im Stau gesteckt hatte. Und dass er deshalb verspätet und in Hektik den Fahrstuhl enterte, in dem schon vier andere Menschen standen.

„Und die unterhielten sich auf Englisch. Und ich hab sie gefragt, ob sie auch zu dieser Pressekonferenz wollten. Was sie bejahten. Und dann hab ich ihnen erzählt, dass ich mit dieser U2-mäßigen Stadionrock-Nummer eigentlich nichts anfangen kann."

Kris machte eine Kunstpause. Eva kicherte.

„Und dann kommen wir in den Raum, ich such mir nen Platz – und die gehen nach vorne und setzen sich da hin. Ich hab diesen Martin Chris oder Chris Martin, oder wie der heißt, im Fahrstuhl echt nicht erkannt!" Nachdem sich unser Gelächter gelegt hatte, ergänzt Kris: „Wobei ich sagen muss, dass der ganz nett war. Er hat mir nachher sogar eine handsignierte CD für Eva mitgegeben. ‚Maybe your wife likes this boring U2-stuff', hat er grinsend gesagt."

Als wir schließlich gegen Mitternacht aufbrachen, waren Kris und ich einigermaßen betrunken. Auf dem Heimweg hakte Eva sich bei uns beiden ein.

„Kris hat erzählt, du überlegst bis Sonntag zu bleiben, Sebastian?"

„Wenn du mich so fragst, ja. Aber nur, wenn's euch wirklich passt."

„Ja natürlich. Und morgen soll es richtig frühlingshaft und sonnig werden. Wann hat man das schon mal in Hamburg?"

„Eva hat völlig recht", ergänzte Kris leicht lallend. „Das solltest du ausnutzen. Ich muss morgen Nachmittag zwar arbeiten und Eva einen Geburtstagsbesuch bei ihrer Mutter absolvieren, aber dann kannst du dich doch prima an den Landungsbrücken, an der Alster oder sonst wo rumtreiben. Und morgen Abend machen wir dann noch einen drauf."

Ich fand die Idee gut. Was sollte ich auch schon wieder in Münster?

50

Am späten Vormittag ging ich nach dem Frühstück zur nächsten U-Bahn-Station und fuhr zu den Landungsbrücken. Das Wetter war tatsächlich herrlich, und ich war froh, dass ich meine Sonnenbrille mitgenommen hatte. Zwischen Horden von Holländern, Japanern und Bayern stromerte ich am Kai entlang. Musikalische Untermalung fand das Tohuwabohu durch *La Paloma*-pfeifende Vorzeige-Matrosen und *Junge, komm bald wieder*-schifferklavierende Prinz-Heinrich-Mützenträger. Lautstark und redundant vorgetragene Werbebotschaften diverser Hafenrundfahrtsanimateure und ein Dudelsack spielender Kiltträger (was auch immer der dort zu suchen hatte) rundeten die Kakophonie ab.

Ich genoss es in vollen Zügen.

Aber nach einer Weile zog es mich hinauf nach St. Pauli. Dörte, eine alte Schulfreundin von mir, hatte hier nach dem Abitur fünf Jahre gelebt, und ich hatte sie öfter besucht. Mit dem Gedanken gespielt, nach Hamburg zu gehen, hatte ich damals öfter. Nicht wegen Dörte. Wegen St. Pauli.

Ich ging über die Davidstraße bis zur Reeperbahn, hielt mich links und bog kurz hinter dem Beatlesplatz rechts in die Große Freiheit ab. Über die Simon-von-Utrecht-Straße schlenderte ich Richtung Millerntor, machte einen Umweg über den Paulinenplatz, trank irgendwo unterwegs einen türkischen Kaffee und besuchte am Stadion angekommen den Fanshop des FC St. Pauli (wo man guter Dinge war, weil die Paulianer am Mittag beim Auswärtsspiel in Frankfurt einen Null zu Drei-Rückstand noch hatten aufholen können).

Es war mittlerweile nach sechzehn Uhr, und ich beschloss, mir ein Nachmittagsbier zu gönnen. Ich enterte die U-Bahn, fuhr zurück zu den Landungsbrücken, stieg zum Alten Elbtunnel hinunter und ging unter dem Fluss hindurch hinüber nach Steinwerder. Von dort beobachtete ich mit einem Astra in der Hand das Treiben im Hafenbecken und auf der gegenüberliegenden Seite.

Dann machte ich mich auf den Rückweg. Die U-Bahn nach Eimsbüttel war gut gefüllt, aber ich ergatterte noch einen Sitzplatz. Ich fühlte mich wohl in Hamburg und in meiner Haut. Ich beglückwünschte mich zu der Entscheidung, noch einen Tag länger geblieben zu sein. Ich freute mich auf den Abend mit Eva und Kris. Und ich freute mich darauf, am nächsten Tag zurück nach Münster zu fahren und abends mit Matthias zu proben.

Auf dem Info-Monitor des Waggons lief die Wettervorhersage. Noch in der Nacht sollte es zu regnen anfangen, und für die kommenden drei Tage war Hamburger Schmuddelwetter angesagt.

Die Wetterkarte wurde ausgeblendet, und auf dem Bildschirm erschien die Überschrift „Spruch des Tages". Darunter war zu lesen:

Nur im Alleinsein können wir uns selber finden. Alleinsein ist nicht Einsamkeit, nein, es ist das größte Abenteuer!

Hermann Hesse

Nicht schlecht, dachte ich. Der gute alte Hermann ...

51

Ich hatte mir *Love and Only Love* und *Like a Hurricane* als MP3s auf mein Handy gezogen. Als mein Zug den Hamburger Hauptbahnhof verließ, stöpselte ich mir die Hörer in die Ohren und betätigte die Playtaste.

Auch der zweite Abend mit Eva und Kris war schön verlaufen. Wir waren im Magellan, einem portugiesischen Restaurant an der Langen Reihe, essen gegangen und hatten auf dem Heimweg im Bugatti am Heußweg noch einige Gutnachtbiere getrunken. Vielleicht zwei oder drei zu viel, wie ich am Morgen fand. Das Frühstück hatte ich jedenfalls mit einer Kopfschmerztablette veredelt.

Inzwischen hatte sich das Pochen wieder gelegt. Es ging mir ohnehin gut. Die Bindfäden, die es draußen regnete, perlten an meiner Gemütslage ab, und ich ließ Neil Young und sein verrücktes Pferd gehörig von der Leine.

Nachdem ich beide Stücke einige Male bei Maximallautstärke gehört hatte, holte ich mir im Bistrowagen einen Cappuccino und machte es mir mit der Sonntagszeitung gemütlich, die ich im Bahnhof gekauft hatte. Wir verließen gerade den Bremer Hauptbahnhof, als ich eine SMS bekam.

Bist du eigentlich in guten Händen?
LG Colette

Ich las die Nachricht dreimal. Dann legte ich das Handy zur Seite.

Ich wusste nicht, was ich davon halten sollte. Wollte Colette sich nur erkundigen, wie es mir geht? Aber hatte ich ihr nicht das Versprechen abgenommen, sich nur zu melden, falls sich bei ihr etwas ändern sollte? War das jetzt der Fall? Oder ging es ihr um Sex, und sie scherte sich deshalb nicht um irgendwelche guten Vorsätze oder Versprechen?

Ich traute dem Braten nicht. Aber ich hatte ihren Geruch in der Nase. Und sah sie vor mir. Und stellte mir vor, mit ihr zu schlafen.

Ich beschloss, wahrheitsgemäß zu antworten.

Ja, bin ich. In meinen. Warum fragst du?
LG Sebastian

Colettes Antwort kam postwendend.

Was ich meine, ist: Hast du ne Maus, Süße, Liebste?

Vielleicht hatte sich tatsächlich etwas bei ihr geändert? Ich spürte es kribbeln.

Nein, hab ich nicht. Warum fragst du?

Diesmal musste ich länger warten. Ob das an Colette oder den Funklöchern zwischen Bremen und Osnabrück lag, konnte ich nicht beurteilen. Erst nach mehr als zehn Minuten kam eine neue Nachricht.

Weil ich sooo gerne mit dir vögeln würde!!!

Also doch. Also doch nur Sex? Ich war enttäuscht. Aber das Kribbeln blieb. Per SMS konnte ich die Frage ohnehin nicht klären. Oder besser: Ich wollte die Frage per SMS nicht klären. Warum sollte ich nicht noch ein-, zweimal mit ihr schlafen und dann einfach gucken, wie es mir damit geht? Die Sache beenden konnte ich dann ja immer noch.

Ist das so?

Diesmal kam Colettes Antwort wieder schneller.

Ja. Und zwar ganz doll! Meinst du, dass man da was unternehmen könnte?

Ich hatte mich ja schon entschlossen. Aber ich wartete fünf Minuten mit meiner Antwort.

Das kann ich mir wohl vorstellen. Wann denn? Passt es dir morgen oder übermorgen?

Ich konnte Colettes Antwort kaum abwarten. Obwohl es höchstens zwei Minuten dauerte.

Morgen!!! Aber keine Ahnung, wie wir das anstellen sollen!? Erst was essen? Oder was trinken und sprechen? Oder sollen wir einfach direkt ins Bett gehen?

Der Gedanke an Letzteres erregte mich umgehend. Aber ich beschloss cool zu bleiben. Oder zumindest so zu tun.

Du stellst Fragen ;-) Weiß ich auch nicht. Uns fällt da schon was ein.

Jetzt durchfuhren wir tatsächlich ein Funkloch. Die Empfangsanzeige meines Handys stand auf null und blieb da, sooft ich auch darauf starrte. Erst als wir in den Osnabrücker Bahnhof einfuhren, kam eine neue SMS.

Und wenn du dir jetzt was wünschen dürftest? Wie sähe das aus?

Darüber brauchte ich nicht lange nachdenken. Und Coolness wollte ich auch keine mehr vorschützen.

Direkt ins Bett!

52

Wir kamen gleichzeitig. Das war zwar früher schon mal passiert, aber dieser parallele Orgasmus stellte alles bisher Dagewesene in den Schatten. Wir waren eins. Und ich hätte nichts dagegen gehabt, wenn das auf ewig so geblieben wäre.

„Ich hab viel über das nachgedacht, was du mir gesagt hast, als du Schluss gemacht hast", sagte Colette, als wir danach am Küchentisch saßen. „Und ich kann deinen Frust verstehen. Ich weiß, dass ich ganz schön egoistisch oder egozentrisch agieren kann und die Gefühle anderer Leute mitunter mit Füßen trete. So wie deine. Und das tut mir leid."

Ich zuckte mit den Schultern und begann, mir eine Zigarette zu drehen.

„Und was folgt daraus?", fragte ich nach dem ersten Zug.

„Ich würde gern weiter mit dir schlafen. Aber ich würde auch gern andere Dinge mit dir tun. Tanzen gehen, essen gehen, ins Kino gehen. So was. Und dann einfach mal gucken, was passiert."

„Wie: Was passiert?"

„Na, mit mir. Ich will ganz ehrlich sein, Sebastian. Ich fühle mich noch immer nicht verliebt. Aber das kann sich ja auch ändern. Jedenfalls kann ich mein Verhalten dir gegenüber ändern. Ich kann auf deine SMS früher antworten, ich muss dich nicht ohne Not eifersüchtig machen, ich kann verbindlicher sein. Ich finde eigentlich, dass sich das so unter guten Freunden gehört. Und ich hätte dich gern zum Freund."

„Ein guter Freund zum Vögeln. In den du aber nicht verliebt bist?"

„Ich mag dich sehr und hab dich lieb, Sebastian. Das mit dem Verlieben braucht vielleicht noch ein bisschen."

Ich schwieg und rauchte.

„Könntest du dich darauf einlassen? Ich meine: Du kannst das Ganze ja jederzeit stoppen, wenn es dir damit nicht gut geht."

Ich schwieg weiter.

„Bitte sag ja." Colettes Blick war zum Steinerweichen.

„Ich kann das Ganze ja jederzeit stoppen, wenn es mir damit nicht gut geht", hörte ich mich sagen.

„Heißt das: Ja?"

„Ja."

Colette sprang freudestrahlend auf, ließ die Decke, in die sie sich eingewickelt hatte, fallen, setzte sich auf meinen Schoß und gab mir einen Kuss.

„Hättest du denn vielleicht Lust, direkt morgen mit mir ins Kino zu gehen?", fragte sie dann und legte ihren Kopf dabei schief.

„Morgen hab ich Zeit. Gern. Was läuft denn? Ich mein: Hast du was Bestimmtes im Auge?"

„Nicht unbedingt. Aber alle schwärmen von diesem französischen Film *Ziemlich beste Freunde*. Hast du den schon gesehen?"

„Nein", antwortete ich und gab ihr einen Kuss. „Aber der Titel klingt ziemlich vielversprechend."

53

Tomorrow is a long long time
If you're a memory
Trying to find peace of mind
Spirit come back to me
Give me strength and set me free
Let me hear the magic in my heart

Wir hatten uns darauf geeinigt, dass ich die zweite Strophe von *Love and Only Love* singe – und das klappte immer besser. Leider verhaspelten wir uns beim Übergang zum Refrain und brachen den Versuch ab.

„Auftrittsreif war das noch nicht. Aber es wird", sagte Matthias und nahm einen Schluck Bier.

Ich nickte und steckte mir eine von Matthias' Zigaretten an. „Stimmt. Wenn es so weiter geht, wird sich die Braut jedenfalls nicht für ihren Göttergatten schämen müssen."

Matthias grinste. „Das wär ja auch wohl noch schöner!"

Er nahm sich auch eine Zigarette. „By the way: Wie geht's dir eigentlich hinsichtlich deiner Verflossenen?"

„Verflossen ist gut." Ich grinste etwas verlegen. „Auf dem Rückweg von Hamburg hat sie mich angesimst. Und Montag haben wir uns getroffen."

„Und?"

„Wir waren zusammen im Bett."

„Ob das eine so gute Idee war ..." Matthias konnte ziemlich kritisch gucken.

Ich zuckte mit den Schultern. „Weiß ich auch nicht. Aber der Sex mit Colette ist echt göttlich. Damit geht's mir total gut."

„Du bist ja auch offenbar verliebt. Wenn ich dich richtig verstanden habe, ging's dir mit ihr aber losgelöst vom Sex nicht so gut."

„Stimmt. Deshalb hab ich die Sache ja auch beendet. Aber sie hat Besserung gelobt." Ich nahm mir noch ein Bier. „Ich traue dem Braten irgendwie auch noch nicht. Aber gestern waren wir tatsächlich auf ihre Initiative hin im Kino."

„Und wie war's?"

„Schöner Film. Lustig, klug, bewegend. *Ziemlich beste Freunde.*"

„Ja, hab ich auch schon gesehen. Aber ich meinte weniger den Film."

„Ach so. Der Abend war nett. Sehr nett sogar. Hat sich ziemlich schön angefühlt. Und ich hätte nichts dagegen, wenn da was wächst. Aber dazu gehören natürlich zwei."

Matthias guckte immer noch kritisch. „Ich hab die gute Colette ja noch nicht kennengelernt, aber von dem, was du erzählt hast, bin ich ehrlich gesagt etwas skeptisch."

Ich zuckte schon wieder mit den Schultern. „Ja, klar. Ich sag ja auch, dass ich dem Braten noch nicht traue. Ich lass das jetzt mal auf mich zukommen. Am Samstag gehen wir jedenfalls zusammen zur Depeche Mode-Party am Hawerkamp."

„Depeche Mode?" Matthias kniff die Augen zusammen. „Tut das Not?"

„Das ist halt ihr Ding. Und ich guck mir das einfach mal an. Ist ja nun auch nicht das ‚Große Fest der Volksmusik' oder so."

„Ja, ja, schon klar. Und Johnny Cash hat ja auch *Personal Jesus* gecovert ... und so weiter und so fort. Aber du auf ner Depeche Mode-Party? Ich weiß ja nicht, Sebastian."

„Verkleiden muss ich mich dafür jedenfalls nicht. Colette sagt, die laufen da alle in Schwarz rum."

54

Als ich am Sonntag aufstand, hatte ich eine SMS. Sie war von Colette, abgeschickt um 6.28 Uhr.

Hallo Hase. Bin jetzt auch zu Hause, völlig fußlahm, sehr happy und toootaaal müde. Ich geh jetzt ganz schnell schlafen, und dann meld ich mich wieder. Gruß und Kuss von der Colette.

Ich hatte die Depeche Mode-Party in der Kosmoshalle um kurz nach drei Uhr verlassen. Colette war da noch sehr in Tanzlaune. „Jetzt geht's doch erst richtig los", hatte sie gesagt. Aber meine Lust, immer und immer wieder den gleichen Sound mit der gleichen Stimme zu hören, hatte gegen Null tendiert.

Die „Kosmoshalle" war in einem ausgemusterten Fabrikgebäude beheimatet und atmete das abgehalfterte Flair längst vergangener Industriehistorie. Einer Historie, die in Münster ohnehin nie groß geschrieben worden war. Nachdem das Gebäude lange Zeit leer gestanden hatte, fanden hier seit Jahren Konzerte und Partys statt. Vor Urzeiten hatte ich hier mal ein Reggae-Konzert besucht.

Aber die Szenerie am Vorabend war eine gänzlich andere gewesen. Statt farbenfroh gekleideter, relaxter und zumeist gut gelaunter Zeitgenossen hatte es gestern eine regelrechte „schwarze Messe" gegeben. Wobei ich farblich dagegen ja gar nichts einzuwenden hatte. Aber die Haltung, die Düsternis, der bedeutungsschwangere Ernst, der einem seitens der versammelten Depeche Mode-Jüngerschaft entgegenschlug, gefiel mir nicht. Die Angelegenheit war äußerst ernst, das war jedem Gesicht und jedem Blick zu entnehmen gewesen.

Nur Colette strahlte wie ein kleines, glückliches Kind, tanzte sich die Seele aus dem Leib und kam nach jedem dritten oder vierten Stück zu mir und fragte strahlend, ob ich nicht endlich auch mal tanzen wollte. Irgendwann, bei *Personal Jesus* und wenig später bei *Stripped*, hatte ich ihr den Gefallen getan. Und es hatte sogar Spaß gemacht.

Ich schrieb Colette eine kurze Antwort, machte mir einen Kaffee und legte Johnny Cashs *American IV: The Man Comes Around* in den Player. Nachdem ich mich vergewissert hatte, dass *Personal Jesus* in den Händen des wahren „Man in Black" besser aufgehoben war, als in denen der Urheber, ging ich Brötchen holen und frühstückte.

Ich war gerade satt, als eine SMS kam.

Guten Morgen, guten Tag oder wie oder was auch immer! Es ist schrecklich. Kann nicht mehr schlafen. Dabei bin ich eigentlich immer noch total müde. Ich würde jetzt sooo gern nackt und rittlings auf deinem Schoß sitzen und mich dir entgegenrecken. Danach würde ich bestimmt selig schlafen. Aber ich muss noch ein bisschen an den Rechner. Was hältst du davon, wenn ich so gegen achtzehn Uhr mal bei dir reinschneie? LG Colette

Ich antwortete, dass ich davon viel hielte und mich auf sie freue.

Dann hörte ich *Exile on Main Street* und putzte die Küche. Nach dem Duschen ging ich zum Hafen, ließ mich von der wärmer werdenden Frühlingssonne bescheinen und las in Bob Dylans autobiografischen *Chronicles: Volume One*.

Wieder zu Hause spielte ich noch dreimal *Love and Only Love* und *Like a Hurricane* durch. Dann klingelte es.

Colette hatte schon mal frischer ausgesehen. Aber ihr Begrüßungskuss ging mir durch Mark und Bein.

„Ich spür da schon wieder was bei dir", grinste sie. „Aber jetzt brauch ich erst mal ne Zigarette. Und ein Bier, wenn du eins für mich hast."

„Sollst du haben", lächelte ich.

Wir setzten uns in die Küche.

„Dann erzähl doch erst mal, du Tanzwütige", sagte ich, nachdem ich das Bier aus dem Kühlschrank geholt hatte.

„Klasse war's. Bin immer noch platt. Nachdem du gegangen warst, hat der DJ die Maxi-Mixe ausgepackt. Und von da an gab's für mich endgültig kein Halten mehr."

„Du hast doch vorher schon kaum ein Stück ausgelassen", grinste ich.

„Ja, stimmt schon", lächelte sie. „Ich bin halt ein bisschen verrückt."

Sie steckte sich eine Zigarette an.

„Aber apropos verrückt. Das muss ich dir erzählen ..." Sie gluckste vor Vergnügen. „Als uns der Laden um halb sechs endgültig ausgespuckt hatte, hab ich draußen noch eine geraucht. Und bin dabei mit zwei Kerlen, offenbar Schweizern oder so, ins Gespräch gekommen. Die sind wohl gerade in Münster, weil sie hier beruflich zu tun haben. Und dann fragen die mich doch glatt, ob ich nicht Bock hätte, sie in ihr Hotel zu begleiten. Ich sähe nämlich wohl so aus, als sei ich einem bisschen Spaß zu dritt nicht abgeneigt. Abgefahren, oder?"

Ich versuchte, mir die Situation vorzustellen. Und war sprachlos. Und eifersüchtig.

„Und dann?", fragte ich. Amüsiert klang ich vermutlich nicht.

„Und dann? Hallo? Mensch, Sebastian, ich hab dir doch schon mal gesagt, dass ich die Monogamie in Person bin. Was glaubst du denn? Ich hab herzlich gelacht, hab mich bedankt und bin nach Hause gefahren."

„Und warum erzählst du mir den Scheiß dann?"

„Na, weil ich's lustig fand."

„Ich hab dir doch schon mal gesagt, dass ich diese Geschichten, in denen du von wem auch immer angebaggert wirst, nicht brauche."

Colette schwieg. „Stimmt. Hast du", nickte sie dann.

„Und warum machst du's dann wieder? Weil du's lustig fandst?" Ich griff nach meinem Tabak.

„Ich fand's wirklich lustig. Aber vermutlich steckt da noch was anderes hinter."

Ich drehte schweigend und blickte sie fragend an.

„Ich glaub, ich hab keinen Bock mehr auf das schlechte Gewissen."

„Welches schlechte Gewissen?" Ich war ehrlich überrascht.

„Na, das, das ich hab, weil ich deine Gefühle nicht so erwidern kann. Meinst du, ich merke nicht, wie du mich anguckst? Wie du mich gestern beim Tanzen beobachtet hast? Du hattest den ganzen Abend nur Augen für mich. Das find ich natürlich irgendwie auch schön. Aber es macht mir auch ein schlechtes Gewissen. Weil ich nun mal nicht verliebt bin. Und ich glaube auch nicht, dass sich das noch ändert."

„Was macht dich da so sicher?" Ich steckte mir meine Zigarette an.

Colette guckte ins Leere und schwieg. Dann nahm sie sich auch eine Zigarette. „Zum einen trinkst du mir zu viel. Sogar im Kino geht's bei dir nicht ohne Bier. Das gefällt mir nicht."

Ich kniff die Augen zusammen. „Was spricht gegen ein Bier im Kino?"

„Ist einfach nicht mein Ding. Außerdem waren es zwei. Und nach dem Kino kamen ja noch ein paar dazu. Ich halte dich nicht für einen Alkoholiker. Jedenfalls noch nicht. Aber ich komm damit schlecht klar. Das erinnert mich alles viel zu sehr an meinen Pflegevater. Und das tut mir nicht gut."

Colette schwieg. Ich schwieg.

„Außerdem", sagte sie nach einer Weile, „hast du mir ehrlich gesagt zu wenig Pfeffer im Arsch."

„Bitte was?!"

„Vielleicht bist du einfach so. Du wirkst auf mich oft so nachdenklich und sinnierend. So in sich ruhend und erwachsen. Als würdest du jedes Wort und jeden Schritt erst mal genau abwägen, statt einfach mal loszureden und spontan zu sein. Vielleicht liegt das auch am Bier. Das soll ja eine beruhigende Wirkung haben. Nimm gestern Abend: Wie oft hast du getanzt? Zwei- oder dreimal? Und warum musstest du so früh gehen? Wärst du geblieben, hätte es diese Situation mit den Schweizern nie gegeben. Und du bräuchtest nicht eifersüchtig sein. Und wir würden nicht zanken, sondern wären schon längst im Bett und hätten es schön."

„Ah ja?"

„Ja. Das mit dem zu wenig Pfeffer im Arsch beziehe ich nämlich ausdrücklich nicht auf Sex. Du bist echt der allerbeste Liebhaber, den ich je hatte, Sebastian. Und ich bin deine feste Geliebte. Warum reicht dir das nicht? Ich meine: Wozu brauchen wir eine Beziehung mit dem ganzen Brimborium? *No hidden catch, no strings attached, just free love* – ist nicht umsonst mein Lieblingsstück."

55

You are like a hurricane
There's calm in your eye
And I'm gettin' blown away
To somewhere safer
Where the feeling stays
I want to love you but
I'm getting blown away

Je öfter ich das sang, desto mehr fragte ich mich, wer eigentlich auf die Schnapsidee gekommen war, ein Stück mit einem solchen Refrain für geeignet zu befinden, auf einer Hochzeit vorgetragen zu werden. Und ich sang diese Zeilen in den folgenden Wochen sehr oft – sowohl allein als auch mit Matthias.

Wir hatten die Schlagzahl unserer Proben erhöht und trafen uns in der Regel dreimal pro Woche. Und das war auch gut so. Einerseits tat das unserer musikalischen Darbietung spürbar gut, andererseits hatte ich etwas, an dem ich mich festhalten konnte.

Die Sache mit Colette hatte ich noch an dem Abend nach der Depeche Mode-Party beendet. Nicht, dass wir großartig gestritten hätten. Ich war auch nicht wirklich sauer auf sie gewesen. Im Gegenteil. Ich wäre liebend gern mit ihr ins Bett gegangen und hätte den ganzen Scheiß weggevögelt. Konnte ich aber nicht. Oder besser: Ich wollte nicht.

Es wäre nur eine Frage der Zeit gewesen, bis wir wieder an diesem oder einem ähnlichen Punkt gelandet wären. Ich war verliebt. Sie war es nicht. Ich wäre damit womöglich noch eine Zeit klargekommen, sie aber nicht. Jedenfalls nicht, solange sie gespürt hätte, dass ich in sie verliebt war. Was ihr früher oder später wieder ein schlechtes Gewissen bereitet und zur Folge gehabt hätte, dass sie mich in irgendeiner Weise hätte verletzen müssen. Die ganze Angelegenheit machte schlicht und einfach keinen Sinn – den besten Sex meines Lebens hin oder her.

So weit die Theorie. In der Praxis ging es mir mit der Entscheidung beschissen. Nicht an dem Abend selbst. Ich war froh, als alles ausgesprochen und Colette weg war. Ich war ins Lodge gegangen und hatte ein paar Bier getrunken. Und als Ivonne um kurz nach 23 Uhr Anstalten machte, den selbstverordneten sonntäglichen Ladenschluss in die Tat umzusetzen, freute ich mich, dass Johannes auf die Idee kam, hinter verschlossenen Türen noch ein bisschen Billard zu spielen.

Aber bereits am Montagmorgen zeigte meine Formkurve deutlich nach unten. Und pendelte sich für die kommenden zwei, drei Wochen auf diesem Niveau ein.

Okay – Colette fand, ich tränke zu viel. Das hätte ich ändern können. Aber „zu wenig Pfeffer im Arsch"? Woher hätte ich denn mehr nehmen sollen? Und worin bestand der, beziehungsweise der Mangel daran? Dass ich nicht genügend auf Depeche Mode stand, um bis morgens um fünf durchzutanzen? Dass ich für Colettes Geschmack zu viel nachdachte oder zu „erwachsen" war? Ich hatte mein Leben lang viel nachgedacht und konnte darin weder etwas Verwerfliches noch notgedrungen Erwachsenes erkennen. Im Gegenteil: Ich fühlte mich gar nicht so erwachsen, wie ich es laut Geburtsdatum hätte sein können oder sollen.

Vielleicht hätte ich ja mehr „Pfeffer im Arsch" entwickelt, wenn aus Colette und mir etwas geworden wäre? Vielleicht hätte ich mich von ihrem Elan und ihrer kindlichen Freude anstecken und mitreißen lassen? Vielleicht wäre ich aber auch ganz im Gegenteil – gewissermaßen als ausgleichender Pol – wirklich erwachsen geworden?

Je länger ich darüber nachdachte, desto klarer wurde mir, dass ich nichts davon wirklich gewollt hätte.

56

„Ja. Ich will." Matthias strahlte, als er das sagte. Annemarie auch. Und ich freute mich für die beiden.

Ich hatte schon immer gefunden, dass die zwei ein prima Paar abgaben. Matthias und Annemarie wussten sich zu nehmen, wie sie waren. Und sie wussten, was sie aneinander hatten. Was nicht bedeutete, dass es nicht mitunter hoch herging zwischen den beiden.

Als Matthias mir nach einer unserer diversen Proben erzählte, wie es zum Heiratsantrag gekommen war, hätte ich beinahe Tränen gelacht. Die zwei waren auf einem Wochenendtrip in Paris gewesen. Annemarie hatte Matthias schon im Vorfeld mit der Bitte gelöchert, mit ihr auf den Eiffelturm zu gehen. Wogegen Matthias nichts gehabt hatte. Bis er am fraglichen Morgen die lange Schlange und die prognostizierte Wartezeit von zwei Stunden gesehen hatte. Und daraufhin fand, man könne die beschränkte Zeit in Paris auch anderweitig nutzen.

Annemaries Reaktion darauf war vehemente Empörung gewesen. Sie habe sich so auf den Eiffelturm gefreut, Matthias habe es versprochen, und sie fände das total blöd von ihm. Obendrein ginge ihr im Vergleich zum Eiffelturm sowohl der Arc de Triomphe wie der Louvre und erst recht der Friedhof Père Lachaise mit dem Grab von diesem Jim Morrison (wohin Matthias gerne gewollt hätte) am Arsch vorbei.

Woraufhin Matthias – durchaus kompromissbereit – alternativ eine Bootstour auf der Seine oder einen Spaziergang durch Montmartre vorgeschlagen hatte. Was die Wogen jedoch nicht glättete. Im Gegenteil. Der Streit eskalierte. Mit allem was dazugehört – diskutieren, polemisieren, schweigen, aufbegehren, weinen. Und das alles über einen Zeitraum von zwei Stunden verteilt.

Bis sie sich schließlich doch noch darauf einigen konnten, irgendwo einen Café au lait zu trinken und zu versuchen sich zu vertragen. Und sich dabei herausstellte, dass Annemarie deshalb so enttäuscht gewesen war, weil sie Matthias oben auf dem Eiffelturm hatte fragen wollen, ob er sie heirate. Was schlussendlich dazu führte, dass die beiden den Eiffelturm dann doch noch hinauffuhren. Nach einer Wartezeit von drei Stunden.

„Herzlichen Glückwunsch", sagte ich, als ich Matthias umarmte.

„Dankeschön", sagte Matthias. „Wie war ich? Nein, besser: Wie waren wir?" Er grinste.

„Super habt ihr das gemacht. Als hättet ihr geübt."

„Haben wir ja auch", kicherte Annemarie. „Schräg, oder?"

Ich mochte Annemarie total gern. Sie hatte eine herbe Schönheit, die mir erst auf den zweiten Blick aufgefallen war, als Matthias uns damals bekanntgemacht hatte. Vor allem fand ich Annemarie herzensgut. Ein bisschen neidisch auf Matthias war ich das ein oder andere Mal schon gewesen.

„Ihr habt das nicht wirklich geübt?" Ich lächelte sie skeptisch an.

„Doch. Haben wir." Annemarie wurde ein bisschen rot. „So was Wichtiges kann man doch nicht einfach dem Zufall überlassen, oder?"

Dann zwinkerte sie mir zu. Und gab Matthias einen Kuss. „Aber wisst ihr was? Ich hab einen Bärenhunger!"

„Ich auch!" Matthias nickte vehement. „Lasst uns zum Restaurant fahren. Am besten sofort."

Annemarie und Matthias hatten eine gute Wahl getroffen. Die Trattoria Luca e Paulo lag an der Kanalstraße und war für ihre gute Küche bekannt. Und für ihre herzliche Atmosphäre. Paulo und Luca waren italienische Gastgeber wie aus dem Bilderbuch und empfingen uns überschwänglich. Wenn ich irgendwann einmal auf die Idee käme, heiraten zu wollen, würde ich auch hier feiern, beschloss ich.

Für die kleine Hochzeitsgesellschaft gab es im Hinterraum einen großen, rustikalen Tisch. Neben Annemarie und Matthias und uns beiden Trauzeugen (Annemaries Trauzeugin war ihre Freundin Margit) waren Matthias' Bruder und Schwester mit ihren Partnern sowie Annemaries Eltern und ihr Bruder mit seiner Frau eingeladen.

Annemaries Vater hielt eine kurze launige Ansprache. Danach aßen wir mit Appetit und Genuss.

„So. Das hätten wir dann schon mal erledigt", sagte Matthias, als wir beide nach dem Essen draußen rauchten. „Jetzt freu ich mich auf die Party. Und unseren Auftritt."

„Ich mich auch", nickte ich. „Hoffentlich kriegen wir's so gut hin wie vorgestern."

Unsere Generalprobe zwei Tage zuvor war in der Tat prima gelaufen. Meine Rhythmusgitarre war zwar noch längst nicht mit der von Poncho Sampredo zu vergleichen, aber solide. Matthias' Soli in beiden Stücken gefielen mir ausgesprochen gut. Und gesanglich waren wir nie besser gewesen.

Nachdem wir mit *Love and Only Love* und *Like a Hurricane* zufrieden waren, hatten wir beschlossen, für alle Fälle eine Zugabe zu proben. Die Entscheidung war auf Dylans *I'll Be Your Baby Tonight* gefallen, allerdings nicht in der von mir eingedeutschten Version, sondern im Original. Wofür ich plädiert hatte. Erstens lag Matthias' und Annemaries Hochzeitstermin auf Bob Dylans Geburtstag, was in meinen Augen eindeutig für das Original sprach, und zweitens hatte ich die eingedeutschte Version damals für Marion verfasst. Und das erschien mir als kein gutes Omen.

„Hat Annemarie eigentlich irgendeine Idee, was da am Samstag auf sie zukommt?", fragte ich Matthias.

„Sie hat sich schon gewundert, dass wir uns so oft getroffen haben in letzter Zeit. Aber ich glaube nein."

57

Annemarie hatte tatsächlich keine Ahnung. Das war ihr deutlich anzumerken, als ich Matthias unter großem Applaus zu mir auf die Bühne bat. Um eine wirkliche Bühne handelte es sich dabei nicht. Ich hatte nachmittags in einer Ecke der Tanzfläche die beiden Gitarrenverstärker und die kleine Gesangsanlage platziert und verkabelt und anschließend hinter einer Spanischen Wand notdürftig versteckt.

Als eine Stunde nach dem Essen die ersten Tanzlustigen die Bemühungen des Discjockeys zu erhören begannen, hatte ich nach Blickkontakt mit Matthias eine kleine Gitarrenriffkakophonie veranstaltet – und damit den gewünschten Effekt erzielt: Die versammelte Gesellschaft von gut hundert Leuten war ganz Ohr. Und ich konnte (nachdem ich das schräge Gegniedel beendet hatte) verkünden, dass jetzt ein Ständchen für die Braut folge. Welches ich jedoch mitnichten allein vortragen wolle, sondern vielmehr den Sidekick gäbe. Weil der Hauptpart selbstredend dem Bräutigam gebühre.

Und dann spielten wir. Und wir spielten gut. Wir spielten sogar sehr gut. *Love and Only Love* geriet nicht nur fehlerfrei, sondern zum Zungeschnalzen. Bei *Like a Hurricane* hatten wir gesanglich zwei kleine Patzer, waren aber instrumental überragend – für unsere Verhältnisse jedenfalls. Matthias überraschte mich dabei mit einem Solo, das er modifiziert und ausgedehnt hatte. Und nachdem wir auch noch *I'll Be Your Baby Tonight* gegeben hatten, stand eine begeisterte Annemarie vor uns, die unter dem Applaus und Johlen der Gäste zuerst mir einen kurzen und danach Matthias einen längeren und ungleich innigeren Kuss gab.

„Das war total super, ihr beiden", freute sie sich. „Dankeschön für diese großartige Überraschung!"

Matthias strahlte. Ich strahlte. Dann hakten wir uns beide bei Annemarie ein und gingen mit ihr zur Theke.

Nach zwei wohlverdienten Bieren beschloss ich, das Brautpaar vorerst sich selbst zu überlassen und auf der Außenterrasse eine zu rauchen.

Das Hubertihaus lag direkt am Kanal. Tagsüber war es sonnig und frühsommerlich warm gewesen, was wie üblich zur Folge gehabt hatte, dass die Uferwiesen von unzähligen Sonnenanbetern in Beschlag genommen wurden. Inzwischen war es zwar leerer geworden, aber noch immer herrschte durchaus reges Treiben. Es wurde Bier getrunken und gegrillt, gejoggt und gewalkt, geschmust und geknutscht.

„Ich wusste gar nicht, dass du so gut singen und Gitarre spielen kannst, Sebastian."

Die Stimme kam mir bekannt vor. Ich drehte mich um, und Ivonne stand vor mir.

„Ivonne! Was machst du denn hier?"

„‚Hochzeit feiern‘ würde ich sagen." Sie schmunzelte.

Ich schmunzelte zurück. „Ach nee. Das hab ich mir jetzt schon fast gedacht. Aber ich mein ..."

„Ich war auch ein bisschen überrascht, als Matthias mich eingeladen hat. So gut kennen wir uns ja eigentlich nicht. Aber gefreut hab ich mich auch. Und jetzt bin ich halt hier."

„Das finde ich eine ausgesprochen schöne Überraschung. Und unser kleiner Gig hat dir wirklich gefallen?"

„Ihr wart klasse. Richtig gut. Noch besser hätte ich natürlich eine Coverversion von AC/DC oder Metallica gefunden, aber das wäre vermutlich nicht ganz so passend gewesen, wenn ihr *You Shook Me All Night Long* gespielt hättet." Sie verzog den Mund und hob dabei ironisch die linke Augenbraue.

„Wo du recht hast ...", grinste ich. „Aber wenn man den Text von *Like a Hurricane* mal genau betrachtet, hat das noch viel weniger gepasst."

„Ist doch egal. Der Braut hat es offenbar gefallen. Sag mal, hättest du eine Zigarette für mich?"

„Sicher, du kannst dir gern eine drehen."

„Würdest du das vielleicht für mich machen? Meine diesbezüglichen Selbstversuche gehen immer in die Hose", lächelte sie.

Ich drehte Ivonne ihre Zigarette, wir lehnten an der Brüstung der Terrasse, guckten auf den Kanal und rauchten.

Danach setzten wir uns an die Theke. Das Bier schmeckte, wir waren beide guter Stimmung und studierten amüsiert die Tanzfläche und ihr Drumherum. Zwischendurch ließen wir uns ein paarmal anstecken und mischten selbst mit. Dass Ivonne dabei zu *Tainted Love* von Soft Cell tanzte, überraschte mich ein bisschen.

„Was ist eigentlich aus deiner Lisa geworden, von der du mir damals im Domcafé erzählt hast?", fragte Ivonne, als wir wieder zum Rauchen auf der Terrasse waren.

„Luisa, nicht Lisa", berichtigte ich. „Wir haben uns kurz danach getrennt."

„Schade", sagte Ivonne. „Und noch keine Nachfolgerin gefunden?"

„Doch, doch. Es gab zwei Nachfolgerinnen. Aber bei beiden passte auch irgendwas nicht so richtig zusammen." Ich zuckte mit den Schultern.

„Dir wird schon noch die Richtige über den Weg laufen, Sebastian. Du bist doch ein gutes Angebot." Sie zwinkerte mir aufmunternd zu.

„Danke", lächelte ich. „Ist denn bei dir und deinem Thorsten alles okay?"

„Na ja." Ivonne drückte ihre Zigarette aus. „Genau genommen ist das gar nicht *mein* Thorsten."

„Nicht? Ihr habt auf mich aber sehr vertraut gewirkt damals. Und Spazierengehen hab ich euch auch zwei- oder dreimal gesehen. Und mindestens einmal habt ihr dabei auch Händchen gehalten, meine ich."

„Das kann schon sein. Aber die Sache mit Thorsten ist kompliziert. Du bist beileibe nicht der Einzige, der uns für ein Paar hält oder gehalten hat. Irgendwie fühlt sich das für mich auch ganz oft so an. Wir machen viel zusammen, Kochen, Essen gehen, Kino, Konzerte. Wir verstehen uns total gut. Ich bin auch durchaus verliebt in ihn. Und ich glaube eigentlich, Thorsten auch in mich. Aber irgendwie kommen wir nicht zusammen."

„Das versteh ich jetzt nicht so ganz. Warum nicht?"

„Thorsten hat eine Freundin. Tina heißt sie. Ich weiß zwar nicht, warum er die immer noch hat, weil er mit mir definitiv mehr macht als mit ihr, aber er hält an ihr fest. Ob nun aus alter Gewohnheit oder warum auch immer. Sie weiß auch von mir – und an Tinas Stelle wäre ich ziemlich eifersüchtig. Aber Thorsten zieht das so durch."

„Vielleicht will er auf keine von euch verzichten? Weil er sich in seiner polygamen Situation einfach wohl fühlt."

„Polygam? Ach so. Nein, wir schlafen nicht miteinander. Es wäre zwar schon einige Male fast passiert, aber dann hat er immer einen Rückzieher gemacht. Manchmal denke ich, er hat Tina für den Sex und mich für alles andere Schöne."

„Und wenn du ihn einfach mal nach Strich und Faden verführst?"

„Alles schon probiert, Sebastian. Der Mann hat Prinzipien. Und an denen beiße ich mir die Zähne aus."

„Ach Mensch." Ich nahm Ivonne kurz in den Arm. „Das hast du echt nicht verdient."

„Finde ich auch", lächelte sie. Dann schüttelte sie sich. „Kalt ist es. Und Bierdurst hab ich auch. Gehen wir wieder rein?"

58

„Schön hast du's hier." Ivonne stand leicht schwankend in meinem Wohnzimmer und nickte. „Gefällt mir."

„Danke. Magst du noch ein Bier?"

„Not täte es ja eigentlich nicht. Aber eins nehme ich noch."

Wir hatten die Party gegen halb drei verlassen. Kurz nachdem Ivonne zu *Highway to Hell* die Tanzfläche sehr beeindruckend gerockt hatte, hatte sie mir verraten, dass ihr der Sinn nun nach etwas ganz anderem stünde („Ich hätte jetzt tierisch Lust auf einen Joint!") – und ich hatte signalisiert, dass sich das durchaus einrichten ließe, wir dazu allerdings die Lokalität wechseln müssten.

Ivonne setzte sich aufs Sofa, und ich holte zwei Bier aus dem Kühlschrank.

„Irgendwelche Musikwünsche?", fragte ich, als ich zurückkam.

„Sicher. Aber die wirst du kaum erfüllen können", grinste sie. „Hab gerade schon deine CDs gescannt. Beeindruckende Sammlung. Aber du weißt, dass ich musikalisch eher auf der dunklen Seite der Macht unterwegs bin. Und damit kannst du ja nicht wirklich dienen."

Ich schmunzelte. „Wir finden schon was Kompatibles. Red Hot Chili Peppers?"

„Stimmt! Kann man mal machen."

Ich legte die erste CD von *Stadium Arcadium* ein und setzte mich neben sie.

Während die Peppers *Dani California* hochleben ließen, kümmerte ich mich um die Zubereitung des Joints.

„Kiffst du eigentlich viel?", fragte Ivonne, als ich fast fertig war.

„Früher ja. Inzwischen nur noch gelegentlich. Ein-, zweimal in der Woche vielleicht. Aber auch mal ein paar Wochen gar nicht. Warum fragst du?"

„Weil ich Dauerkiffer nicht mag. Ich war mal mit einem zusammen. Und das ging irgendwann überhaupt nicht mehr. So hätte ich dich aber auch nicht eingeschätzt."

„Dann bin ich ja erleichtert", grinste ich und steckte die Tüte an.

„Die Peppers sind echt okay", sagte Ivonne, als wir zehn Minuten später ziemlich relaxt die letzten Takte von *Charlie* hörten. „Ich muss sowieso gestehen, dass ich mit diesem Metal-Gedöns inzwischen ein bisschen kokettiere. Früher war ich da wirklich beinhart. Aber kürzlich hab ich beim Putzen tatsächlich ABBA gehört. ABBA – hallo?! Ich glaub, ich werd langsam alt."

„Lemmy Kilmister von Motörhead findet ABBA auch gut. Hat er letztens noch in einem Interview erzählt."

„Echt jetzt? Der gute alte Lemmy. Na wenn das so ist ..." Sie kicherte.

„Aber mir ist da gerade eine Idee gekommen", sagte ich. „Ich weiß zwar nicht, ob auch diese Jungs ABBA mögen, aber ich weiß, dass du diese Jungs magst."

Ich stand auf, holte die *The Bridge School Concerts*-DVD-Box aus dem Regal, machte den Fernseher an und legte DVD 2 ein.

Als kurz darauf James Hetfield von Metallica auf dem Bildschirm erschien, richtete Ivonne sich auf. „Aha? Da hat die Ivonne den Sebastian wohl doch unterschätzt."

Während sie gebannt der Unplugged-Version von *Disposable Heroes* folgte, beobachtete ich sie aus dem Augenwinkel. Ihre langen, roten Haare waren wie üblich zu einem Zopf gebunden. Ich konnte mich beim besten Willen nicht erinnern, sie jemals mit offenen Haaren gesehen zu haben. Die Frisur stand ihr, fand ich. Ihre hübsche Nase, ihr fein geschnittenes Profil, ihre helle, fast alabasterfarbene Haut – Ivonne war richtig hübsch. Und sie erinnerte mich an niemanden. Ivonne war einfach Ivonne.

„Superklasse, Sebastian!", begeisterte sie sich, als Hetfield und Konsorten das Stück beendet hatten. „Ich hab noch nie gehört, dass die auch unplugged spielen. Ist ja irre."

„Ist eine DVD, die anlässlich des fünfundzwanzigjährigen Jubiläums der ‚Bridge School'-Benefizkonzerte herausgekommen ist. Die hat Neil Young ins Leben gerufen, weil sein behinderter Sohn diese Schule besucht. Und um da aufzutreten, gibt es zwei Voraussetzungen: Man muss von Neil Young eingeladen werden – und man muss unplugged spielen."

„Gibt's davon noch mehr? Also von Metallica jetzt?"

„Leider nur ein Stück."

„Und das gibt's nur auf DVD? Oder auch auf CD? Ich mein: Könntest du mir das irgendwie brennen? Ich steh ja sonst nicht so auf Live-Aufnahmen, aber das Stück brauch ich unbedingt!"

„Ich hab das auch auf CD. Ich kopier es dir."

„Versprochen?"

„Versprochen!"

59

Der Wecker zeigte auf kurz nach zwölf, als ich wach wurde. Ich machte mir einen Kaffee und nahm die Tasse wieder mit ins Bett. Aus meinem Schlafzimmerfenster hinaus hatte ich einen schönen Blick über die Dächer des Viertels.

Ivonne war bis fünf Uhr geblieben. Wir hatten Bier getrunken, Musik gehört, rumgealbert und gelacht. Zwei- oder dreimal hatte ich mit dem Gedanken gespielt, ihr einen Kuss zu geben. Aber ich hatte unser freundschaftliches Verhältnis nicht durch eine unbedachte Aktion aufs Spiel setzen wollen.

Der Kaffee schmeckte gut und tat seinen Dienst. Und ich fragte mich, warum ich Ivonne gestern Nacht irgendwann mit anderen Augen gesehen hatte – und das hatte ich definitiv. Nur am Alkohol konnte es nicht gelegen haben, dann hätte mir das früher schon mal passieren müssen. Waren es ihre Bewegungen auf der Tanzfläche gewesen? Spielte die Information, dass sie und dieser Thorsten doch nicht zusammen waren, eine Rolle? Was war mit dieser Vertrautheit, die ich zwischen uns gespürt hatte? Oder hatte ich mir das nur eingebildet?

Ich holte mir noch einen Kaffee und legte mich wieder hin.

Ivonne hatte sich gewünscht, dass ich ihr *Disposable Heroes* von Metallica brenne, und den Wunsch wollte ich ihr natürlich erfüllen. Aber nur dieses eine Stück zu kopieren, war mir zu profan. Ich könnte eine CD zusammenstellen – diesen Gedanken hatte ich in der Nacht schon einmal kurz gehabt, als Ivonne in einem Nebensatz erwähnte, dass sie am folgenden Samstag Geburtstag habe. Die Idee hatte ich allerdings umgehend wieder verworfen. Wie sollte ich eine ansprechende CD für Ivonne zusammenstellen? Für Ivonne, die musikalisch „auf der dunklen Seite der Macht" unterwegs war?

Andererseits hatten ihr einige Sachen, die ich in der Nacht aus dem Regal gezogen hatte, offenkundig gefallen. Sie hatte erwähnt, dass sie in letzter Zeit öfter Musik hören würde, die ihr früher nicht untergekommen wäre. Mir fiel wieder ein, dass sie damals das Wilco-Album bei Hagen gekauft hatte. Und auf der Hochzeit zu Soft Cell getanzt hatte. Und sogar ABBA hörte – wenn auch nur beim Putzen. Es gab also durchaus Anhaltspunkte.

Ich hatte an diesem Sonntag ohnehin nichts vor. Ich könnte mein Glück einfach probieren und gucken, wie weit ich komme, beschloss ich.

Unter der Dusche erinnerte ich mich an Ivonnes Bemerkung, dass sie mit Live-Aufnahmen in der Regel wenig anfangen könne. Das entfachte meinen Ehrgeiz zusätzlich. Eine schöne, kleine CD mit lauter Live-Stücken und den *Disposable Heroes* als Krönung – das könnte mein Geburtstagsgeschenk für sie werden.

Nach dem Frühstück durchforstete ich meine CDs. Ich war überrascht, wie viele Live-Aufnahmen ich besaß. Viele davon fielen jedoch bereits beim ersten Blick durchs Raster – entweder, weil ich sicher war, dass es nichts für Ivonne war oder, weil mir die infrage kommenden Stücke nicht passten. Die CD sollte keine ausgenudelte Zusammenstellung irgendwelcher *Greatest Hits* werden, sondern etwas Besonderes, Außergewöhnliches, Überraschendes, Neues.

Bis zum Nachmittag hatte ich zwanzig Alben nominiert. Das erschien mir ausreichend, um daraus etwas Rundes zu destillieren. Je nach

Länge der Stücke würden es zehn bis 15 Tracks werden, die ihren Weg auf *On Stage* (das war mein vorläufiger Arbeitstitel) fänden.

Früher, vor der digitalen Revolution, habe ich haufenweise Tapes zusammengestellt. Meine damalige Herangehensweise unterschied sich deutlich von der heutigen. Meist gab es irgendeine Inspiration für den Einstieg, vielleicht noch die Idee für zwei, drei weitere Stücke. Ansonsten ließ ich mich treiben – und führte dabei akribisch Buch über die Länge der jeweiligen Stücke. Die größte Herausforderung bestand damals immer im letzten Stück auf der ersten Kassettenseite. Es musste nicht nur musikalisch passen – also einerseits gelungener Schlusspunkt für Seite eins bilden und zugleich Neugier auf Seite zwei wecken – sondern auch längentechnisch. Die Pause zwischen dem Ende des letzten Stücks und dem Moment, in dem das Tapedeck stoppte, weil das Band zu Ende gelaufen war, durfte nicht zu lang sein – das war mein Credo.

Heutzutage ging ich normalerweise so vor, dass ich einen Einstieg und einen Schlusspunkt für eine CD setzte und den Raum dazwischen sukzessive dramaturgisch füllte. Dabei konnte es zwar passieren, dass sich eine geplante Zusammenstellung als zu lang erwies, aber das wusste man spätestens, wenn das Brennprogramm verkündete, dass nicht genügend Speicherkapazität vorhanden war. Dann konnte man wahlweise irgendein Stück streichen oder austauschen.

Der Anfang und das Ende für Ivonnes Mix waren schnell gefunden. Für die weiteren Bausteine und ihre Anordnung brauchte ich etwas länger. Aber gegen neun brannte ich einen ersten Prototyp.

Den Auftakt bildete *Hello* vom John Butler Trio. Den halbakustischen, aber rockigen Charakter behielten David Lindley und Jackson Browne mit dem *Mercury Blues* bei, bevor Rory Gallagher mit *Calling Card* die Geschwindigkeit leicht herunterfuhr. Patti Smiths *Redondo Beach* hielt dieses Tempo, das Pete Townshend und Eddie Vedder danach mit *Heart to Hang Onto* deutlich mäßigten. Zurückgelehnt ging es mit *Water of Love* von den Dire Straits weiter. *The Dark Don't Hide It* von The Magnolia Electric Co. forcierte anschließend Rhythmus und Härte, bevor Metallica sich über die *Disposable Heroes* hermachten. Ebenfalls unplugged, wenn auch sanfter, folgten danach Pearl Jam mit *Better Man* und *Country Feedback* von R.E.M. (mit dem Special Guest Neil Young). Den Abschluss setzte Jackson Browne mit der unkaputtbaren Kombination von *The Load Out* und *Stay*.

Ich hörte mein Werk durch und fand, dass es richtig gut zusammenpasste. An einigen Übergängen waren noch Bearbeitungen nötig – hier einen störenden Applaus am Stückanfang, dort einen überlangen am Stückende ausblenden, die ein oder andere Pause zwischen den Stücken verkürzen oder verlängern. Aber grundsätzlich war ich zufrieden.

Ich verschob das Feintuning auf den nächsten Abend und beschloss, auf ein, zwei Bier ins Lodge zu gehen.

Als ich um kurz nach zehn Uhr hereinkam, war der Laden erstaunlicherweise leer. Und Ivonne schien angeschlagen. Ihr Lächeln wirkte jedenfalls leicht bemüht.

„Hallo Ivonne! Alles okay mit dir?"

„Hi Sebastian. Ehrlich gesagt geht es so. Das Bier bei dir hätte ich wirklich nicht mehr gebraucht gestern."

Ich blickte sie fragend an.

„Ach so. Nein – so meine ich das nicht." Sie schüttelte erschrocken den Kopf. „Es war total nett bei dir. Ich hätte bloß einfach Wasser trinken sollen, dann wäre es mir heute sicher besser gegangen."

Ich lächelte bedauernd.

„Warst du denn heute fit?" Ivonne zapfte ungefragt ein kleines Bier an.

„Doch. Soweit alles prima."

„Beneidenswert."

Sie stellte mir das Bier auf die Theke. „Vielleicht sollte ich es auch mit einem Bier probieren."

„Soll ja mitunter hilfreich sein", nickte ich.

„Weißt du was? Das mache ich jetzt auch. Ist ja sowieso nichts mehr los hier. Da kann ich das Feierabendbier auch mal früher trinken. Und um elf mache ich den Laden ja sowieso zu heute. Ist ja Sonntag."

Sie holte eine Flasche Personalbier aus dem Kühlschrank und goss sich ein.

„Ach, du Arme. Tust mir leid. Ich hatte gedacht, du hättest einen einigermaßen entspannten Sonntag verbracht und Geburtstagspläne geschmiedet oder so was in der Art."

„Da gibt's nicht viel zu planen. Am Freitagabend stehe ich hier hinterm Hahn. Und am Samstagabend gehe ich mit meinen Eltern essen."

„Keine Party? Kein Thorsten? Kein Garnichts?"

„Nee. Ist ja auch keine große Sache in diesem Jahr. Wenn ich im nächsten Jahr vierzig werde, steigt garantiert ne Sause. Aber in diesem Jahr schenke ich mir das."

Sie nahm einen Schluck Bier.

„Ja, und Thorsten", ergänzte sie dann. „Ich hab mir überlegt, ich lass Thorsten Thorsten sein. Soll der doch mit seiner Tina glücklich werden. Oder auch nicht. Ich hab jedenfalls keinen Bock mehr auf diese komische Situation."

„Und das hast du dir heute mit deinem angeschlagenen Kopf überlegt?" Ich blickte sie skeptisch an.

„Ja. Ich weiß, was du meinst. Vielleicht sehe ich das ja auch morgen oder übermorgen wieder ganz anders. Aber im Moment kann der mich mal gern haben. Im wahrsten Sinne des Wortes."

„Wenn ich dich richtig verstanden habe, hat er dich doch gern. Bloß vielleicht nicht so gern, wie du gern hättest."

Ivonne lächelte. „Das hast du mal wieder schön auf den Punkt gebracht, Sebastian. Aber ehrlich gesagt: Was soll ich mit so einem Mann?"

„Gute Frage", nickte ich. „Machst du mir noch ein Bier?"

60

Am Freitagabend machte ich mich gegen Viertel nach elf auf den Weg zum Lodge.

Seit Sonntag war ich nicht mehr dort gewesen. Am Montagabend hatte ich das Feintuning für Ivonnes CD erledigt. Von Dienstag bis Donnerstag war ich mit einem freien Fotografen, mit dem unsere Agentur regelmäßig zusammenarbeitete, in Südhessen unterwegs. Wir sammelten Bildmaterial und inhaltlichen Input für eine neue Imagebroschüre eines kleinen mittelständischen Unternehmens. Und als ich am späten Donnerstagabend endlich wieder in Münster war, hatte ich mich zu erledigt gefühlt noch auszugehen und stattdessen ein Gutnachtbier auf dem Sofa vorgezogen – untermalt von dem Mix für Ivonne.

Der funktionierte in der Tat prächtig – jedenfalls was meinen Geschmack anbetraf. Und das Cover-Artwork, das ich am Freitagnachmittag dafür entworfen hatte, konnte sich auch sehen lassen. Ich war gespannt, was Ivonne von all dem halten würde.

Im Lodge war es richtig voll. Es gab nur wenige freie Tische, und die Theke war fest in der Hand eines guten Dutzends bekannter Gesichter. Johannes hatte die Küche bereits geschlossen und saß neben „Longplay"-Hagen, der seine Plattenkisten offenbar weggepackt hatte. Und hinter der Theke stand Ivonne und zapfte fleißig.

„Hallo Sebastian! Schön, dich zu sehen", begrüßte sie mich strahlend. „Wie war deine Dienstreise?"

„Ich hab sie überstanden", grinste ich und klopfte zur Begrüßung der Runde auf die Theke. „Machst du mir heute bitte ein großes, Ivonne?"

„Na sicher", nickte sie.

Im gleichen Moment kam jemand von der Herrentoilette und nahm so selbstverständlich einen Platz an der Theke ein, dass kein Zweifel daran bestand, dass er hier bereits vorher gesessen hatte. Es war Thorsten – und ich hätte gelogen, wenn ich behauptet hätte, dass ich mich darüber freute, ihn hier zu sehen.

Ich begrüßte ihn mit einem wortlosen, aber nicht unfreundlichen Nicken und stellte mich zu Johannes und Hagen.

„Wo bist du denn auf Dienstreise gewesen?", wollte Johannes wissen.

„In Südhessen. Odenwaldkreis genauer."

„Schöne Ecke", sagte Hagen. „Zum Kurzurlauben. Länger als drei Tage hält man es da als urban veranlagter Zeitgenosse nicht aus."

„Da kann ich nicht widersprechen", bestätigte ich. „Fuchs und Hase sagen sich da an jeder zweiten Ecke gute Nacht."

Ivonne stellte mir mein Bier hin, und ich nahm einen großen Schluck.

„Wobei es natürlich fahrlässig wäre, das überaus bedeutende Deutsche Elfenbeinmuseum in Erbach einfach zu unterschlagen", griente Hagen hinterhältig.

„Aus der beliebten Abteilung: Museen, die die Welt nicht braucht", schüttelte Johannes den Kopf.

„Worüber lästert ihr denn schon wieder?", grinste Ivonne hinter der Theke.

„Wir lästern nicht, wir läutern uns. Katharsis gewissermaßen. Wir reinigen unsere Seelen und reduzieren unsere negativen Emotionen." Hagen hatte offenbar Spaß.

Aus dem Augenwinkel beobachtete ich Thorsten, der nur Augen für Ivonne hatte. Seine Anwesenheit passte mir überhaupt nicht. Ich fühlte mich beobachtet, obwohl er das gar nicht tat. Ich spürte eine leichte Aggression ihm gegenüber, obwohl er mir genau genommen gar nichts getan hatte. Wahrscheinlich würde er gleich ein großartiges Geschenk für Ivonne aus der Tasche zaubern, gegen das sich meine CD wie ein Fliegenschiss ausnehmen würde. Thorsten war einfach fehl am Platze, fand ich. Und hatte Ivonne nicht gesagt, sie habe „keinen Bock mehr auf diese komische Situation"?

„Noch ein Bier, Sebastian?" Ivonne schenkte mir ein bezauberndes Lächeln.

„Gern, mein Schatz", antwortete ich augenzwinkernd. Ich war selbst überrascht, mich das sagen zu hören. Aber Ivonne reagierte grinsend. Und Thorsten zuckte zusammen.

Zehn Minuten später war es so weit. Ivonne hatte Geburtstag. Es gab ein großes Hallo und eine sich anschließende Gratulationsparade.

Und es gab Geschenke. Johannes schenkte Ivonne eine einjährige Patenschaft für ein im Münsteraner Zoo beheimatetes Erdmännchen. (Dass Ivonne auf Erdmännchen stand, war mir zwar neu, aber angesichts ihrer Freude offenbar zutreffend.) Hagen übergab die Deluxe-Edition von *Paranoid*, dem zweiten Album von Black Sabbath. Und eine Handvoll weiterer Gäste hatte sich zusammengetan und schenkte *White Line Fever*, die Autobiographie von Lemmy Kilmister.

Thorsten gratulierte betont herzlich und gab Ivonne ein Päckchen, von dem er offenbar nicht wollte, dass sie es in der Öffentlichkeit öffnete. Jedenfalls flüsterte er ihr irgendetwas ins Ohr, sie bedankte sich und ließ das Präsent ungeöffnet hinter der Theke verschwinden.

Ich zog es vor, mich vorläufig aufs Gratulieren zu beschränken. Natürlich hatte ich die CD dabei. Natürlich sollte Ivonne die heute noch bekommen. Aber so persönlich wie meine CD konnte nicht einmal Thorstens Geschenk sein. Es würde sich schon noch eine Gelegenheit ergeben. Hoffte ich jedenfalls.

Meine Stimmung hob sich, als Thorsten gegen Viertel vor eins das Weite suchte. Er verabschiedete sich von Ivonne mit einer Umarmung und grüßte in die Runde, ohne mich eines Blickes zu würdigen.

Eine knappe Viertelstunde später fiel Ivonne auf, dass sie die Außenbestuhlung noch nicht abgebaut hatte. Johannes war ins Gespräch mit Hagen vertieft und machte keine Anstalten, ihr zu helfen. Also nutzte ich die Gelegenheit.

„Komm, Geburtstagskind – ich helfe dir schnell!"

„Oh danke. Das ist lieb von dir, Sebastian."

Die kleine Aufräumaktion dauerte vielleicht zehn Minuten. Als wir sie beendet hatten, holte Ivonne ihre Zigaretten aus der Weste.

„Magst du auch eine?"

„Ich rauche gern eine mit dir. Aber ich glaub, ich dreh mir lieber eine."

Nach meinem ersten Zug zog ich die verpackte CD aus meinem Jackett.

„Ich hab da auch noch was für dich, Ivonne."

Sie strahlte. „Dankeschön!" Sie legte den Kopf leicht schief und hob dabei die linke Augenbraue. „Darf, soll oder muss ich das jetzt sofort öffnen?"

„Du bist das Geburtstagskind. Mach, wie du möchtest. Wenn du's dir für später aufheben willst, hab ich nichts dagegen."

„Komisch", sagte Ivonne, „so was Ähnliches hab ich eben schon mal gehört."

61

Am Sonntagabend klingelte mein Handy. Es war Ivonne.

„Hallo Sebastian! Vielen, vielen Dank für deine tolle CD. Ich hab die gestern rauf und runter gehört. Und gerade hier im Laden noch mal. Und dann hab ich gedacht, ich ruf dich einfach mal eben an. Hatte ich nicht erwähnt, dass Live-Aufnahmen eigentlich nicht so mein Ding sind? Aber diese CD ist wirklich total super – und zwar nicht nur wegen der Metallica-Nummer."

„Fein. Das freut mich. Und die Sache mit den Live-Aufnahmen hab ich natürlich als sportliche Herausforderung gesehen."

Sie lachte. „Dann hast du die wohl bestanden, würde ich sagen. Und zwar mit Glanz und Gloria. Hast du nicht noch Lust auf ein Gutnachtbier an meinem Tresen?"

Ich guckte auf die Uhr. Gegen Viertel vor elf hätte ich im Lodge sein können. Aber es war Sonntag.

„Lust hätte ich schon. Aber du machst doch sonntags schon um elf Uhr zu."

„Mach ich ja auch. Aber ich könnte deinen fachmännischen Rat gerade mal ganz gut gebrauchen."

„Aha? Na wenn das so ist, mach ich mich jetzt auf den Weg."

„Schön. Bis gleich. Ich freu mich."

Unterwegs fragte ich mich, um welche Art „fachmännischen Rat" es Ivonne wohl ging. Ich vermutete, dass es irgendetwas mit Thorsten und seinem Geburtstagsgeschenk zu tun haben könnte. Möglicherweise hatte er ihr etwas so Schönes oder Bedeutungsschwangeres geschenkt, dass sie wieder Hoffnung geschöpft hatte. Und jetzt von mir wissen wollte, was ich von alldem hielt. Und was sollte ich ihr dann sagen?

Als ich ins Lodge kam, spielten R.E.M. die letzten Takte von *Country Feedback* – und Neil Youngs akustische Gitarre war deutlich herauszuhören. Ivonne hörte offenbar schon wieder meinen Mix – und das gefiel mir.

„Hi Ivonne. Na, hier ist ja heute gar nichts los." Ich blickte mich vergewissernd um. Ich war der einzige Gast.

„Hi Sebastian. Stimmt. Absolut tote Hose. Johannes ist auch schon seit halb elf weg. Und weißt du was? Ich mach den Laden jetzt einfach zu. Dann haben wir hier unsere Ruhe."

Sie schnappte sich den Schlüssel, schloss die Eingangstür ab und ließ die Jalousien herunter. Dann ging sie zurück hinter die Theke und zapfte mir ein Bier an.

Now the seats are all empty, sang Jackson Browne wie auf Bestellung, und ich musste innerlich schmunzeln.

Ivonne stellte mir mein Bier hin, holte eine Flasche Personalbier aus dem Kühlschrank, griff sich ein Glas und setzte sich neben mich an den Tresen.

„Hattest du denn gestern noch einen schönen Geburtstag?"

„Ja. Den hatte ich wohl", lächelte sie. „Ich hab lang geschlafen und dann ausgiebig mit zwei Freundinnen gefrühstückt. Und gegen vier kamen meine Eltern. Mit denen habe ich dann noch mal Kaffee getrunken und dann sind wir ins Alte Gasthaus Cleve und haben fürstlich getafelt. Und als die beiden danach gefahren sind, habe ich auf dem Sofa rumgelümmelt und ferngesehen. Dazu komme ich ja sonst so gut wie nie."

„Hört sich gut an", fand ich. Und spielte einen Moment mit dem Gedanken, mich nach Thorstens Geschenk zu erkundigen. Aber ich entschied mich dagegen.

„Und gut, dass die diversen Biere von gestern Nacht dann ja offenbar keine schlimmen Nachwirkungen hatten", sagte ich stattdessen.

„Die Sorge hatte ich ehrlich gesagt auch ein bisschen", grinste Ivonne. „Die war aber glücklicherweise unbegründet." Sie nahm einen Schluck Bier und steckte sich eine Zigarette an.

„Und mit welchem fachmännischen Rat kann ich dir dienen?"

„Moment!" Ivonne hob den Zeigefinger. „Ich finde diese Stelle so toll."

Jackson Browne zelebrierte den fließenden Übergang von *The Load Out* zu *Stay* und sie strahlte.

„Guck mal", sagte sie dann und hielt mir ihren Unterarm vor die Nase. Die Gänsehaut war nicht zu übersehen.

Ich lächelte sie an. „Und was ist mit der musikalisch dunklen Seite der Macht?"

„Die finde ich nach wie vor gut. Aber darauf muss man sich ja nicht beschränken."

Mit einem kurzen Seitenblick inspizierte sie mein Glas. „Du magst sicher noch ein Bier, oder?"

Ich bejahte, und Ivonne begab sich hinter die Theke.

„Darum geht es ja bei dem fachmännischen Rat", sagte sie, während sie zapfte. „Ich fand unsere Musik hier zuletzt immer so eingefahren und eintönig. Wir haben zwar haufenweise Mix-CDs und Playlists, aber die sind alle so schubladenbehaftet. Von Johannes haben wir einiges aus dieser Pink Floyd- und Hippieecke, der „Longplay"-Hagen hat mir mal drei oder vier Mixe aus dem Bereich Alternative Country gegeben. Von Johannes' Ex-Frau gibt's noch ein paar Pop-Sachen. Und von mir halt das Hard Rock- und Heavy Metal-Zeug. Aber es gibt nichts, was mal wirklich quer durch den Garten gemischt wäre. Einfach gute Musik ohne Tellerrand quasi. Und da hab ich mir gedacht ..."

Sie kramte in ihrer Tasche, die auf einem Hocker hinter der Theke lag.

„... ich versuch das einfach mal."

Sie holte eine CD aus der Tasche und grinste.

„Hast du Lust, da mal reinzuhören?"

„Da bin ich ja mal gespannt. Ja, hab ich."

Ivonne wartete, bis der Applaus nach Jackson Brownes letzten Takten verklungen war und wechselte die CDs.

„Du sagst mir aber bitte ehrlich, was du davon hältst, ja?" Sie hob die linke Augenbraue und sah dabei sehr süß aus.

„Versprochen."

Aus den Boxen brandete erneut Applaus auf. Dann sagte jemand „*Hello, I'm Johnny Cash*" und der *Folsom Prison Blues* begann.

„Das ist doch schon mal ein absolut gelungener Einstieg", fand ich.

„Ja, oder? Und zumindest farblich bleib ich mir mit dem ,Man in Black' ja auch erst mal treu." Sie zwinkerte mir zu.

Ich zwinkerte zurück. „Das stimmt natürlich."

Ich drehte mir eine Zigarette, und wir hörten schweigend zu.

„Bin gespannt, wie du jetzt aus der Schublade rauskommst", sagte ich, als Cash fertig war.

Im Hintergrund begann ein langsam lauter werdendes pfeifendes Rauschen, das sowohl aus einer Fußball-Fankurve als auch von einem startenden Düsenjet hätte stammen können. Dann setzte eine dröhnende Gitarre und wenig später eine tiefe, kehlige Männerstimme ein, die ich nicht kannte.

„Interessant", sagte ich und hörte weiter zu.

Ich kannte das Stück nicht. Aber der Text kam mir nicht unbekannt vor. Aber erst als es hieß *They just gave me a number when I was young*, machte es Klick.

„Das kenne ich in der Version von Johnny Cash", sagte ich. „Das ist *Thirteen* und dann muss das Danzig sein, oder?"

„Richtig. Ich dachte, so ein Bezug kann nicht schaden. Also, mit Johnny Cash jetzt. Auch wenn ihn bestimmt nicht alle begreifen. Aber passt das da auch hin? Ich meine musikalisch und so?" Ivonne guckte skeptisch.

„Ich fand den Übergang gerade sehr spannend. Und gelungen."

Danzig ergingen sich hörenswert – und gar nicht so hart, wie ich es von einer Metal-Band erwartet hätte – in der Düsterheit des Stückes, das nach gut vier Minuten ähnlich aufhörte, wie es begonnen hatte.

Mitten in die entstandene Stille hinein platzte ein kurzes Schlagzeuglick, das umgehend von einem Keyboard und mehreren Gitarren äußerst poppig aufgegriffen wurde.

„Ich glaub, das kenne ich auch. Aber warte noch mal eben", rätselte ich.

Dann setzte Jeff Tweedys Stimme ein, und ich wusste Bescheid.

„Na klar. Der *Heavy Metal Drummer* von Wilco! Wieder ein schöner Übergang. Und die ironische Brechung ist dir musikalisch wie textlich großartig gelungen."

Ivonne strahlte. „Ja, oder? Auf diesen Schachzug war ich auch besonders stolz. Erst hab ich gedacht, man kann doch nicht Danzig mit Wilco kombinieren. Aber das geht überraschend gut, oder?"

„Stimmt. Aber apropos überraschend. Wie kam es denn eigentlich, dass Thorsten hier am Vorabend deines Geburtstags aufgetaucht ist? Den hab ich hier vorher noch nie gesehen."

„War er auch noch nie." Sie nahm einen Schluck Bier.

„Ach weißt du, ich habe ihm am Montag nach der Hochzeit von Matthias und Annemarie gesagt, dass ich ihn erst mal nicht mehr sehen möchte. Nicht weil ich sauer auf ihn sei, sondern weil ich keine Lust mehr auf dieses ‚Pärchen spielen aber kein Pärchen sein' habe. Das hat er wohl verstanden. Aber er wollte mich im Zusammenhang mit meinem Geburtstag unbedingt sehen, weil er schon so lange ein Geschenk für mich habe. Und dann hab ich ihm gesagt, er könne ja am Freitagabend vorbeikommen."

„Und – hat er dir was Schönes geschenkt? Oder ist das jetzt zu indiskret?"

„Nein. Ist es nicht." Sie lehnte sich gespielt verschwörerisch zu mir hinüber. „Eine Tasse. Ein großer Kaffeepott, besser gesagt."

Ich guckte erstaunt.

„Ja, da staunst du, oder?" Und dann prustete sie so herzlich und ansteckend los, dass ich gar nicht anders konnte und mitlachte.

Aus den Boxen dröhnte inzwischen eine Bluesrock-Nummer, die ich nicht kannte, die mir aber gut gefiel.

„Jetzt hab ich gar nicht genau auf den Übergang geachtet", sagte ich. „Aber der Song ist gut. Was ist das?"

„*The Jack* von AC/DC", antwortete Ivonne. „Ein frühes Stück. Noch mit Bon Scott und nicht mit Brian Johnson." Sie grinste und ich erinnerte mich an unsere länger zurückliegende Debatte über die Sänger von AC/DC.

„Das ist bislang ein wirklich guter Mix", nickte ich. „Gefällt mir bis hierhin alles sehr."

Ivonne lächelte.

„Weißt du, was mir sehr gefallen hat?", fragte sie dann und zog dabei die linke Augenbraue hoch.

Ich blickte sie fragend an.

„Dass du mich vorgestern ‚mein Schatz' genannt hast."

Sie lächelte wieder. Ich lächelte auch.

Und dann küssten wir uns.

ENDE

Glossar

Bands und Solokünstler

ABBA	*177, 179*
AC/DC	*30, 31, 58, 174, 190*
Adele	*113*
Anderson, Ian	*137*
Baccara	*31*
Beatles, The	*12, 50, 51*
Billy, Bonnie „Prince"	*113*
Black Sabbath	*184*
Blur	*46*
Boney M.	*31*
Bright Eyes	*113*
Browne, Jackson	*180, 186, 187, 188*
Butler, John	*180*
Cash, Johnny	*5, 6, 135, 165, 166, 188*
Coldplay	*157*
Costello, Elvis	*46, 62*
Clapton, Eric	*26*
Clash, The	*7*
Danzig	*188, 189*
Depeche Mode	*135, 136, 137, 142, 145, 147, 151, 164, 165, 169, 170*
Dion, Céline	*17*
Dire Straits	*20, 180*
Dylan, Bob	*5, 7, 13, 16, 47, 100, 114, 122, 134, 153, 166, 172*
Eurythmics	*82*
Fischer, Helene	*103*
Gabriel, Peter	*87*
Gallagher, Rory	*180*
Giant Sand	*46*
Gilmour, David	*74*

Hagen, Nina	87
Hetfield, James	177, 178
Jayhawks, The	113
Jethro Tull	137
Johnson, Brian	30, 190
Jones, Norah	43
Joplin, Janis	7, 155
Kilmister, Lemmy	177, 184
Krall, Diana	124
Kristofferson, Kris	155
Led Zeppelin	7
Lennon, John	48, 50, 51, 52, 53
Lennox, Annie	82
Lindley, David	180
Lovin' Spoonful, The	101
Lynyrd Skynyrd	5
Magnolia Electric Co., The	180
Manfred Mann's Earth Band	87
Martin, Chris	157
Meinecke, Ulla	27
Metallica	58, 111, 174, 177, 178, 179, 180, 185
Morrison, Jim	171
Motörhead	53, 177
Naidoo, Xavier	134
Nannini, Gianna	125, 126
Nine Inch Nails	135
Ono, Yoko	51
Pearl Jam	180
Petty, Tom (and the Heartbreakers)	5, 25, 26
Pink Floyd	74, 73, 187
Placebo	135, 140, 141
Presley, Elvis	155
Quatro, Suzi	31, 132, 133
Red Hot Chili Peppers	7, 176, 177

Reed, Lou	*87*
R.E.M.	*180, 186*
Rolling Stones, The	*6, 7, 13, 25*
Sampredo, Frank ("Poncho")	*114, 172*
Santa Esmeralda	*62*
Scott, Bon	*30, 190*
Smith, Patti	*87, 123, 180*
Smokie	*31*
Soft Cell	*175, 179*
Springsteen, Bruce	*21, 53*
Sting	*122*
Television	*87*
Thin Men, The	*113*
Townshend, Pete	*180*
Tweedy, Jeff	*189*
U2	*157*
Vedder, Eddie	*180*
Waits, Tom	*114*
Weller, Paul	*46*
Wilco	*47, 52, 113, 179, 189*
Williams, Lucinda	*7*
Young, Neil (& Crazy Horse)	*7, 100, 114, 115, 134, 137, 154, 160, 178, 180, 186*

Songs und Alben

American IV: The Man Comes Around
Johnny Cash (Album, 2002) *166*
Bad as Me
Tom Waits (Album, 2011) *113*
Battle for the Sun
Placebo (Album, 2009) *129, 130, 135, 140, 141*
Better Man *(live)*
Pearl Jam (aus „The Bridge School Concerts 25th Anniversary Edition",
2011) *180*
Blowin' in the Wind
Bob Dylan (aus „The Freewheelin' Bob Dylan", 1963) *100*
Bobby Jean
Bruce Springsteen (aus „Born in the U.S.A.", 1984) *21*
Calling Card *(live)*
Rory Gallagher (aus „BBC Sessions", 1999) *180*
Charlie
Red Hot Chili Peppers (aus „Stadium Arcadium", 2006) *177*
Chimes of Freedom:
The Songs of Bob Dylan Honoring 50 Years of Amnesty International
Various Artists (Album, 2011) *122*
Chore of Enchantment
Giant Sand (Album, 2000) *46*
Cortez the Killer *(live)*
Neil Young & Crazy Horse (aus „Weld", 1991) *114*
Country Feedback *(live)*
R.E.M. with Neil Young
(aus „The Bridge School Concerts 25th Anniversary Edition", 2011)
180, 186
Dani California
Red Hot Chili Peppers (aus „Stadium Arcadium", 2006) *177*
Dead Flowers
The Rolling Stones (aus „Sticky Fingers", 1971) *6*
Disposable Heroes *(live)*

Metallica (aus „The Bridge School Concerts 25th Anniversary Edition",
2011) *177, 179, 180*
Don't Let Me Be Misunderstood
Santa Esmeralda (aus: „Don't Let Me Be Misunderstood", 1977) bzw.
Elvis Costello (aus „King of America", 1986) *62*
Drifter's Escape
Patti Smith (aus „Chimes of Freedom:
The Songs of Bob Dylan Honoring 50 Years of Amnesty International",
2011) *123*
Exile on Main Street
The Rolling Stones (Album, 1972) *25, 132, 166*
Folsom Prison Blues
Johnny Cash (Single, 1955, bzw. live aus „At Folsom Prison", 1968)
6, 188

Für einen Tag
Helene Fischer (Album, 2011) *103*
Freelove
Depeche Mode (aus „Exciter", 2001)
142, 168

Girl from the North Country
Sting (aus „Chimes of Freedom: The Songs of Bob Dylan Honoring 50
Years of Amnesty International", 2011) *122*
Harvest
Neil Young (Album, 1972) *137*
Heart of Gold
Neil Young (aus „Harvest", 1972) *100*
Heart to Hang Onto *(live)*
Pete Townshend with Eddie Vedder
(aus „A Benefit for Maryville Academy", 1999) *180*
Heavy Metal Drummer
Wilco (aus „Yankee Hotel Foxtrot", 2002) *189*
Hello *(live)*
The John Butler Trio (aus „Live at St. Gallen", 2005) *180*
Hells Bells
AC/DC (aus „Back in Black", 1980) *30*

Highway to Hell
AC/DC (aus „Highway to Hell", 1979)   *30, 58, 176*
Hurt
Nine Inch Nails (aus „The Downward Spiral", 1994) bzw.
Johnny Cash (aus „American IV: The Man Comes Around", 2002)
         135
I'll Be Your Baby Tonight
Bob Dylan (aus „John Wesley Harding", 1967)   *5, 172, 173*
Imagine
John Lennon (aus „Imagine", 1971)   *48*
Into the Great Wide Open
Tom Petty and the Heartbreakers (Album, 1991)   *25*
It's a Long Way to the Top (If You Wanna Rock 'n' Roll)
AC/DC (aus „High Voltage", 1976)   *30*
Jealous Guy
John Lennon (aus „Imagine", 1971)   *51*
John Lennon / Plastic Ono Band
John Lennon (Album, 1970)   *53*
Junge, komm bald wieder
Freddy Quinn (aus „Heimweh nach St. Pauli", 1962)   *158*
King of America
Elvis Costello (Album, 1986)   *62*
La Paloma
Unzählige Interpreten und Aufnahmen
(Komposition: Sebastián Iradier, ca. 1863)   *158*
Like a Hurricane
Neil Young (aus „American Stars 'n' Bars", 1977)
         154, 159, 166, 169, 172, 173, 174
Love and Only Love *(live)*
Neil Young (aus „Weld", 1991)   *114, 154, 159, 163, 166, 172, 173*
Making Movies
Dire Straits (Album, 1980)   *20*
Mary Jane's Last Dance
Tom Petty and the Heartbreakers (aus „Greatest Hits", 1993)   *5*
Me and Bobby McGee

Janis Joplin (aus „Pearl", 1971) *155*
Mercury Blues *(live)*
Jackson Browne & David Lindley
(aus „Love Is Strange: En Vivo Con Tino", 2010) *180*
Mockingbird Time
The Jayhawks (Album, 2011) *113*
Nebraska
Bruce Springsteen (Album, 1982) *53*
No Quarter *(live)*
Led Zeppelin (aus „The Song Remains the Same", 1976) *7*
Nothing Else Matters
Metallica (aus „Metallica", 1992) *111*
Once More with Feeling: Singles 1996-2004
Placebo (Album, 2004) *141*
Out on the Weekend
Neil Young (aus „Harvest", 1972) *138*
Paranoid
Black Sabbath (Album, 1970) *184*
Personal Jesus
Depeche Mode (aus „Violator", 1989) bzw. Johnny Cash (aus „American IV: The Man Comes Around", 2002) *135, 165, 166*
Poisoned Rose
Elvis Costello (aus „King of America", 1986) *62*
Powderfinger *(live)*
Neil Young (aus „Weld", 1991) *114*
Redondo Beach *(live)*
Patti Smith (aus „Horses – 30th Anniversary Edition", 2005) *180*
Romeo and Juliet
Dire Straits (aus „Making Movies", 1980) *20*
Shine On You Crazy Diamond
Pink Floyd (aus „Wish You Were Here", 1975) *74*
Simple Twist of Fate
Diana Krall (aus „Chimes of Freedom: The Songs of Bob Dylan Honoring 50 Years of Amnesty International", 2011) *124*
Slowhand

Eric Clapton (Album, 1977)   26
Stadium Arcadium
Red Hot Chili Peppers (Album, 2006)   177
Stairway to Heaven *(live)*
Led Zeppelin   7
Sticky Fingers
The Rolling Stones (Album, 1971)   25
Stripped
Depeche Mode (aus „Black Celebration", 1986)   166
Summer in the City
The Lovin' Spoonful (aus „Hums of the Lovin' Spoonful", 1966)   101
Sweet Home Alabama
Lynyrd Skynyrd (aus „Second Helping", 1974)   5
Tainted Love
Soft Cell (aus „Non-Stop Erotic Cabaret", 1981)   175
The Best of Depeche Mode Volume 1
Depeche Mode (Album, 2006)   136
The Bridge School Concerts 25th Anniversary Edition
Various Artists (Album, 2011)   177, 178
The Dark Don't Hide It *(live)*
The Magnolia Electric Co. (aus „Trials & Errors", 2005)   180
The Jack
AC/DC (aus „High Voltage", 1976)   190
The Load Out / Stay *(live)*
Jackson Browne (aus „Running on Empty", 1977)   180, 187
The People's Key
Bright Eyes (Album, 2011)   133
The Song Remains the Same
Led Zeppelin (Album, 1976)   7
The Whole Love
Wilco (Album, 2011)   47, 113
Thick as a Brick
Jethro Tull (Album, 1972)   137
Thirteen
Johnny Cash (aus „American Recordings", 1994) bzw.

Danzig (aus „6:66 Satan's Child", 1999)	*188*
Too Good to Be True	
Tom Petty and the Heartbreakers	
(aus „Into the Great Wide Open", 1991)	*26*
Ventilator Blues	
The Rolling Stones (aus „Exile on Main Street", 1972)	*25*
Water of Love *(live)*	
Dire Straits (aus „Live at the BBC", 1995)	*180*
Weld	
Neil Young & Crazy Horse (Album, 1991)	*114*
Wilco (The Album)	
Wilco (Album, 2009)	*52*
Wild Horses	
The Rolling Stones (aus „Sticky Fingers", 1971)	*6*
Wish You Were Here	
Pink Floyd (Album, 1975)	*73*
Wolfroy Goes to Town	
Bonnie „Prince" Billy (Album, 2011)	*113*
Wonderful Tonight	
Eric Clapton (aus „Slowhand", 1977)	*26*
You Shook Me All Night Long	
AC/DC (aus „Back in Black", 1980)	*174*
Zaubermond	
Helene Fischer (Album, 2008)	*103*
21	
Adele (Album, 2011)	*113*
1962-1966	
The Beatles („Rotes Album", 1973)	*51*
1967-1970	
The Beatles („Blaues Album", 1973)	*51*

Mix-CD *On Stage* / Quellenangaben

The John Butler Trio: *Live at St. Gallen*
Jackson Browne & David Lindley: *Love Is Strange / En Vivo Con Tino*
Rory Gallagher: *BBC Sessions*
Patti Smith: *Horses (30th Anniversary Edition, 2005)*
Pete Townshend (with Eddie Vedder): *Live / A Benefit for Maryland Academy*
Dire Straits: *Live at the BBC*
The Magnolia Electric Co.: *Trials & Errors*
Metallica: *The Bridge School Concerts (25th Anniversary Edition)*
Pearl Jam: *The Bridge School Concerts (25th Anniversary Edition)*
R.E.M. with Neil Young: *The Bridge School Concerts (25th Anniversary Edition)*
Jackson Browne: *Running on Empty*